구약 강해시리즈 (2)

유업으로 본

여호수아 하

유업의 분배

JOSHUA

유업으로 본 여호수아 하

이중수 글
처음 찍은날 · 2017년 8월 17일
처음 펴낸날 · 2017년 8월 22일
펴낸이 · 오명진
펴낸곳 · 양들의식탁
출판등록 · 제2015-00018호
주소 · 서울 서초구 강남대로 455, B710호(서초동 강남태영데시앙루브)
전화 · (02)939-5757
보급 · 비전북 전화 (031)907-3927 팩스 080-907-9193
이메일 · jsleemar22@gmail.com(이중수), boseokdugae@hanmail.net(오명진)
페이스북 · 밝은교회-양들의 식탁

ISBN 979-11-960446-7-1 04230
ISBN 979-11-960446-5-7 04230 (세트)

이 도서의 국립중앙도서관 출판시도서목록(CIP)은 서지정보유통지원시스템 홈페이지(http://seoji.nl.go.kr)와
국가자료공동목록시스템(http://www.nl.go.kr/kolisnet)에서 이용하실 수 있습니다.(CIP제어번호: CIP2017019226)

구약 강해시리즈 (2)

유업으로 본 여호수아 하

유업의 분배

JOSHUA

🐑 양들의식탁

차례

1장

여호와의 왕권

여호수아 12:1-24

JOSHUA 여호수아

여호수아서는 24장으로 엮어져 있습니다. 11장까지는 가나안 정복 기사입니다. 여기까지는 누구나 흥미 있는 전쟁 스토리로 읽을 수 있습니다. 그러나 12장부터는 흥미가 떨어지기 시작한다는 것이 대부분의 소감입니다. 그 이유가 무엇일까요? 12장부터 21장에 걸쳐 긴 목록이 나오기 때문입니다. 왕들과 세세한 지역의 이름들이 즐비하게 나오지만, 전문가가 아닌 일반 독자들에게는 생소한 인명과 지명들입니다. 주석들에서도 인명과 지역에 대한 단조로운 설명으로 그칩니다. 이 부분은 설교에서도 거의 다루지 않습니다.

그런데 여호수아서 자체에서는 이스라엘이 죽인 왕들의 명단과 지파들에 분배된 기업(유업)의 경계 목록이 절반의 분량을 차지합니다. 하지만 12장에서 21장에 걸친 매우 지루하게 여겨지는 이 목록들은 사실은 여호수아서의 핵심입니다. 그것은 이스라엘 백성이 하나님께서 조상 때부터 약속하신 가나안 땅에 마침내 들어가서 지파들에 따라 땅을 분배받았다는 역사적인 증거이기 때문입니다.

하나님께서는 언약 백성에게 유업을 나누어 주기 위해서 아브라함 때부터 가나안 백성의 죄악이 찰 때까지 사백 년을 기다리셨고 이스라엘 백성은 광야 사십 년을 방황하였습니다. 이스라엘 백성의 입장에서 보면, 유업 분배의 장들은 가장 흡족하고 신나는 본문들입니다. 그래서 유업의 분배가 끝나는 21장의 결언은 이렇게 마칩니다.

"여호와께서 이스라엘의 조상들에게 맹세하사 주리라 하신 온 땅을 이와 같이 이스라엘에게 다 주셨으므로 그들이 그것을 차지하여 거기에 거주하였으니"(수 21:43).

이것은 하나님의 신실하심에 대한 증언이며 이스라엘 백성이 받은 유업의 상에 대한 만족을 표현한 것입니다. 그렇다면 우리도 이들의 찬양과 기쁨에 합류하여 주께 영광을 돌리며 자신들의 삶에 적용해야 할 것입니다.

왕들의 언급은 신학적인 의도를 가진 것입니다.

본 장의 목록은 모세의 리더십 아래에서 점령한 요단 강 동쪽 지역과(1-6절) 여호수아의 리더십 아래에서 점령한 요단 강 서쪽 지역(7-24절)의 목록입니다. 본 장의 특징은 모세와 여호수아가 쳐죽인 왕들이 열거된 것입니다. 왕은 왕국의 우두머리이기에 왕을 죽인 것은 정복이 종결되었음을 뜻합니다. 그러나 그 이상의 의미도 있습니다. 여호수아서는 처음부터 요단 동편과 가나안 땅의 왕들이 이스라엘 백성에게 얼마나 적대적인지를 지적합니다.

모세는 이스라엘 백성을 데리고 요단 동편으로 이동하면서 아모리 왕 시혼에게 사신을 보내어 아무런 해를 끼치지 않을 테니까 그들의 땅을 통과하게 해 달라고 요청하였습니다. 그러나 시혼 왕은 그의 백성을 총동원하여 이스라엘을 공격하였습니다(민 21:21-23). 바산 왕 옥도 역시 군대를 모두 거느리고 이스라엘의 진군을 막으려다 섬멸되었습니다(민 21:33). 그래서 여리고의 라합이 정탐병들에게 "너희가 요단 저쪽에 있는 아모리 사람의 두 왕 시혼과 옥에게 행한 일 곧 그들을 전멸시킨 일을 우리가 들었음이니라"(수 2:10)고 하였습니다.

가나안에 처음 들어왔을 때는 여리고 성의 왕과 아이 성의 왕도 이스라엘에게 완강히 저항하였으나 모두 진멸되었습니다(8:2, 29). 그다음 여섯 왕이 연합하여 이스라엘과 맞서서 싸우려고 시도했었고(9:1) 예루살렘 왕 아도니세덱이 지휘하는 다섯 왕의 연합군이 이스라엘을 대적하였습니다(10:1-5). 이어서 남부 가나안의 여러 성읍과 왕들이 이스라엘을 대항하였습니다. 그래서 "이 모든 왕들"을 다 죽이고 그들의 땅을 빼앗았다고 특기하였습니다(10:42). 북부 가나안 전쟁에서도 하솔 왕 야빈이 지휘하는 북방 연합군이 해변의 모래와 같이 많았고 말과 병거로 무장하였습니다. 그러나 "여호수아가 그 왕들의 모든 성읍과 그 모든 왕을 붙잡아 칼날로 쳐서 진멸"(11:4, 12)하였습니다. 그래서 12장에서 정복된 여러 왕의 명단이 나온 것은 가나안 전쟁의 승리에 대한 절정이며 종결적인 확인입니다.

그런데 여기에 중요한 메시지가 있습니다. 가나안 정복 스토리에서 많은 왕이 처음부터 이스라엘을 끝까지 저항하다가 전멸된 것을 하이라이트 시킨 것은 단순히 승리를 돋보이게 하려는 것이 아닙니다. 이것은 가나안 왕국을 멸망시키고 그들의 왕들을 폐위시킨 것을 의미합니다. 가나안 지역의 왕들은 하나님의 왕 되심을 인정하지 않고 자신들이 왕좌에 앉아 하나님의 땅을 흉측한 죄악으로 더럽혔습니다. 그들은 극도로 부패한 족속들이었습니다.

신명기 18장 9-14절과 레위기 18장을 보면, 그들은 근친상간을 일삼았고, 동물들과 교합했으며, 자녀들을 우상 신에게 희생제물로 바쳤습니다. 그들은 귀신들과 접촉하고 죽은 혼을 불러 길흉을 묻고 동성애와 성전 매춘 의식을 행하였습니다. 그들의 사회는 이러한 가증한 풍속을 따랐기 때문에 이스라엘은 하나님의 심판의 도구가 되어 그들을 모두 죽여야 했습니다. '헤렘'을 적용하는 것은 피비린내 나는 무자비한 살육이었습니다. 그러나 이것은 단순한 군사 활동이 아니라, '여호와의 전쟁'을 수행하는 신령한 심판 사역이었습니다.

가나안 전쟁에는 처음부터 종교적인 의식이 행해졌습니다. 요단 강을 건너기 전에 백성은 자신들을 성결하게 하였습니다(3:5). 길갈에서는 할례를 받았고 여리고 평지에서는 유월절을 지켰습니다(5:3, 10). 여리고 성은 정복하기 전에 하나님의 언약궤를 메고 칠일 간 돌았으며, 아간은 여호와께 바친 저주받은 물품을 도둑질했다가 처형되었습니다. 아이 성의 승리 이후에는 에발 산과 그리심 산에서 율법을 낭독하였습니다. 드디어 이스라엘 백성은 정복을 마치고 지파별로 땅을 유업으로 나누어 가졌습니다. 그래서 시편 저자는 가나안 정복 당시에 큰 왕들을 죽이고 그들의 땅을 기업으로 주신 하나님을 찬양하였습니다(시 136:17-22).

이로써 가나안 땅을 소유하게 된 이스라엘은 하나님의 뜻에 따라 만국을 위한 신정국가를 세우고 온 세상에 복음을 전할 수 있는 첫 단계의 기틀을 마련하였습니다. 이제 이 땅에서 아브라함의 후손으로 세상의 구주가 되실 메시아가 하나님의 약속대로 탄생하실 것이었습니다(창 12:3; 갈 3:16). 이 메시아는 곧 "유대인의 왕"(마 2:2)으로서 동정녀 마리아의 몸에서 태어나실 분이었습니다.

하나님의 왕권을 무시하고 온갖 죄악으로 여호와의 땅을 오염시킨 가나안의 모든 이방 왕들은 처단되었습니다. 이로써 언약 백성으로 구성된 새 나라가 하나님을 왕으로 모시고 그분의 통치 아래에서(참조. 시 98:6; 삼상 8:7) 살게 된 것은 구원 역사의 획기적인 전환점이었습니다. 말을 바꾸면, 12장이 가나안 정복 기사와 유업의 분배 사이에 끼인 것은 가나안 땅에 하나님의 왕권이 확립되었다는 사실을 강조합니다. 즉, 가나안 땅의 분배가 있기 전에, 명심해야 할 사항이 있다는 것입니다. 그것은 곧 가나안이 여호와의 전쟁으로 쟁취한 유업으로서 하나님의 주권적 통치 아래 들어간 땅이라는 것입니다.

여호와 하나님은 자신의 왕권을 회복하십니다.

성경의 한 대주제는 하나님의 왕권입니다. 하나님은 온 세상을 창조하셨습니다. 창조주 하나님은 자신의 모든 피조계 위에 왕으로 군림하시며 절대적인 주권을 행사하십니다. 그런데 하나님의 왕권적 통치는 원래 사랑에 기반된 것이었습니다. 온 만물이 창조주 하나님의 자상한 돌봄을 받으면서 복된 삶을 살게 하는 것이 하나님의 뜻이었습니다. 하나님께서는 인간을 지으시고 그들로 하여금 피조계를 다스리는 소명을 주셨습니다. 최초의 인간인 아담과 하와는 하나님의 대리자로서 창조계를 돌보는 관리자며 청지기였습니다(창 1:28). 그들은 왕이신 하나님의 신하였습니다. 유감스럽게도 아담과 하와는 그들의 삶에 대한 하나님의 왕권적 통치를 벗어나게 하려는 사탄의 유혹에 넘어갔습니다. 그들은 하나님의 다스림을 받지 않고 스스로 자신들의 삶을 자체적으로 주관하려는 '부정적 자율'을 택하였습니다. '긍정적 자율'은 하나님을 주인으로 존중하지만 '부정적 자율'은 하나님을 제쳐놓고 자신이 주인 행세를 하는 것입니다. 이것이 선악과를 따 먹은 사건입니다. 그 이후로 아담과 하와는 자신들의 삶에서 하나님의 왕권을 배제한 삶이 얼마나 무서운 악과 불행을 초래하는지를 날마다 체험하면서 살아야 했습니다.

가나안 땅에서처럼, 인간이 스스로 왕이 되어 자기 마음대로 사는 타락한 세상은 하나님의 왕권에 대한 반역입니다. 하나님 께서는 인간 최대의 행복이 창조주 하나님의 선한 다스림을 받을 때 충만하게 피어나도록 처음부터 계획하셨습니다. 그런데 이 계획은 인간의 불순종과 반역 때문에 백지화된 것이 아닙니다. 이 것은 무엇을 의미합니까? 인류를 위한 하나님의 선한 계획은 인간의 반역에도 꺾이지 않는다는 것입니다. 하나님은 이스라엘의 배도와 우상 숭배에도 불구하고 그들을 회복시키고 메시아가 태어나게 하신다고 굳게 약속하셨습니다. 그래서 바벨론으로 잡혀 갔던 유대 백성이 70년 만에 귀환하였고 "때가 차매 하나님이 그 아들을 보내사 여자에게서 나게"(갈 4:4) 하셨습니다. 이것은 "하나님의 열심"(사 9:7; 37:32)으로 된 일이었습니다. 하나님은 인간의 절대 행복을 위해 자신을 처음부터 헌신하셨습니다.

이 사실을 가장 절실하고 감명 깊게 드러낸 말씀이 요한복음 3장 16절입니다. 하나님께서는 세상을 깊이 사랑하여 자기 아들을 보내시고 십자가에서 속죄양이 되게 하셨습니다. 그 결과 예수 그리스도의 십자가를 통해서 죄가 용서되고 성령의 감화로 굳은 마음이 변화되어 죄인들이 하나님의 "사랑의 아들의 나라"(골 1:13)로 돌아오게 하셨습니다.

예수님은 메시아 왕으로 태어나신 분이었습니다(마 2:2). 로마 군병들은 예수님을 처형하기 전에 그 앞에서 무릎을 꿇고 "유대인의 왕이여 평안할지어다" 라고 희롱하였습니다(마 27:29). 그리고 십자가에 못 박힌 예수님의 머리 위에 "유대인의 왕 예수"(마 27:37)라는 팻말을 붙였습니다. 그런데 그들은 사실상 예수님의 참 신분을 무의식적으로 드러낸 셈이었습니다.

예수님은 세상에 오셨을 때 제일 먼저 "하나님의 나라가 가까이 왔다"(막 1:15)고 선포하셨습니다. 하나님께서는 온 세상이 마침내 하나님의 왕권에 전적으로 복종하게 될 계획을 세우셨습니다. 시편 저자는 아브라함에게 주셨던 만국의 복이 성취될 것을 내다보았습니다.

> "하나님은 뭇 나라를 다스리는 왕이시다. 하나님이 그의 거룩한 보좌에 앉으셨다. 온 백성의 통치자들이 아브라함의 하나님의 백성이 되어 다 함께 모였다. 열강의 군왕들은 모두 주님께 속하였다. 하나님은 지존하시다."(시 47:8-9, 새번역).

하나님은 온 땅을 다스리는 만국의 왕이시며(계 15:3), 모든 신보다 크신 왕이시며(시 95:3), 만왕의 왕이십니다(시 47:2, 7; 딤전 6:15; 계 19:16). 요한계시록에 보면 하늘에서 큰 음성들이 외칩니다.

> "세상 나라가 우리 주와 그의 그리스도의 나라가 되어 그가 세세토록 왕 노릇 하시리로다"(계 11:15).

또한 "만국이 그 빛 가운데로 다니고 땅의 왕들이 자기 영광을 가지고 그리로 들어가리라"(계 21:24)고 하였고, "사람들이 만국의 영광과 존귀를 가지고 그리로 들어간다"(계 21:26)고도 하였습니다.

이것은 무엇을 의미합니까? 사탄과 인간의 반역으로 죄와 사망에 누워 있는 이 불행한 세상이 다시 회복될 날이 온다는 것입니다. 불신자든 신자든 만인의 무릎이 예수께 꿇어질 날이 올 것입니다. 예수님을 멸시하고 믿지 않던 자들도 마지막 날에는 그리스도의 왕권 앞에 부득불 항복하게 될 것입니다.

> "하늘에 있는 자들과 땅에 있는 자들과 땅 아래에 있는 자들로 모든 무릎을 예수의 이름에 꿇게 하시고 모든 입으로 예수 그리스도를 주라 시인하여 하나님 아버지께 영광을 돌리게 하셨느니라"(빌 2:10-11).

가나안의 왕들을 모두 정복하고 퇴위시킨 것은, "평강의 왕"(사 9:6)이신 예수 그리스도의 왕권이 온 세상 위에 임할 날이 올 것을 내다보는 종말론적 전망을 가진 사건이었습니다. 그런데 그 방법은 무력이 아닌 복음 전파에 의한 것입니다. 메시아 왕은 전마(戰馬)를 타고 오시지 않고 나귀 새끼를 타고 오십니다(눅 19:28-36). 그는 시온에 보좌를 세우고 그곳에서 구원의 복음이 온 세상으로 퍼지게 하여 전쟁을 그치게 하고 이방인들에게 화평을 전하실 것입니다(슥 9:9-10; 사 2:2-4). 이제 이 예언의 말씀은 메시아 왕이 세상에 오심으로써 성취되기 시작하였습니다.

화평의 복음이 예루살렘의 제자들을 통해서 온 세상으로 전파

되었고 지금도 교회를 통해 만방에 알려지고 있습니다. 주 예수를 믿는 신자들은 그리스도를 왕 중의 왕으로 모시고 온 세상이 그의 왕권적 통치 아래로 들어갈 메시아 시대의 절정을 기다립니다. 가나안의 왕들이 모두 죽임을 당하고 전쟁이 그친 것은 메시아 왕이신 예수 그리스도의 왕권이 확보되어 온 세상에 전쟁이 종식되고 메시아 왕국의 평화가 올 것에 대한 사실적 그림입니다.

가나안 족속의 왕들과 그들의 왕권은 철저하게 붕괴하였습니다. 이것은 하나님 나라의 왕권이 온 세상의 왕권들을 누르고 철저한 심판을 내릴 것을 내다보게 합니다. 가나안의 처형된 모든 왕의 목록은 하나님의 구원에 대한 찬송이며 하나님 나라의 최후 승리에 대한 예고편입니다. 하나님께서는 그의 왕권을 인정하고 그분을 주님으로 영접하여 하나님 나라를 위해 싸우는 성도들에게 상을 내리실 것입니다. 하나님은 세상의 악한 세력들을 모두 숙청하실 것입니다. 그리고 정화된 세상을 그의 신실한 성도들에게 영원한 유업으로 주실 것입니다(시 37:9; 마 5:5; 롬 4:13).

하나님의 왕권 회복은 심판과 함께 옵니다.

이방 나라들은 하나님이 세우신 왕권에 대항하지만, 이것은 "헛된 일"을 꾸미는 것입니다(시 2:1). 그들은 시온에 세운 메시아 왕을 대적합니다. 그래서 하나님의 나라가 세상에 세워지고 그의 왕권이 확립되려면 반역적인 지상 왕권들이 먼저 하나님의 심판을 받고 무너져야 합니다.

"그의 입에서 예리한 검이 나오니 그것으로 만국을 치겠
고 친히 그들을 철장으로 다스리며 또 친히 하나님 곧 전
능하신 이의 맹렬한 진노의 포도주 틀을 밟겠고 그 옷과
그 다리에 이름을 쓴 것이 있으니 만왕의 왕이요 만주의
주라 하였더라"(계 19:15; 비교. 시 2:9).

가나안 족속의 멸망은 하나님께서 그의 원수들을 완전히 파괴
하실 최후 승리에 대한 종말론적 심판의 전주곡입니다. 하나님께
서는 그의 왕권을 인정하지 않는 세상 왕국을 타도하고, 모든 악
인을 숙청한 후에 새 하늘과 새 땅을 이룩하실 것입니다(시 37:9;
계 20:10, 13-14). 그런데 이러한 총체적인 구원 계획은 하나님께
서 아브라함을 부르심으로써 구체화되기 시작했습니다. 하나님
은 아브라함의 후손을 통해서 만민이 복을 받게 하신다고 약속하
셨습니다(창 12:3; 28:14). 그런데 우리는 이것을 유대인에 대한 그
릇된 선민사상으로 오해해서는 안 됩니다. 유대인은 하나님이 특
별히 선택한 민족이기 때문에 구원을 받는 것도 아니고, 그들이
다른 민족들보다 하나님 보시기에 너 나아서 선민으로 뽑힌 것도
아닙니다. 하나님께서는 그들이 자신들의 신령한 소명을 잊고 교
만해져서 자기 의에 빠지지 않도록 가나안 정복과 관련해서 미리
따끔한 지적을 하셨습니다.

"네가 가서 그 땅을 차지함은 네 공의로 말미암음도 아니
며 네 마음이 정직함으로 말미암음도 아니요 이 민족들이
악함으로 말미암아 네 하나님 여호와께서 그들을 네 앞에

서 쫓아내심이라 여호와께서 이같이 하심은 네 조상 아브라함과 이삭과 야곱에게 하신 맹세를 이루려 하심이라"(신 9:5).

이스라엘은 "목이 곧은 백성"(신 9:6; 출 32:9)이었습니다. 그들은 광야에서 하나님을 여러 번 시험하며 불순종하였습니다(출 32:22-24; 시 95:8-11; 106:14). 그럼에도 그들을 하나님 나라 건설의 기수(旗手)가 되도록 가나안을 정복하게 하신 것은 전적으로 하나님의 은혜였습니다. 그래서 여호수아서에서도 여러 번 그들의 승리는 하나님의 동행과 하나님의 능력의 덕분이라고 밝혔습니다. 이스라엘 백성이 하나님의 택함을 받은 민족이라는 것은 자동적인 구원도 아니고, 하나님의 명령을 순종하지 않아도 여전히 축복을 받는다는 뜻도 아닙니다. 이스라엘 백성이라도 여리고 성의 물품을 훔쳤던 아간이 무서운 심판을 받았고, 불순종과 우상 숭배를 일삼았던 백성이 모두 타국으로 잡혀갔습니다.

맺는말

이스라엘은 하나님을 왕으로 모시고 사는 백성이 받는 구원이 어떤 것이며 그 이후에 따르는 유업의 축복이 무엇인지를 세상에 알리는 증인이 되도록 부름을 받았습니다. 하나님께서는 처음부터 이방 나라 백성도 하나님의 구원의 다스림 아래로 들어오도록 계획하셨습니다(사 42:6). 이 목적을 위한 첫 단계는 애굽에서 종살이하던 이스라엘 백성을 바로의 손에서 해방시키는 것이었습니다. 그다음 단계는 아브라함과 그의 후손들에게 약속하신 가나안 땅을 소유하게 하는 것이었습니다(창 12:7; 28:13). 이 과정에서 하나님의 왕권을 멸시하는 사악한 우상 숭배자들이 제거되고 죄의 오염으로부터 가나안 땅이 정화되어 하나님의 다스림을 받는 신정국가가 건설되도록 하였습니다. 그래서 한때 하나님의 왕 되심을 싫어하고 가증한 죄악으로 물들었던 땅이 유대인의 왕으로 오실 메시아의 탄생지가 될 것이었습니다. 그뿐만 아니라 가나안은 예수 그리스도의 십자가 복음이 만방에 전해지는 세계 선교의 본산지가 될 것이었습니다(사 2:3; 42:6).

2장

선한 싸움과 유업
여호수아 12:1-24

  이스라엘 백성이 가나안 땅을 유업으로 받는 방법은 부패한
가나안 족속들에 대한 물리적인 심판을 통해서 이루어졌습니다.
가나안 땅의 정복은 이스라엘이 타국의 주권을 무시하고 일방적
으로 침략하여 강탈한 것이 아니고, 하나님의 심판을 대행한 일
이었습니다. 하나님은 아브라함과 언약을 맺으실 때 그의 후손이
사대 만에 애굽에서 가나안으로 돌아올 것인데 그 시기는 가나안
족속들의 가증한 죄가 넘쳐서 심판을 받는 때라고 하셨습니다(창
15:16; 신 18:9-14; 레 18장).

  이스라엘의 가나안 정복은 한편으로는 하나님께서 아브라함
에게 맹세로 주셨던 땅에 대한 유업의 약속이 실현된 것이고, 다
른 한편으로는 가나안 족속의 혐오스러운 망측한 죄들에 대한 종
결적인 심판이었습니다. 이로써 하나님께서는 이스라엘이 세상
구원을 위해 택함을 받은 신령한 통로로서 가나안의 악인들과 그
들의 왕들을 몰아내고 정화된 새 땅에서 하나님의 왕권 신장을

확립하는 교두보를 구축하게 하셨습니다.

하나님께서는 자기 백성을 통해서 뜻하신 일을 행하기를 좋아하십니다. 그래서 능력의 원천은 하나님께 있어도 구체적인 활동은 사람이 하게 하십니다. 겉으로 보면 모든 일을 사람이 다 이루는 것 같습니다. 그러나 안으로 보면 모든 일이 하나님의 계획과 주권 아래에서 진행됩니다. 하나님은 원수들을 자기 발아래 두실 것이라고 하셨습니다. 그러나 그 일은 자기 백성을 통해서 이루어지기에 "사탄을 너희 발아래에서 상하게 하시리라"(롬 16:20)고도 표현하였습니다. 하나님의 나라는 하나님이 세우십니다. 그러나 하나님의 나라는 그의 백성의 참여를 통해서 건설되고 확장됩니다.

가나안 정복은 하나님이 주관하신 선한 싸움이었습니다.

1절에서 가나안 왕들을 쳐죽인 자들은 이스라엘 자손이었다고 말합니다. 그러나 이러한 승리는 하나님께서 가나안 땅을 그들에게 주신다고 약속하신 것을 지키셨다는 증거입니다. 모든 승리는 하나님께서 공급하시는 능력이 있으므로 가능합니다. 바울도 "내게 능력 주시는 자 안에서 내가 모든 것을 할 수 있느니라"(빌 4:13)고 하였습니다.

우리는 최선을 다해 싸워야 합니다. 우리는 승리를 위해 모든 지혜와 헌신을 쏟아야 합니다. 바울이 골로새서에서 말했듯이, "내 속에서 능력으로 역사하시는 이의 역사를 따라 힘을 다하여 수고"(골 1:29)해야 합니다. 그러니까 내 힘으로 승리를 거두는 것이 아니라 내게 힘을 주시는 하나님의 능력에 의존해서 싸우는 것이 크리스천 삶의 승리의 비결입니다. 가나안 땅은 이스라엘 백성이 싸워서 차지하였습니다. 그러나 그들의 전쟁을 결정적인 승리로 이끄신 분은 하나님이십니다. 하나님께서 여리고 성벽을 무너지게 하셨고, 우박을 퍼부으셨으며, 태양과 달이 머물러 있게 하셨습니다. 실제로 싸우는 자는 사람일지라도 전쟁의 주도권과 승부는 언제나 하나님께 있습니다. 무엇보다도 가나안 땅을 이스라엘 백성에게 주신 분은 하나님이십니다(수 1:3; 2:24).

이스라엘이 가나안 땅을 정복하고 차지할 수 있었던 것은 여호수아의 지도력도 아니고 백성들의 용맹도 아니었습니다. 가나안 땅의 소유는 하나님께서 아브라함과 그의 후손에게 주셨던 언약의 성취였고 처음부터 하나님의 구원 계획의 일부였습니다. 가나안의 서른한 명의 왕들이 모두 죽임을 당한 것은 하나님의 왕권을 대항하여 이길 왕이 세상에 없고, 그분의 구원 계획을 막을 자가 없음을 입증한 것입니다. 유업의 분배가 끝났을 때의 증언을 들어 보십시오.

"여호와께서 그들의 주위에 안식을 주셨으되 그 조상들에게 맹세하신 대로 하셨으므로 그들의 모든 원수들 중에 그들과 맞선 자가 하나도 없었으니 이는 여호와께서 그들의 모든 원수들을 그들의 손에 넘겨 주셨음이니라"(수 21:44).

여호수아는 백성을 모아 놓고 마지막 교훈을 줄 때 이 점을 강조하였습니다.

"너희의 하나님 여호와께서 너희를 위하여 이 모든 나라에 행하신 것을 너희가 다 보았거니와 너희의 하나님 여호와 그는 너희를 위하여 싸우신 이시니라"(수 23:3).

나머지 남은 땅들도 "너희의 하나님 여호와 그가 너희 앞에서 그들을 쫓아내사 너희 목전에서 그들을 떠나게 하시리니…너희가 그 땅을 차지할 것이라"(23:5)고 했습니다. 또 이어서 "이는 여호와께서 강대한 나라들을 너희의 앞에서 쫓아내셨으므로 오늘날까지 너희에게 맞선 자가 하나도 없었느니라"(23:9)고 하였습니다. 그리고 앞으로의 승리도 하나님이 그들을 위하여 싸우시기 때문에 그들을 대적하여 이길 자가 없다고 격려하였습니다(23:10; 비교. 1:5).

우리는 여호와의 전쟁에서 승리할 것을 확신해야 합니다. 다윗은 골리앗과 싸울 때 전쟁은 여호와의 것이라고 외쳤습니다(삼상 17:47). 그런데 이 말은 잘못 적용하면 우리가 나서서 전쟁할 것이 아니고, 하나님이 다 알아서 우리 대신 싸우시도록 해야 한다는 피동적인 자세를 취하게 됩니다. 여호수아가 어떻게 가나안의 연합군을 싸워 이겼는지를 상기해 보십시오. 그는 하나님께서 주신 승전의 약속을 받고 길갈에서 "밤새도록"(10:9) 행군하여 기브아를 치러온 연합국들을 파쇄하고 그들의 왕들을 죽였습니다. 다윗도 가만히 앉아서 전쟁은 여호와의 것이라고 외치기만 한 것이 아닙니다. 다윗은 골리앗을 향해 돌진하며 돌팔매를 던져 적장을 쓰러뜨렸습니다(삼상 17:48-49).

잉글랜드의 청교도였던 올리버 크롬웰(Oliver Cromwell, 1599-1658)은 전쟁할 때 군인들에게 "하나님을 신뢰하라. 그러나 화약이 젖지 않게 하라"(Trust God and keep your powder dry.)고 독려하였습니다. 하나님께서 우리를 위해 싸우신다고 믿으면 오히려 분발하여 믿음의 확신을 하고 일어서야 합니다. 그리고 물론 모든 승리의 영광은 하나님께 돌려야 합니다.

우리는 십자가 군병으로 하나님의 왕국 확장에 참전하도록 부름을 받았습니다. 크리스천은 선한 싸움을 위해 부름을 받은 그리스도의 군사들입니다(딤전 1:18; 딤후 2:3). 무엇을 위한 싸움입니까? 그리스도 안에서 약속된 유업의 상을 위한 싸움입니다. 선한 싸움의 내용을 바울은 디모데전서 6장에서 여러 가지로 열거하였습니다.

- 자신의 주인을 존중하는 것입니다.
- 그릇된 교리를 피하고 주 예수 그리스도의 건전한 가르침을 따르는 것입니다.
- 교만, 언쟁, 시기, 분쟁, 비방, 악감을 갖지 않는 것입니다.
- 부패한 마음으로 복음을 돈벌이나 출세의 방편으로 사용하지 않는 것입니다.

- 돈을 사랑하지 않고 덧없는 재물에 소망을 두지 않는 것입니다.
- 의와 경건과 믿음과 사랑과 인내와 온유를 좇는 것입니다.
- 영생을 체험적으로 아는 것입니다 .
- 흠이나 책망받을 것이 없도록 힘쓰는 것입니다.
- 선을 행하고 아낌없이 베풀고 즐겨 나누어 주는 것입니다.
- 속된 잡담을 피하고 거짓된 지식을 물리치는 것입니다.

바울은 디모데에게 이러한 교훈을 주었지만, 모든 교인에게 다 해당하는 말씀입니다. 그는 이것을 "믿음의 선한 싸움"(딤전 6:12)이라고 하였고 "이것이 장래에 자기를 위하여 좋은 터를 쌓아 참된 생명을 취하는 것"(딤전 6:19)이라고 했습니다. 현대어 성경은 이렇게 풀이하였습니다.

"그러면 그들은 하늘에다가 참 보화를 쌓는 것이며 이것만이 영원을 대비하는 안전한 투자입니다. 그리고 이렇게 하는 사람은 이 땅 위에서도 열매가 풍성한 그리스도인의 생활을 살게 되는 것입니다"(딤전 6:19).

영역에서는 '자신들을 위해서 보물을 쌓는다'고 옮겼습니다. (lay up treasure for themselves=NIV, thus storing up treasure for themselves=ESV). 이것은 마태복음 6장 20절의 하늘에 보물을 쌓아 두라는 말과 대동소이합니다. NIV 주석 성경은 "하늘에 보물을 쌓아두라는 말은 이 세상에서 영원한 가치가 있는 것을 행한 것은 무엇이든지 상을 받게 된다는 의미"라고 설명합니다.

선한 싸움을 잘 싸운 자에게는 보상이 있습니다. 이스라엘 백성은 비록 무력을 사용했지만, 하나님의 구원 성취를 위한 부름을 잘 수행했으므로 땅을 유업의 상으로 받았습니다. 우리는 '선한 싸움'을 싸울 때 하나님이 주시는 상을 받습니다. 이 상은 하늘에 보물로 쌓입니다.

하나님께서는 우리를 선한 싸움을 위한 영적 가나안 전쟁에 소집하셨습니다. 이 싸움을 잘 싸우는 자들에게는 '여호와의 전쟁'에 참전하는 특권과 함께 유업의 상이 기다리고 있습니다. 이것은 우리에게 주는 영적 도전입니다. 유업의 상은 주 예수를 따르는 십자가 군병으로서 수고로움을 참고 고난을 달게 받으며 선하고 거룩한 삶을 살게 하는 크나큰 동기부여입니다. 우리로 하여금 믿음의 선한 싸움을 하게 하시는 하나님을 기쁘게 해 드리는 자들은 착하고 충성스러운 종이라는 주님의 칭찬을 받게 될 것입니다. 이것이 우리가 힘써 싸워야 하는 명분이며 목표입니다.

하나님의 나라는 지도자들의 신실과 백성의 협력에 의해 발전합니다.

여호수아는 모세의 신실한 종이었고 모세가 시작한 것을 그대로 이어받아 마무리하였습니다. 기독교 역사에서 보면 믿음의 선열들이 시작한 것들 위에 차세대의 사역이 쌓입니다. 더러는 수정하고 보완하거나 혹은 버려야 할 것들이 있습니다. 그러나 하나님의 나라를 위한 믿음의 싸움은 언제나 연속되어야 합니다. 특히 지도자들의 신실과 충성은 모세와 여호수아의 경우에서 보듯이, 하나님 나라의 발전에 커다란 유익과 발전을 가져옵니다.

여호수아 11장은 가나안 정복이 종료되었음을 알리는 것으로 마칩니다. 여호수아는 여호와께서 모세에게 말씀하신 대로 온 땅을 점령하였고 이스라엘 지파의 구분에 따라 유업으로 나누어 줌으로써 자신의 소명을 완수하였습니다. 그래서 "그 땅에 전쟁이 그쳤더라"(수 11:23)고 했습니다. 이제 12장에서는 같은 정복 기사이면서도 모세가 성취한 정복까지 포함하고 있습니다. 여호수아의 정복은 독자적인 것이 아니고 모세가 시작한 정복을 끝내는 일이었습니다. 여호수아는 모세가 그에게 명령한 것을 다 지켰습니다. 모세와 여호수아는 이스라엘 백성이 가나안 땅을 유업으로 받게 하려고 끝까지 충성했던 하나님의 사역자들이었습니다.

이들에 대한 기사는 누가 더 많이 정복했느냐가 아니고 사역의 연속성과 각 리더의 충성에 강조점을 둡니다. 여호수아는 자신이 새로운 지도자가 되었다고 해서 자기 마음대로 새 일을 벌이기보다는 "여호와께서 모세에게 말씀하신 대로"(11:23) 행하였습니다. 그리고 모세는 마지막까지 "여호와의 종"(12:6)으로서 충성하였습니다. 여호수아는 가나안의 많은 지역을 점령하고 많은 왕을 죽였지만, 그의 위대성은 그의 정복의 범위가 아니고 하나님의 말씀에 대한 순종의 깊이였습니다. 모세 역시 그가 이스라엘의 탁월한 영도자로 평가된 것은 여호와의 종의 위치를 벗어나지 않고 주를 신실하게 섬긴 것이었습니다.

세상은 일의 성과에 따라 지도력을 평가합니다. 그렇다면 모세는 실패자입니다. 그는 이스라엘 백성을 가나안으로 인도하지 못했을 뿐만 아니라 자신도 들어가지 못했습니다. 그러나 히브리서는 모세가 하나님의 종으로서 신실하였다고 증언합니다(히 3:5). 구약의 많은 선지자도 하나님의 말씀을 신실하게 전했지만, 백성이 듣지 않았습니다. 만약 그들이 오늘날 교회를 했다면 모두 문을 닫았을 것입니다. 하나님이 그들의 입에 담아 주셨던 메시지는 세상에서 출세하여 잘 먹고 잘산다는 말이 아니었기 때문입니다. 오히려 죄를 꾸짖고 재앙을 선포하며 정의를 부르짖고 모든 거짓된 것들을 정죄하였습니다.

그들은 하나님의 말씀을 충성과 신실로 전했지만, 이스라엘 백성은 그들의 사역에 아무런 긍정적 반응을 보이지 않았습니다. 그들의 사역은 과연 실패한 것일까요? 이스라엘은 타국에 포로로 잡혀갔지만, 하나님께서는 그런 결과를 들어 호세아나 예레미야 선지자를 추궁하시지 않았습니다. 결과보다 더 중요한 것이 있습니다. 그것은 맡은 일에 대한 충성과 신실입니다(고전 4:2; 계 2:10).

우리가 외형이나 성과에 치중하면 하나님의 일을 할 때 낙심하기 쉽습니다. 예수님은 구원 사역의 절정이 되는 십자가 이벤트에 한 명의 제자도 참여시키지 못하였습니다. 그러나 주님은 실패한 것이 아니고 자신의 소명을 십자가에서 성취하셨습니다. 하나님의 나라는 세상의 방식으로 발전하는 것이 아니고, 주의 백성이 신실과 충성으로 주님을 섬기면서 서로 겸비한 자세로 협력할 때 전진합니다. 우리는 얼마나 주의 나라를 위해 충성하고 있습니까? 우리의 모세와 우리의 여호수아가 시작한 일들을 어떤 자세로 수행하고 있습니까?

여호수아서의 정복사는 복음의 진보에 대한 하나의 예시 입니다.

가나안의 동서남북에 거주했던 족속들이 박멸되었습니다. 여섯 개의 대표적인 가나안 족속들이 모두 멸망하였고(8절) 서른한 명의 왕들이 처형되었습니다(24절). 이로써 가나안을 발판으로 삼고 온 세상을 향해 하나님의 왕권이 확충될 수 있는 전략적 교두보가 확보된 셈이었습니다. 가나안 땅과 이스라엘 백성은 이제부터 하나님의 구원 계획이 펼쳐지는 발판이 될 것이었습니다.

우리에게도 하나님의 나라를 발전시키려면 영적 교두보가 구축되어야 합니다. 삶의 모든 영역에서 하나님 나라의 왕권적 다스림을 저항하는 죄의 세력들을 몰아내어야 합니다. 가나안 땅에 부패한 이교도의 왕들이 살아 있는 한, 이스라엘 백성은 하나님의 유업을 소유하거나 신정 국가를 세울 수 없었습니다.

우리도 마찬가지입니다. 예수 그리스도의 다스림을 받으며 그분 안에서 약속된 유업의 축복들을 누리려면, 주님의 뜻에 따라 날마다 정복에 나서야 합니다. 예수님의 왕국이 우리 안에서 세워지려면 먼저 우리 삶 속에 터를 잡고 사는 가나안 족속들이 처단되어야 합니다. 예루살렘의 아도니세덱 왕과 하솔 왕 야빈과 아낙 족속들이 있는 한, 하나님의 왕국이 든든히 세워질 수 없습니다.

그런데 우리가 가나안 땅의 유업을 쟁취하기 위해 투신하면 다른 방법으로는 얻을 수 없는 하나님 나라의 경이로움을 각별하게 체험합니다. 이스라엘 백성은 가나안 족속들을 무찌르면서 하나님 나라의 능력과 하나님의 섭리를 놀랍게 체험하였습니다. 유업 신앙을 실천하며 살면, 하나님의 왕권적 섭리와 기이한 능력을 실감하는 놀라움과 기쁨이 어떤 것인지를 알게 됩니다. 나에게 유업의 땅을 정복하고 차지하는 기쁨이 있습니까? 그래야만 하나님께 대한 찬송이 넘쳐 흐르고 다시 싸워 이길 수 있다는 확신이 서며 유업의 땅을 더욱 소유해야 하겠다는 열망이 솟아납니다.

그런데 죄의 세력을 퇴치하는 일에 무관심하거나 두려워하면 어떤 결과가 나오겠습니까? 가나안의 아낙 자손은 내가 도무지 감당할 수 없는 슈퍼 거인으로 확대되고, 자신은 메뚜기같이 축소됩니다. 그러나 전쟁은 여호와께 속했음을 믿고 담대하게 나서서 하나님의 다스림에 불복하는 죄의 영역들을 공격해 보십시오. 그러면 내가 거인이고 상대방이 메뚜기라는 사실을 알게 될 것입니다.

유업의 쟁취를 위해 자신의 약점이 무엇인지 차근히 생각하는 시간을 가질 필요가 있습니다. 영적 싸움에서 패배하는 이유가 무엇입니까? 아이 성의 공격 때처럼, 적대 세력을 얕보는 것입니다. 기브온 전쟁 때처럼, 다섯 왕을 동굴에 가두어만 놓고 처형을 미루는 것입니다. 혹은 값싼 동정심으로 바위문을 밀고 사식(私食)을 넣어주는 것입니다. 나는 죄와의 인연을 단절하기 싫어서 내 삶의 어두운 동굴 안에 비밀스러운 죄들을 가두어 놓고 사람들의 눈을 속이지는 않습니까? 하나님께서는 우리가 가나안의 왕들을 속히 처형시키기를 기다리십니다. 오래 끌수록 정을 떼기가 어렵고 마음이 약해집니다. 자신의 소명을 생각하고 결단을 내리십시오.

가나안 땅의 유업은 수많은 전투를 통해 획득되었습니다. 우리도 영적 싸움에 꾸준히 참여하지 않으면 아무것도 얻는 것이 없습니다. 우리의 영적 싸움은 비단 개인의 도덕적인 문제들만이 아닙니다. 하나님의 구원 계획을 방해하고 그분의 왕권에 도전하는 모든 악한 세력들이 우리가 싸워 이겨야 할 대상들입니다. 가나안 땅에 적군의 왕들이 얼마나 많았는지를 기억하십시오. 그들을 모두 타도하고 죽여야 합니다.

이제 우리는 여호수아 시대처럼 유업을 위해 군사적인 무력을 사용하지 않습니다. 우리의 싸움은 혈과 육을 상대로 하는 것이 아닙니다. 우리는 믿음의 방패와 성령의 검, 곧 하나님의 말씀으로 악을 몰아내어야 합니다(엡 6:12-17). "우리의 싸우는 무기는 육신에 속한 것이 아니요 오직 어떤 견고한 진도 무너뜨리는 하나님의 능력"(고후 10:4)입니다. "하나님의 나라는 먹는 것과 마시는 것이 아니요 오직 성령 안에 있는 의와 평강과 희락이라"(롬 14:17)고 했습니다.

우리는 복음의 진리와 믿음으로 무장하고 성령의 능력에 의존하며 기도로써 날마다 깨어서 원수들을 무찔러야 합니다. 그러면 우리는 하나님의 주권적 섭리와 전능하신 능력을 경험적으로 실감하게 됩니다. 우리의 영적 가나안을 정복하지 못하면 심령에 평안함이 없고 신앙생활에 생기가 없습니다. 두려워하거나 안일한 생각에 머물지 말고 가나안의 원수들을 섬멸하는 승리를 체험하도록 힘써야 하겠습니다. 전쟁은 여호와께 속한 것입니다. 가나안은 하나님께서 주신다고 약속한 유업의 땅입니다. 하나님께서 이스라엘에게 승리를 주셨듯이, 우리의 영적 싸움도 예수 그리스도의 죽음과 부활로 승리가 보장되었습니다. 그렇다면 유업 획득을 위한 영적 전투에 뒷짐을 지고 있거나 무관심할 수 없습니다. 적극적으로 하나님의 이름을 부르며 적진으로 달려야 합니다.

가나안 전쟁에서 이스라엘 백성이 여호와의 이름으로 죽인 서른한 명의 가나안 왕들을 헤아렸을 때의 분위기를 상상해 보십시오. 전리품은 생명을 걸고 싸운 군인들에게는 최상의 보상입니다. 그들은 자신들의 수고의 열매를 기뻐하고 감사했을 것입니다. 우리에게도 이런 승리의 기쁨이 열려 있습니다. 하나님의 왕권에 불복하는 크고 작은 왕들을 하나씩 처형시키면서 주님 앞에서 그들의 수효를 세어 보십시오. 우리가 주 예수의 십자가 군병으로서 정복해야 할 것들은 즐비합니다. 어떤 것들일까요?

나의 여러 모난 성격들, 세속적인 꿈, 비복음적인 가치관, 회개하지 않은 죄, 성경에 대한 무지, 악습, 유치한 언행, 교만, 사랑을 베풀지 않는 것, 돈에 인색한 것, 하나님의 나라를 위해 기여하지 않는 것, 이기심, 위선, 자식밖에 모르는 삶, 일류병, 사치심, 영적 무관심, 다른 사람을 위해 기도하지 않는 것, 형식적인 교회 생활, 게임 중독증, 유익하지 못한 소일거리, 시간과 금전의 낭비, 음란한 상상, 주님을 사모하지 않는 것, 안일 무사주의, 시기심, 성경 보지 않는 것, 어려운 사람 무시하기, 속이기, 뇌물 주고받기, 이중생활, 직권 오용, 부정 축재, 향락, 세속주의 등등입니다.

우리가 싸워서 이겨야 할 대적들은 가나안 북부 연합군처럼 "해변의 수많은 모래"(11:4)와 같습니다. 우리는 이 모든 대적을 제거하라는 부름을 받았습니다. 우리는 하나님의 의의 나라를 건설하는 신령한 역군들이며 하나님의 나라를 위해서 싸우는 전사(戰士)들입니다. 우리가 "믿음의 선한 싸움"(딤전 6:14)에 실패하면 유업의 상을 받지 못하고 그리스도의 심판대 앞에서 크게 부끄러움을 당할 것입니다. 그러나 잘 싸우면 주님의 칭찬과 상을 받습니다.

맺는말

하나님이 계획하신 유업의 상을 받고자 하는 성도들은 주 예수를 사랑하며 주님의 성품을 닮고 주님이 주신 소명을 이루기 위해 주야로 힘씁니다. 유업 신앙의 큰 유익은 주님의 부활 생명으로 생동하는 삶을 살면서 하나님의 임재와 능력과 위로를 체험하는 것입니다. 바울은 이것을 "영생을 취"(딤전 6:12)하는 것이라고 하였고, "장래에 자기를 위하여 좋은 터를 쌓아 참된 생명을 취하는 것"(딤전 6:19)이라고 하였습니다.

하늘에 보물을 쌓아 두십시오. 주 예수를 믿는 날부터 우리는 하나님의 넘치는 유업의 복을 받으라는 초대를 받았습니다. 구원 이후에 오는 축복은 무한대입니다. 우리는 이 세상에서부터 하나님의 임재를 가까이 느끼고 하나님 나라의 로열 파워를 체험하면서 살 수 있습니다.

주 예수를 믿고 구원을 받았으면, 영적으로 죽었던 사람이 다시 죽지 않는 영원한 생명을 받은 것입니다. 죽음의 땅에서 생명의 새 땅으로 옮겨졌습니다. 첫 구원은 출발입니다. 구원 이후에는 더욱 살아 넘쳐야 합니다. 예수 그리스도의 부활 생명이 내 속으로 들어왔기 때문입니다.

구원을 받은 신자들은 예수님의 생명을 날마다 누리면서 가나안 복지의 유업을 향해 달리는 자들입니다. 크리스천 삶은 결코 정적인 것이 아닙니다. 내 마음 평안하고 사후에 천국 가는 것이 구원의 전부가 아닙니다. 크리스천 삶은 훨씬 더 동적이며 적극적인 것입니다. 이스라엘 백성의 출애굽 구원은 가나안 땅의 젖과 꿀을 소유하기 위한 정복의 길이었습니다. 신자들의 영적 출애굽도 유업의 땅을 차지하기 위한 꾸준한 믿음과 포기하지 않는 인내와 선한 싸움으로 이어져야 합니다. 이것이 십자가 구원을 받은 성도들의 새로운 삶의 방식이며 구원 이후의 목표입니다.

3장
늙은 여호수아의 사명
여호수아 13:1-7

여호수아 13장은 여호수아서 2부의 시작에 해당합니다. 1장에서 12장까지는 가나안 정복 기사이고, 13장에서 21장까지는 땅의 분배에 대한 기록입니다. 후반부에서 각 지파에 할당된 지리적인 묘사가 많아서 지루하고 현대 교회에 적실성이 없어 보입니다. 그래서 그냥 넘어가기 쉽습니다. 그러나 이 부분은 성경의 대주제로서 신구약 전체에 흐르는 유업에 대한 가르침을 많이 배울 수 있는 중요한 본문들입니다. 유업의 주제는 여호수아서의 핵심적인 가르침입니다. 그러나 대부분의 복음주의자는 유업을 구원의 일부로 보거나 구원과 동일시하는 경향이 있습니다. 그들은 구원과 유업을 나누어 보기를 꺼립니다. 그들은 유업을 하나님 자신, 천국, 혹은 재림 이후의 갱신된 새 땅 등으로 이해합니다.

그러나 구원과 유업을 구분하지 않고 하나로 묶어서 다루면 성경 이해에 적지 않은 혼란을 일으킵니다. 대부분의 현대 복음주의 주석가나 설교자들은 유업을 상의 개념으로 다루기를 싫어합니다. 그래서 여호수아서를 강해할 때에 대체로 11장까지만 다루고 본격적으로 땅의 분배 부분이 나오는 13장부터 21장까지는 생략해 버린 채 나머지 22장부터 24장까지의 강해로 마칩니다. 그러나 땅의 분배는 유업에 대한 중요한 가르침을 담고 있으므로 생략하고 넘어갈 문제가 아닙니다.

　그럼 먼저 본 장의 순서에 따라 여호수아에 대한 하나님의 말씀을 다루고, 다음 장에서 레위 지파의 유업에 대해서 강해하도록 하겠습니다.

나이가 많아도 할 일이 있습니다.

　　"여호수아가 나이가 많아 늙으매 여호와께서 그에게 이르시되 너는 나이가 많아 늙었고 얻을 땅이 매우 많이 남아 있도다"(1절).

　여호수아가 하나님께로부터 들은 말씀 중에서 이렇게 섭섭한 말씀이 없었을 듯합니다. 나이가 많아 늙었으니 이제 너는 다 끝났다는 말씀이 아니겠습니까? 더구나 앞으로도 차지해야 할 땅이 많이 남았다고 했습니다. 여호수아에게는 맥이 빠지는 말씀이었을 것입니다.

　제가 오래전에 어떤 집회에 강사로 갔는데 어느 성도가 "그 전의 강사보다 훨씬 젊어서 좋아요."라고 하였습니다. 세월이 좀 지난 후에 어느 성경공부 모임에 갔더니 저를 처음 본 분이 면전에서 하는 첫 마디가 "젊은 분인 줄 알았는데 나이가 높으시군요."라고 했습니다.

그런데 사람들이 그렇게 말하는 것이 아니고 하나님께서 "너는 나이가 많다"고 하시면 기분이 어떨까요? 하나님은 여호수아에게 그냥 나이가 많다는 정도가 아니고 '늙었다'는 말까지 붙였습니다. 나이가 많아도 늙어 보이지 않는 사람이 있습니다. 여호수아는 분명 보기에도 늙었던 모양입니다. 이것은 슬픈 일입니다. 그런데 왜 하나님이 구태여 그렇게 표현하셔야 했을까요?

아이들이 가끔 저를 교회에서 보고 '할아버지'라고 부릅니다. 그러면 엄마가 '아니야 목사님이셔. 목사님 안녕하세요 하고 인사해'라고 말합니다. 그러면 아이는 엄마에게 '아냐 할아버지야' 하고 우깁니다. 엄마가 미안해하지만 사실 아이 말이 옳습니다. 아이는 척 보면 누가 나이를 먹은 어른인지를 본능적으로 압니다. 그리고 자기 할아버지와 비슷하게 보이기 때문에 실수하지 않습니다.

제가 한때 LA 한인 타운에서 살았는데 어느 날 슈퍼에 갔습니다. 생선 파는 데로 가고 있는데 누가 뒤에서 '할아버지 비켜요!' 하고 소리를 질렀습니다. 돌아보니까 짐을 나르는 멕시칸 일꾼이었습니다. '나 할아버지 아냐. 아저씨야' 했습니다. 그랬더니 '아니오. 할아버지 맞아요' 했습니다. 한국 가게에서 일하는 멕시칸들은 한국말을 썩 잘하는 편입니다. 그날 무시를 당한 기분이었습니다. 내가 옷도 허름하게 입었고 늙어 보여서 그랬겠지요. 그런데 사실은 나를 할아버지라고 부른 것은 틀린 말은 아니었습니다. 나이가 있으니까요.

하나님께서는 여호수아를 무시하거나 기를 죽이시려고 늙었다고 하신 것이 아닙니다. 본문을 잘 살펴보면 이것은 여호수아에게 아직도 할 일이 많이 남았으니 늙었다고 처지지 말고 분발하라는 격려의 말씀이었습니다. 사실상 여호수아는 그 이후로도 오래 살았고 많은 일을 하였습니다. 여호수아는 당시에 아마 갈렙과 비슷한 나이였을 것입니다. 갈렙은 그때 85세였는데 여호수아는 110세까지 살았습니다(14:10; 23:1; 24:19). 이렇게 보면 여호수아는 25년을 더 살았습니다. 여호수아의 수명의 기한을 다 아시는 하나님께서 당시의 여호수아를 보시고 나이가 많다고 하신 것은 이제 일을 더 이상 못하는 노령이 됐으니까 은퇴하라는 뜻이 아니었음이 분명합니다. 그보다는 앞으로 남은 일을 미루지 말고 속히 마무리 지어야 한다는 것을 상기시키는 말씀이었습니다.

본문의 핵심은 살아 있을 동안에 받은 소명을 끝내야 한다는 것입니다. 우리 각자에게 소명이 있습니다. 우리는 날마다 나이를 먹습니다. 우리 말의 표현이 매우 사실적입니다. 나이를 '먹는다'고 합니다. 먹어 버리면 없어집니다. 나이란 자꾸 없어지는 것입니다.

그런데 하나님께서는 나이 많은 여호수아에게 취해야 할 땅이 앞으로도 많이 남았는데 어떻게 할 테냐고 윽박지르시지 않았습니다. 하나님은 늘 위로와 격려를 아끼지 않으십니다. 6절에 보면 "내가 그들을 이스라엘 자손 앞에서 쫓아내리라"고 약속하셨습니다. 나이가 많은 것은 하나의 큰 약점입니다. 우리는 누구나 한두 가지의 약점을 지니고 있습니다. 하나님께서 여호수아의 나이가 많다는 사실을 잘 알고 계셨듯이, 우리의 약점도 잘 아십니다. 여호수아에게 노년임에도 큰 소명을 주시고 도와주실 것을 약속하셨듯이, 우리의 약점을 아시는 주님께서는 우리에게 소명을 주시고 내가 너를 도와줄 테니 힘을 내라고 하십니다.

세월이 빠르다고 한탄하는 사람들은 많습니다. 그런데 그래서 열심히 일한다고 말하는 사람은 적습니다. 바울은 세월을 아끼라고 했습니다(엡 5:16; 골 4:5). 시간도 하나님의 것입니다. 시간을 낭비하지 말고 지혜 있게 사용하는 것도 우리가 맡은 청지기 직의 한 소명입니다. 우리는 죄라고 하면 주로 도덕적인 것만 떠올립니다. 그러나 시간을 허비하거나 오용하는 것도 죄를 짓는 것입니다. 시간에 관한 한, 우리가 모두 죄책이 있을 줄 압니다. 잠언에는 게으른 자는 개미에게 가서 지혜를 얻으라고 했습니다(잠 6:6). 하나님께 속한 것을 내 것으로 삼으면, 하나님의 것을 도둑질하는 것입니다. 회개하고 주님이 주신 소명을 계속 이루도록 힘써야 하겠습니다.

그런데 하나님께서 가나안의 미정복 거주민들을 쫓아내신다고 약속하신 때가 언제였습니까? 여호수아가 나이가 많이 들었을 때였습니다. 하나님의 약속은 인간의 능력으로 미치기 어려운 때에 옵니다. 아브라함은 아이를 낳을 수 없는 고령에 이삭의 약속을 받았습니다. 모세가 죽었을 때 여호수아에게 가나안 정복의 약속이 주어졌습니다. 여호수아는 이제 전쟁에 나가기에는 너무 늙었습니다. 그는 은퇴할 나이였습니다. 그런데도 하나님께서는 그에게 할 일을 주셨습니다. 그는 백성에게 하나님이 주신 약속으로 격려하고 땅을 분배하여 아홉 지파와 므낫세 반 지파에 유업이 되게 하는 소명을 받았습니다.

하나님께서는 여호수아에게 차지해야 할 남은 땅이 많다고 하셨습니다. 그렇다면 나에게 주실 땅은 무엇이냐고 물을지 모릅니다. 하나님께 여쭈어 보십시오. 그러나 묻지 않고도 누구에게나 해당하는 소명과 차지할 땅이 있습니다. 그것은 주 예수를 닮는 일입니다. 성경을 배우고 복음의 가르침에 따라 사는 것입니다. 죄와 싸우면서 거룩한 삶을 사는 것입니다. 주님의 나라를 위해 무엇인가 조금이라도 이바지하면서 사는 것입니다. 새로워져야 할 이 세상을 위해 한 줄기 빛과 한 톨의 소금이라도 되는 것입니다. 주님을 더욱더 효과적으로 잘 섬기기 위해 준비하며 내 삶의 현장에서 신자로서의 마땅한 삶을 사는 것입니다. 어디에서든지 산상설교의 말씀을 실천에 옮기는 것입니다.

우리가 정복해야 할 땅이 얼마나 많이 남았는지 곰곰이 생각해 보십시오. 엄청나게 많을 것입니다. 우리는 감당할 수 없다고 느낄 테지만 주께서 가나안의 남은 족속들을 몰아내신다고 하신 약속을 신뢰하고 힘을 내어야 합니다. 우리의 남은 유업은 소유할 수 있는 땅이므로 우리가 힘써 차지해야 합니다.

다른 사람들을 위해 하나님의 일을 남겨 두십시오.

여호수아는 늙었지만, 아직 차지할 땅이 많이 남아 있었습니다. 그러나 하나님께서는 여호수아에게 그 전처럼 이스라엘의 군대장관으로서 남은 땅을 다 정복하라고 명하시지 않았습니다. 하나님의 일은 아무리 위대한 지도자라도 한 사람에 의해서 완취될수 없습니다. 다음 사람 혹은 다음 세대에게 남은 일을 넘겨 주어야 합니다. 나이를 먹었지만, 아직 힘이 남았기 때문에 얼마든지더 일할 수 있다고 생각하기 쉽습니다. 그 자체가 틀린 말은 아닙니다. 그러나 자신이 도맡아서 다 해야 한다고 생각해서는 안 됩니다. 과욕은 활동적인 지도자들에게 커다란 유혹입니다. 특히우리나라 사람들에게 힘든 유혹이라고 봅니다. 서양 사람들은 팀정신(Team spirit)이 있어 함께 도우면서 사역을 잘하는 편입니다. 우리는 상하 관계를 늘 따지고 지도자의 일방적인 지시로 통제를받는 문화라서 교회에서도 팀 사역이 쉽지 않습니다.

팀워크(Team work)가 잘 돌아가면 훨씬 능률적이고 생산적이라는 것은 일반 비즈니스에서도 실증되고 있습니다. 서구 기업체의신입 사원 채용 방법을 보니까 다른 사람들과 얼마나 잘 어울리고 협력할 수 있는 성격과 소양을 가졌는지를 많이 테스트하였습니다. 혼자서 다 할 수 있다거나 남들보다 더 잘났다고 생각하는사람은 비록 개인적으로 탁월할지라도 전체에 유익이 되지 않는경우가 많습니다. 하나님께서는 여호수아에게 할 일을 주시되 이제는 일선에 나서서 뛸 것이 아니고 앉아서 일을 보게 하셨습니다. 그래서 여호수아는 각 지파에 유업의 땅을 나누어 주는 일을맡았습니다. 사실 이 일도 여호수아 혼자서 한 것이 아니고 제사장 엘르아살과 각 지파의 족장들이 함께 분배하였습니다(14:1).

하나님께서는 각 지파에 소유지를 나눠 주셨습니다. 그런데 소유지만이 아니고 각 개인이 하나님의 나라에서 기여해야 하는 소명의 영역에도 분배의 선을 그으셨습니다. 모세는 이스라엘 백성을 가나안 변경까지 인도하게 하셨고, 그다음에 있을 가나안 정복은 여호수아가 맡게 하셨습니다. 하나님은 예수님을 보내셨고, 예수님은 제자들을 파송하셨으며, 제자들은 교회를 세워 복음이 만국에 전파되게 하였습니다. 예수님이 세상에 복음을 다 전하시지 않았고, 사도들이 세계 복음화를 다 마친 것이 아닙니다.

고고학에서도 어떤 팀이 고고학적 발굴을 하더라도 다음 세대를 위해 다 파헤치지 않는 부분이 있습니다. 차세대가 더 발전된 방법으로 발굴할 수 있는 여분을 남겨 두고 그들이 실제로 더 배울 기회를 주기 위해서입니다. 이것은 고고학 전체에 유익이 되는 일입니다. 우리는 자신이 맡은 소명이라도 때가 되면 방향을 바꾸거나 측면 사역을 하거나 혹은 작은 일이라도 맡을 수 있어야 합니다. 일을 더 계속하느냐 깨끗이 물러나느냐 하는 문제가 아닙니다. 어떤 경우에는 물러나서도 더 많은 문제를 일으키고 교회에 큰 해가 되는 경우도 있습니다.

로스앤절레스에 한 대형 한인 교회가 있습니다. 원로 목사가 은퇴한 이후로 계속 목회자가 갈리는데 그때마다 시비 곡절이 많고 미디어에 오르내립니다. 일부 주장으로는 은퇴한 원로 목사가 계속 자기 사람들을 통해서 교회 일에 간섭하기 때문에 분란이 일어난다고 했습니다. 그러나 반대편 말을 들으면 언제나 그렇듯이 이야기가 다릅니다. 아무튼, 여러 해에 걸쳐 서로 소송을 걸고 싸우기 때문에 한인 사회에서 다 알려진 교회로도 유명합니다. 저희 부부가 주일이면 그 교회 앞을 지나갔습니다. 최근에는 청빙 목사 문제를 놓고 시비가 붙어서 교회 담벼락과 거리에 크게 현수막을 걸고 불법이다, 취소하라 등의 글이 나붙어 있었습니다. 조금 후에 보니까 이번에는 재정부장 장부 공개하라는 플래카드가 붙었습니다. 제가 한번 주일 예배에 들어가 보았습니다. 부교역자가 설교를 했는데 자신이 지지하는 담임 후보 목사를 적극적으로 자랑하고 권하는 정치성 메시지였습니다. 그런데 신기한 것은 이 교회는 그렇게 크게 싸우고 또 많은 교인이 떠나도 다시 채워진다고 했습니다. 사실 이런 부류의 사건들은 우리나라 교회 안에서 빈번하게 일어나는 일이기에 그리 놀랄 것도 없습니다.

조금 다른 실례를 들어 보겠습니다. 제가 런던에서 신학교 다닐 때 학장이 은퇴하셨습니다. 어느 날 주일 예배를 보려고 어떤 교회를 갔습니다. 그런데 제 옆에 그 학장 부부가 앉아 있었습니다. 혹시 오늘 설교를 하시는가 했습니다. 그러나 교회가 아주 작은 편이라 그처럼 유명하고 바쁘신 분을 불렀을 것 같지는 않았습니다. 그래서 어찌 된 일이냐고 물었습니다. 그랬더니 그 교회의 부목사로 섬긴다고 했습니다. 저는 깜짝 놀랐습니다. 제가 놀라워하니까 이 교회 목사가 자기 제자였는데 소아마비라 심방하기가 불편하고 몸이 허약해서 목회를 힘들어하기에 자기가 대신 심방 다니고 교인들 상담도 해 주고 있다고 했습니다. 얼마나 아름다운 일입니까! 저는 그런 일이 실제로 있고 또 수용되는 교회 문화가 참 부러웠습니다.

은퇴해도 낮은 위치에서 주님을 계속 섬길 수 있어야 합니다. 은퇴한 목사들의 불평 중의 하나는 자기를 불러주는 교회가 없다는 것입니다. 물론 설교 부탁을 바라는 말입니다. 아마 교회에 일손이 부족하니까 부엌이나 화장실 청소 좀 도와 달라고 한다면 사람을 모욕한다고 생각할지 모릅니다. 물론 목사에게 그런 부탁을 할 수 있는 우리 문화도 아닙니다마는, 문화든 관습이든 무엇이든지 예수님을 주님으로 믿으면 누구나 가치관이 바뀌어야 마땅합니다. 유감스럽게도 우리나라 교회는 아직 기독교 가치관이 우리의 비성경적인 관습적 가치관을 극복하는 변화를 제대로 일으키지 못하고 있습니다.

사역자라도 일선에서 물러섰으면 다른 일꾼들을 돕거나 경험과 지혜를 살려 자문이 되거나 차선에서 봉사할 수 있어야 합니다. 자기가 아니면 안 된다고 여기고 간섭을 하거나, 어떻게 해서든지 자기 세력을 앉혀 놓으려고 하면 교회에 분란이 생깁니다. 이런 일들은 선후배 따지고 이해관계 챙기는 일반 세상에서나 있는 일입니다. 서로 주고받고 밀어주고 넣어주고 특혜를 주는 일들은 교회에서는 당치 않습니다.

스콜틀랜드의 수도인 에딘버러에 가면 샬롯 침례교회가 있습니다. 옛날에 유명한 윌리엄 스크로기(William Scroggie) 목사와 케직 사경회의 주 강사였던 알란 레드파스(Alan Redpath) 목사님이 시무했던 교회입니다. 그런데 그 후에 담임을 맡은 목사님이 저와 친분이 있었는데 일찍 은퇴하였습니다. 제가 물었더니 하는 말이 큰 교회에서 담임 목사가 너무 오래 강단을 잡고 있으면 후임을 구하는데 장애가 되기 때문이라고 했습니다. 이 목사님은 지금까지 목회하지 않고 저술과 강사로 활동 중입니다. 그렇다고 해서 대형교회 목사는 반드시 조기 은퇴를 해야 한다는 말이 아닙니다. 나이가 들면서 하나님의 말씀이 무르익은 분들은 건강이 허락하는 한, 어떤 형태로든지 오래 사역하는 것이 바람직하다는 것이 저의 소견입니다. 인생의 여러 경험과 하나님과의 긴 교제와 장기간의 말씀 사역을 통해 얻게 된 영성의 보화들을 교회가 지혜롭게 활용할 수 있다면 유익하리라고 봅니다.

사실상 신약의 사도들이 은퇴했다는 말이 없습니다. 그들은 죽을 때까지 일했습니다. 현대교회처럼 교단에서 은퇴 연령을 정해 놓지 않았습니다. 이런 제도는 사람이 만들어 놓은 것인데 필요에 따라 타당하고 지혜로운 조치일 수도 있고 방해가 될 수도 있습니다. 인위적인 것이기에 유동적인 적용이 어려운 약점이 있습니다. 목회자의 경우 중요한 잣대가 되어야 하는 것은 나이가 아니고 말씀을 전하고 교회를 돌볼 수 있는 영적 능력이어야 합니다. 디모데처럼 주니어(junior)라고 얕보아서도 안 되고(딤전 4:12), 씨니어(senior)라고 특권을 누리게 해서도 안 됩니다.

바울은 데살로니가전서에서 교인들을 지도하고 가르치는 자들의 일을 보고 그들의 수고가 인정되면 귀히 여기라고 했습니다(살전 5:12-13). 바울은 그의 충실한 동역자였던 에바브로디도를 교회가 귀히 여겨야 한다고 말했습니다(빌 2:25-30). 신실한 일꾼이냐 아니냐가 중요한 것이지 젊었느냐 늙었느냐가 잣대가 아닙니다. 신약에는 하나님의 일꾼에 대한 지침이 나옵니다. 그것은 언제나 신실하게 복음을 전하며 가르치는 일에 전념하면서 수고하는 성숙한 자들을 존경하라는 것입니다(골 1:7; 딤전 4:13-16; 5:17; 딤후 2:15, 24, 25).

저희 부부가 다니던 한 미국 장로교회에 담임 목사 청빙을 하는 데 기간이 오래 걸렸습니다. 그동안 다른 교회에서 은퇴하신 연로한 두 목사님이 와서 설교해 주었습니다. 한 분은 잘 걷지도 못했는데 강대상에서는 사자후와 같은 목소리로 매우 훌륭한 메시지를 전했습니다. 그래서 저는 아내와 돌아오면서 교회 재정도 어렵고 한데 새 목회자를 구하지 말고 그냥 이 노인 목사님들이 말씀을 계속 전해도 좋겠다고 했습니다.

여호수아는 직접 전쟁에 나가지는 않았지만, 땅을 분배하는 일을 맡았습니다. 전방에서 후방으로 물러났어도 후방 사역이 전방 사역 못지않게 중요할 수 있습니다. 사실상 전방과 후방이 다 협력할 수 있어야 여호와의 군대가 강성해집니다. 어떤 이들은 나이를 먹거나 은퇴를 하면 할 일이 없다고 생각합니다. 세상일은 끝났을지 몰라도 하나님의 일은 끝난 것이 아닙니다. 정녕 할 일이 없으면 교회에 와서 혹은 집에서도 중보 기도라도 전념하면 좋지 않겠습니까? 나이 먹었다고 손 놓고 있을 것이 아니고 주를 위해 적극적으로 자신이 참여할 수 있는 일을 크든지 작든지 찾아서 행해야 합니다.

제가 과거에 일했던 어떤 선교회에 아시아 지역 전체를 책임진 외국인 선교사 회장이 있었는데 아침에 일찍 출근해서 직원들 책상을 닦아놓고 화장실 청소부터 하였습니다. 우리는 주님이 부르시는 그 날까지 주님을 어떤 형태로든지 신실하게 섬겨야 합니다. 하나님께서는 우리의 삶이 끝날 때까지 관심의 끈을 놓지 않으십니다. 그렇다면 우리도 하나님을 섬기는 일에서 충성과 신실로 끝까지 가야 합니다. 하나님께서는 여호수아가 젊었을 때도 소명을 주셨고 늙었을 때도 소명을 주셨습니다. 여호수아 첫 장에서 하나님은 여호수아에게 "내 종 모세가 죽었으니 이제 너는 이 모든 백성과 더불어 일어나 이 요단을 건너 내가 그들 곧 이스라엘 자손에게 주는 그 땅으로 가라"(수 1:2)고 하셨습니다. 그 후 긴 세월이 지난 후에 여호수아가 늙었을 때 다시 말씀하셨습니다.

"너는 이 땅을 아홉 지파와 므낫세 반 지파에게 나누어 유업이 되게 하라"(수 13:7).

맺는말

스웨덴의 유명한 배우였던 잉그리드 버그만과의 인터뷰를 들은 적이 있습니다.

「늙은 삶을 어떻게 지내십니까?」라고 텔레비전 기자가 물었습니다.

「산을 오르는 것과 같아요. 올라갈수록 숨이 가쁘답니다. 그러나 오를수록 전망이 더욱 넓어져서 좋아요!」

주님이 주신 소명은 환경이나 나이나 배경이나 관습 등에 제한을 받지 말고 계속해서 성취되어야 합니다. 여호수아에게 주셨던 소명을 우리 자신에게 적용하여 주를 끝까지 섬겨야 하겠습니다. 꾸준히 부름의 상을 향해 올라갈수록 우리의 전망도 더욱 넓혀질 것입니다. 나이는 우리 모두에게 늙음을 가져오고 활동을 둔화시킵니다. 그러나 영적 세계에서는 나이는 풍성한 결실을 가져오고 넘치는 생명으로 인도합니다. 시편 저자는 여호와의 집에 머무는 자는 "늙어도 여전히 결실하며 진액이 풍족하고 빛이 청청"(시 92:14)하다고 했습니다. 우리의 나이와 함께 이러한 고백이 실감 나기를 기원합니다.

4장

레위 지파의 소명
여호수아 13:8-33

"오직 레위 지파에게는 여호수아가 유업으로 준 것이 없
었으니 이는 그에게 말씀하신 것과 같이 이스라엘의 하나
님 여호와께 드리는 화제물이 그들의 유업이 되었음이더
라"(수 13:14).

이스라엘의 다른 지파들은 모두 자신들의 유업을 배정받았지
만 레위 지파만 못 받았습니다. 그 까닭을 본 절에서(14절) 밝힙니
다. 이스라엘 백성에게 하나님께서 약속하신 유업은 가나안 땅이
었습니다. 그런데 레위 지파에게는 땅이 유업이 아니었습니다.
왜 이런 예외가 있게 되었을까요? 이것은 우리가 유업의 더욱 깊
은 의미를 이해하는데 관건이 됩니다.

레위 지파에게는 기업을 주지 않았습니다.

첫째, 땅은 유업의 실질적인 요소입니다.

유업으로서의 땅은 이스라엘 백성에게 가장 실질적이고 가시적인 자산이었습니다. 우선 국가로서 출발하는데 영토가 있어야 했고 경제 소득의 출처로서 농경지와 목양지가 있어야 했습니다. 풍성한 농산물과 축산 소득은 젖과 꿀이 흐르는 땅의 축복을 실감하게 하였습니다. 가나안 땅을 정복하고 차지한 것은 하나님의 유업의 약속이 실현된 것을 의미합니다.

그런데 유업은 단순한 소유가 아니고 안식을 누리는 것입니다. 안식은 가나안 정복이 가져오는 온갖 축복들을 향유하는 것으로서 가나안의 소산을 통해 가장 실질적으로 체험할 수 있었습니다. 그래서 각 지파가 받는 땅의 목록이 세세하게 기록된 것은 유업의 땅을 실제로 밟아보고 다녀보며 곡식과 과목을 심고 가축을 기를 수 있는 가시적인 증거였습니다. 땅은 유업의 실질적인 형태입니다. 그렇지만 그 이상의 의미가 있었다는 것을 드러내기 위해 레위 지파에게는 땅의 유업을 주지 않았습니다.

둘째, 땅은 반드시 유업의 필수적인 요소는 아닙니다.

만일 유업이 땅에 한정된 것이었다면, 레위 지파는 이 축복에서 제외된 셈입니다. 그러나 유업은 이스라엘 백성 전체에게 준 언약의 축복이었습니다. 따라서 레위 지파라고 해서 유업을 못 받을 이유가 없습니다. 그런데 레위 지파에게는 땅을 주지 않았습니다. 이것은 무엇을 시사합니까? 땅이 유일한 종류의 유업이 아니라는 것입니다. 이것은 유업의 본질을 이해하는 열쇠를 제공합니다.

레위 지파에게는 "여호와께 드리는 화제물"(14절)이 유업이라고 했습니다. 화제(火祭)는 불에 살라서 번제로 바치는 제사입니다(레 3:3-5, 9, 14; 23:18, 25). 그럼 레위 지파는 다 태워서 번제로 드린 화제물을 양식으로 받았다는 말일까요? 레위기에서 언급된 불 살라서 드리는 화제물은 일부 곡식제물을 제외하고는(레 6:14-18) 모두 여호와를 위한 것이었습니다(레 3장; 23:18, 25). 그래서 레위인이 바치는 화제물이 그들의 유업이라는 말은 비록 곡식제물의 일부를 그들이 먹을 수 있었지만, 주로 하나님을 섬기는 특권을 말합니다. 그리고 그들의 생계를 위해서는 별도의 조치가 있었는데 곧 백성이 바치는 십일조였습니다(민 18:21-24, 31). 십일조는 레위인들의 회막 봉사에 대한 '보수'였습니다(민 18:21, 31).

> "너희와 너희의 권속이 어디서든지 이것을 먹을 수 있음은 이는 회막에서 일한 너희의 보수임이라"(민 18:31).

여기서 두 가지 사상이 나옵니다. 하나는 유업은 반드시 땅을 의미하지는 않는다는 것입니다. 다른 하나는 유업에는 봉사에 대한 삯(보수)이라는 개념이 들어 있다는 것입니다. 하나님께서는 레위인들의 회막 사역을 십일조로서 '갚아 주신다'(민 18:21)고 하셨고 이것을 그들이 받는 '보수'(민 18:31)라고 하였습니다. 이 부분은 우리가 유업을 이해하는 데 주목할 부분입니다. 하나님을 섬기는 일을 했는데 왜 보수를 받아야 할까요? 물론 레위인도 먹고 살아야 하니까 수입이 있어야 했습니다. 그들에게는 우선 땅이 없었으니까 농사를 지을 수 없었습니다. 그들은 전적으로 회막 봉사나 자신들의 지역에서 백성을 가르치는 일을 전담하였으므로 다른 일을 할 수 없었습니다. 쉽게 말하면 풀 타임 사역자이기 때문에 생계비를 받아야 했습니다.

그러나 이것은 월급을 받는 것과는 다른 개념입니다. 세상에서는 일한 것의 대가로서 보수를 받습니다. 그렇지만 하나님을 위해서 봉사하는 일에는 다른 차원이 있습니다. 우선 피조물이 창조주를 섬기는 것은 당연한 일입니다. 자신이 마땅히 해야 할 일을 하면서 보수를 바랄 것이 없고 또 줄 필요도 없습니다. 예수님은 "명한 대로 하였다고 종에게 감사하겠느냐"(눅 17:9)고 하셨습니다.

하나님께서는 누구에게도 빚지신 것이 없습니다. 채무가 있다면 그것은 우리가 하나님께 진 은혜의 빚입니다. 종이 당연히 주인을 섬겨야 하듯이, 하나님의 종들은 당연히 하나님을 섬겨야 합니다(눅 17:10). 그럼에도 하나님께서는 주인과 종의 관계에서가 아니고, 아버지와 자녀의 관계에서 자녀들에게 베풀어 주기를 기뻐하십니다. 이것은 고용주와 피고용주 사이의 거래나 계약이 아니고, 구주 하나님과 그의 백성 사이의 사랑과 충성의 관계입니다. 하나님은 충성으로 주를 섬기는 자들을 기뻐하시고 후히 갚아 주십니다. 이것이 하나님의 성품입니다. 그래서 예수님은 산상설교에서 제자들에게 상에 대해서 가르치시며 격려하셨습니다. 히브리서의 저자도 말합니다.

"하나님은 불의하지 아니하사 너희 행위와 그의 이름을 위하여 나타낸 사랑으로 이미 성도를 섬긴 것과 이제도

섬기고 있는 것을 잊어버리지 아니하시느니라"(히 6:10).

셋째, 땅보다 더 좋은 유업이 있습니다.

땅은 반드시 유업에 필연적으로 연결된 것은 아닙니다. 레위 지파에게 땅을 유업으로 주지 않은 까닭은 그들에게 땅보다 더 좋은 유업을 주시기 때문이었습니다. 땅보다 더 좋은 유업이 무엇입니까? 레위 지파가 갖는 하나님과의 각별하고 밀착된 관계입니다. 그들이 어떻게 하나님과 밀착된 교제를 가졌습니까? 그들의 직분을 통해서였습니다.

"레위 사람은 너희 중에 분깃이 없나니 여호와의 제사장
직분이 그들의 유업이 됨이며…"(수 18:7).

여기서 '제사장 직분'은 아론의 후손만이 아니고 레위 지파 전체의 사역을 말합니다. 신명기 18장 1절에서 "레위 사람 제사장과 레위의 온 지파"에게 분깃(몫)이 없다고 했습니다. 이들의 제사장적 사역은 언약궤와 장막을 운반하고 회막에서 여러 가지 제사를 준비하며, 여호와의 이름으로 축복하고 성물을 다룰 때 오는 위험 부담을 감당하는 것이었습니다(민 8:19; 18:21-24, 32; 신 10:8). 그 이외에도 레위인들은 어려운 케이스의 민사 재판을 담당하였고(신 17:8-9), 율법서를 관리하고(신 17:18), 나병 검진을 하였으며(신 14:8), 율법을 가르쳤습니다(신 27:9-10). 이러한 제사장적 직분을 통해서 레위 지파는 다른 어떤 지파보다도 다른 사람들을 위해 더 봉사하였고 하나님과 더 가까운 교제를 하였습니다. 이

것은 그들의 명예로운 특권이었습니다.

놀라운 것은 하나님께서는 이러한 귀한 특권을 주시고 하나님을 섬기게 하실 뿐만 아니라 후한 상도 주셨습니다. 레위인들은 주로 백성의 십일조로 생활했는데 이것은 그들의 필요를 채우고도 훨씬 더 넘치는 분량이었습니다. 그럼에도 전리품 중에서 오십분의 일을 성막을 맡은 레위인들에게 더 얹어 주었습니다(민 31:30). 하나님께서는 필요한 분량만 주시지 않습니다. 하나님께서 주시는 '일용할 양식'은 때로는 '일 년 양식'이 되고도 남습니다. 그래서 바울은 "우리가 구하거나 생각하는 것 이상으로 더욱 넘치게 주실 수 있는 분"(엡 3:20, 새번역)에게 영광이 무궁하기를 축원하였습니다. 하나님은 결코 인색하신 분이 아닙니다.

한편, 주님은 종이 가져야 할 자세를 말씀하셨습니다.

"이와 같이 너희도 명령 받은 것을 다 행한 후에 이르기를
우리는 무익한 종이라 우리가 하여야 할 일을 한 것뿐이
라 할지니라"(눅 17:10).

그런데 우리가 당연히 해야 할 의무를 행했음에도 보수를 지급하시고 칭찬하시는 분이 하나님이십니다. 레위 지파는 성막 사역에 대한 보수로서 넘치는 생활 보장을 받았을 뿐만 아니라 각 지파가 내어놓은 48개 성읍과 그에 달린 목초지를 받았습니다(수 21:41-42; 민 35:8). 하나님은 후한 성품을 가지신 분입니다. 그렇다면 그의 자녀 된 우리도 후해야 하지 않겠습니까? 하나님은 인색

한 것을 매우 싫어하십니다. 하나님의 후한 성품을 닮은 것이 아니기 때문입니다.

> "각각 그 마음에 정한 대로 할 것이요 인색함으로나 억지로 하지 말지니 하나님은 즐겨 내는 자를 사랑하시느니라"(고후 9:7).

우리는 물질적인 것만이 아니고 영적인 활동에서도 후해야 합니다. 하나님은 인색한 기도와 인색한 성경 공부와 인색한 사랑과 인색한 감사를 싫어하십니다. 우리가 받은 은혜가 넘침에도 하나님께 돌려드리는 것은 너무도 적지 않습니까? 우리는 아버지의 성품을 닮지 않은 것들을 정복하여 우리의 유업으로 차지해야 합니다. 주 예수의 사랑과 자비와 신실한 품성을 닮을 때, 우리는 약속된 유업을 차지하고 그리스도가 주시는 풍성한 안식을 누리게 됩니다.

넷째, 레위 지파의 유업은 이스라엘의 다른 지파들이 바라본 궁극적인 목표이며 모델이었습니다.

그럼 어떤 면에서 레위 지파가 이스라엘 백성 전체를 대표하는 유업의 목표이며 모델이었을까요? 레위인들의 삶의 방식을 보면 알 수 있습니다.

• 레위 지파의 생존 방식은 하나님을 전적으로 의존하는 헌신이었습니다. 이들은 하나님만 섬기면서 생계에 필요한 것들을

전적으로 하나님의 공급에 의존했습니다. 유업은 하나님이 주시는 주권적인 은혜의 선물입니다. 우리는 하나님을 신뢰하고 그분의 말씀에 따라 유업의 땅을 꾸준히 쟁취하는 일에 전념해야 합니다. 하나님께서는 다른 지파들이 레위 지파에게 십일조와 화제물과 거주할 성읍과 가축용 목초지와 전리품까지 나누어 주게 하셨습니다. 하나님을 신실하게 섬기면서 하나님께서 주시는 넘치는 공급을 체험하는 것이 유업 신앙의 보상입니다. 레위 지파는 전적으로 하나님을 섬기는 일에 헌신하였으며 그에 대한 후한 보수를 받았습니다. 이스라엘 백성은 모두 레위 지파처럼 하나님을 섬기며 그들의 유업을 소유하도록 부름을 받았습니다. 사실상 레위 지파는 이스라엘 백성 전체의 장자들을 대신하여 하나님께 드려진 자들이었습니다(민 8:15-22; 신 10:8-9).

> "그들은 이스라엘 자손 중에서 내게 온전히 드린 바 된 자라 이스라엘 자손 중 모든 초태생 곧 모든 처음 태어난 자 대신 내가 그들을 취하였느니라."(민 8:18).

하나님께서는 레위인들을 회막에서 이스라엘 자손을 대신하여 봉사하게 하셨고, 그들을 위하여 속죄하게 하셨습니다(민 8:19). 레위인은 모든 이스라엘 백성의 대리인들로서 자신들을 정결하게 한 후에 여호와 앞에 나가 섬겼습니다(민 8:21-22). 그래서 희생제물을 바치는 이스라엘 백성은 여호와의 이름으로 기원하는 레위 지파의 축복을 받으면서 하나님을 경배하였습니다.

레위 지파는 요단 동편과 요단 강 서편에 있는 이스라엘 지파들의 성읍에 골고루 섞여 살았습니다. 이것은 양편 지역에 거주하는 이스라엘 지파들의 연합을 유지하는 교량 역할이었으며 그들을 다 같이 대표해서 하나님께 나아간다는 의미가 있었습니다. 레위인들은 이스라엘의 장자들을 대신해서 하나님께 바쳐졌으며 땅이 아닌, 다른 종류의 유업을 받았습니다. 이것은 이스라엘 백성 전체가 받아 누려야 할 별다른 차원의 궁극적인 유업의 의미를 함축한 것이었습니다.

- 레위인의 유업은 하나님과 갖는 밀착 교제의 축복이었습니다.

레위 지파는 하나님 편에 서 있는 헌신 된 자들로 구성되었습니다(참조. 출 32:26-29). 레위 지파의 유업은 땅이라는 물질적 유업보다 인격적이고 영적인 유업이었습니다. 즉, 그들은 하나님 앞에서 주님을 섬기면서 하나님의 임재와 사귐을 유업으로 받았습니다. 최선의 유업은 주님 자신과의 영적 교제입니다. 날마다 주님을 섬기고 그분의 진리의 말씀을 들으며 그분의 뜻을 실천하면서 하나님의 임재와 능력을 체험하는 것은 단순히 물체적인 땅을 소유하는 것보다 훨씬 더 풍성하고 의미 있는 유업입니다.

그래서 여호수아서의 저자는 이스라엘 지파에 땅을 분배하는 진술을 하면서 레위 지파는 땅의 유업을 받지 않았다고 여러 번 지적하였고, 화제물과 제사장 직분이 그들이 받은 유업이었다고 강조하였습니다(13:14; 18:7). 이러한 레위인의 유업이야말로 하나님께서 이스라엘의 모든 지파가 받기를 원하는 것이었습니다. 각 지파가 받은 땅의 유업은 궁극적으로 그들을 대표해서 하나님께 제사를 드리는 레위 지파의 영적 유업을 바라본 것이었습니다.

레위 지파의 유업의 특징은 하나님과의 지속적이고 밀착된 영적 교제였습니다. 땅으로 받지 않는 유업이 더 좋은 유업입니다. 땅의 유업은 레위인이 받는 하나님과의 영적 교제의 유업을 바라보는 하나의 가시적인 전망대였습니다. 이스라엘 백성은 가나안 땅에 집을 짓고 과목을 심고 농사와 목축을 하면서 하나님이 주신 유업의 풍성함을 즐기며 하나님을 찬양하였습니다. 그러나 이것은 하나님을 항상 섬기며 사는 레위인들의 영적 유업에 대한 예시적인 그림이었습니다.

맺는말

우리가 반성해 보아야 할 교훈이 있습니다. 우리는 가시적이고 물질적인 유업에 집착하는 성향이 있습니다. 우리는 이 세상에 속한 것들과 이 세상에서 구할 수 있는 것들을 놓고 많이 기도합니다. 돈, 취직, 결혼, 자녀 교육, 비즈니스, 건강 등등입니다. 그래서 소원이 실현되면 복받았다고 좋아합니다. 우리에게 필요한 것들을 풍성히 받는 것은 좋은 일입니다. 그런데 더 이상 바라고 기도하는 것이 없을 때가 문제입니다. 하나님께서 그런 것들을 주시고서 우리에게 기대하시는 것이 무엇인지를 생각하지 않으면 아무런 영적 발전이 없습니다. 생활이 좀 나아지고 걱정거리가 줄어들었을지 몰라도 영혼에는 별 도움이 되지 않습니다.

이스라엘 백성은 처음에 가나안에 들어가서 주인 행세를 하면서 편하게 잘 살았습니다. 종으로 있다가 상전이 되었고, 가난했다가 부자가 되었습니다. 그러나 그들에게 문제가 생기기 시작했습니다. 자신들의 유업이 땅을 받은 것으로 끝났다고 본 것입니다. 그들은 유업의 땅이 이스라엘 지파들을 대표하는 레위 지파의 유업을 바라보게 하는 것임을 생각하지 않았습니다. 그들은 땅의 소출을 가지고 레위인들에게 가지고 가면 하나님께 제사를 드린 것이므로 더 이상 신경 쓸 것이 없다고 여겼습니다. 이것이 문제였습니다. 이들은 자신들의 삶과 레위인들의 삶이 동일 선상에 있으며 자신들의 유업이 땅에서 그치는 것이 아니고, 레위인들이 갖는 하나님과의 교제에 닿아야 한다는 점을 깨닫지 못하였습니다. 그들은 자신들의 유업과 레위인들의 유업이 다르다는 것만 알았지 자신들의 유업의 모델과 목표가 레위인들이 하나님과 갖는 깊은 차원의 영적 교제라는 것을 몰랐습니다.

그 결과가 무엇이었습니까? 영적 내리막길이었습니다. 이스라엘이 나중에 곤고하게 된 것은 땅이 부족하거나 물질이 없어서가 아니었습니다. 그들의 영혼이 굶주렸기 때문이었습니다. 그래서 가나안의 바알 신의 유혹에 넘어갔습니다. 결국, 땅도 잃고 집도 잃고 자식도 잃고 다 잃었습니다. 그들은 가나안 족속들에게 압제를 받다가 이방 나라에 포로로 잡혀갔고 급기야 나라가 완전히 망하고 말았습니다. 땅으로 받은 유업이 하나님과의 밀착된 교제의 유업으로 연결되어 나가지 않으면 너무도 큰 대가를 지불해야 합니다.

우리의 궁극적인 관심이 어디에 있습니까? 이스라엘 백성에게 땅이 필요하였습니다. 그래서 하나님께서 땅이 있는 곳으로 그들을 인도하셨습니다. 그러나 그 땅만 믿고 살면 유업의 목적이 성취된 것이 아닙니다. 오히려 땅 때문에 하나님이 주시려는 신령한 유업 즉, 이 세상이 줄 수 없는 하나님의 임재와 성령의 인도와 '내가 너로 인하여 기뻐하노라'는 하나님의 음성을 듣지 못하는 육적인 교인으로 머물게 됩니다.

레위인은 우리의 대표자입니다. 레위인의 유업을 구하십시오. 하나님께 나아가 레위인이 날마다 누리는 유업의 축복을 원한다고 간구하십시오. 이스라엘 백성처럼 물질적인 땅의 유업에 매이지 말고, 주님이 계신 성전을 바라보며 주의 이름을 부르십시오. 그리하면 레위인이 받는 유업의 축복이 어떤 것인지를 알게 될 것입니다. 그때부터 우리는 땅보다 더 좋고 더 풍요한 차원 깊은 영적 유업의 세계로 들어가서 하나님의 가히 없는 사랑이 부어지는 것을 체험할 것입니다.

5장

하나님의 상속자
여호수아 13:33

"오직 레위 지파에게는 모세가 기업을 주지 아니하였으니 이는 그들에게 말씀하신 것과 같이 이스라엘의 하나님 여호와께서 그들의 기업이 되심이었더라"(수 13:33).

유업의 한 중요한 요점은 자동적인 것이 아니라는 것입니다. 만약 유업을 천국이나 하나님 또는 예수님 자신이라고 본다면 신자들은 누구나 유업을 받는다고 말해야 합니다. 그러나 유업은 가나안 정복에서 보듯이, 비록 하나님께서 맹세하신 경우에도 조건부로 주어지는 것이므로 신자라고 해서 그냥 다 받는 것이 아닙니다. 출애굽 구원을 받았던 이스라엘 백성이라고 해서 모두 가나안에 들어가지 않았습니다. 출애굽 첫 세대는 가나안 정복을 거부했습니다. 그래서 그들은 여호수아와 갈렙을 제외하고는 가나안 땅의 유업을 한 뼘도 받지 못하고 광야에서 모두 죽었습니다.

그런데 가나안 복지를 사후 천국으로 본다면 어떻게 될까요? 출애굽 첫 세대는 두 사람만 빼놓고 모두 천국에 못 들어갔다는 말이 됩니다. 출애굽의 첫 세대에는 모세와 아론과 미리암과 이스라엘의 70인 장로들이 포함되었습니다. 그들이 다 천국에 못 들어갔다고 볼 수 있을까요? 모세만 해도 변화산에서 엘리야 선지자와 함께 나타나서 예수님과 대화하였습니다(눅 9:28-31).

"주가 맡긴 모든 역사, 힘을 다해 마치고 밝고 밝은 그 아침을 맞을 때 요단 강을 건너가서 주의 손을 붙잡고 기쁨으로 주의 얼굴 뵈오리"(새 찬송가 240장 1절).

"저 요단 강 건너편에 화려하게 뵈는 집 나를 위해 예비하신 집일세…주의 얼굴 그곳에서 뵈오리"(새 찬송가 243장 1절).

이런 찬송가는 가나안을 천국과 일치시킨 잘못된 내용입니다. 요단 강을 건너서 가나안으로 들어가는 것은 천국 입성에 대한 예시가 아니고 유업을 받는 것에 대한 예시입니다. 그런데 이 유업은 신자가 천국에 들어가는 것처럼, 보장된 것이 아닙니다. 조건 충족이 되어야 하기 때문입니다. 신약에서도 이 부분이 명시되었습니다. 바울은 신자들이 받는 상속에 조건이 붙었다는 사실을 적시하였습니다.

"자녀이면 상속자이기도 합니다. 우리가 그리스도와 함께 영광을 받으려고 그와 함께 고난을 받으면, 우리는 하나님이 정하신 상속자요, 그리스도와 더불어 공동 상속자입니다"(롬 8:17, 새번역).

여기서 '자녀이면 상속자'라는 말은 모든 신자가 자동으로 하나님의 상속자가 된다는 말이 아니라 상속을 받을 자격을 갖추었다는 뜻입니다. 그래서 골로새서 1장 12절에서 바울은 "그리하여 성도들이 받을 상속의 몫을 차지할 자격을 여러분에게 주신 아버지"(새번역)라고 말했습니다. 그런데 자격이 있다고 해서 자동으로 소유하는 것은 아닙니다. 유업은 불신자에게는 해당하지 않습니다. 하나님의 자녀에게만 적용됩니다. 그러나 하나님의 상속자가 되려면 고난이라는 조건이 붙어 있습니다. "그와 함께 고난을 받으면…그리스도와 더불어 공동 상속자"라고 말한 점을 주목하십시오. 이것은 무엇을 의미합니까? 신자라도 그리스도와 함께 고난을 받지 않는 자들은 하늘의 유업을 상속받지 못한다는 말입니다. 이것이 유업이 지닌 조건의 의미입니다. 예수님이 제자들에게 하신 말씀을 들어보십시오.

"너희는 나의 모든 시험 중에 항상 나와 함께 한 자들인즉, 내 아버지께서 나라를 내게 맡기신 것 같이 나도 너희에게 맡겨 너희로 내 나라에 있어 내 상에서 먹고 마시며 또는 보좌에 앉아 이스라엘 열두 지파를 다스리게 하려 하노라"(눅 22:28-30).

이것도 조건 충족이 된 것을 전제한 왕권의 나눔입니다. 마태복음 19장 28절에서도 누가복음 22:30절의 말씀이 나오는데 베드로가 이렇게 먼저 말했습니다.

> "이에 베드로가 대답하여 이르되 보소서 우리가 모든 것을 버리고 주를 따랐사온대 그런즉 우리가 무엇을 얻으리이까" (마 19:27).

베드로는 주님을 위해 모든 것을 희생하고 따랐다는 사실을 전제하고 그 대가로 무슨 보상을 받겠느냐고 물었습니다. 예수님은 제자들이 주님의 시련에 항상 동참했으므로 그에 대한 보상으로서 보좌에 앉아 다스리는 유업을 받게 된다고 대답하셨습니다.

하나님의 상속자란 무슨 의미일까요?

'하나님의 상속자'라는 정확한 의미는 우리의 이해를 초월합니다. 우리는 현재 이 땅에서 체험적으로 알 수 있는 극히 제한된 범위에서만 우리가 받을 상속의 내용이나 규모나 영역을 짐작할 뿐입니다. 성경은 내세에 받게 될 유업의 성격에 대해서 자세히 설명하지 않습니다. 설령 설명한다고 해도 우리의 이해를 넘어갈 것입니다. 전혀 차원이 다른 새로운 세계의 질서에 대한 것이기 때문입니다. 우리는 아직 구원이 완성되지 못한 부패한 세상에서 몸의 구속을 기다리고 있습니다. 그래서 사후 세계에 대한 자세한 진술은 듣거나 보아도 극히 제한적으로만 이해할 수 있습니다. 그래서 성경은 내세에 대해 계시할 때는 상징적인 표현을 하거나 그림 언어를 사용합니다.

그런데 우리는 지상에서 유업에 대한 체험을 부분적이나마 가질 수 있습니다. 우리가 갖는 유업의 체험에서 보면 하나님의 상속자가 된다는 것은 무엇보다도 하나님의 임재와 영광을 즐기는 것입니다. 이것은 레위 지파가 성막 봉사를 통해서 누렸던 축복이었습니다. 우리도 성령 안에서 하나님을 섬길 때 이러한 유업의 복을 체험합니다. 즉, 하나님 자신과의 교제에서 우리 존재의 목적과 복음의 경이로움과 하나님의 영광스러움과 은밀한 내적 기쁨과 영적 격려와 심령의 평안과 만족 등을 발견합니다(시 16:11; 사 26:3). 적어도 이런 축복들이 더 강화된 형태로 하나님의 상속자가 된다는 말 속에 포함되었을 것입니다.

그리스도와 함께 고난을 받는 신자들은 예수님과 함께 세상 나라들을 상속받고 새 하늘과 새 땅을 다스리며 예수님과 함께 흰 옷을 입고 다니는 친밀한 동행자가 될 것입니다(계 3:4-5). 그러나 현재로써는 '하나님의 상속자'가 된다는 의미를 다 알 수 없습니다. 한 가지 분명한 것은 그 축복의 내용과 분량은 우리의 상상을 초월할 것입니다.

우리의 유업은 주님의 영광을 나누기 위해서 그의 고난에 참여할 때에 받습니다. 주님의 고난에 동참한다는 것은 오직 하나님을 위해서 그리스도를 따라 사는 삶입니다. 교만하지 아니하고 온유하며, 세속적이지 않고 영적인 삶입니다. 그러한 삶은 주 예수를 위해 세상에 속한 것들을 기꺼이 희생하며, 여러 가지 어려움 속에서 꾸준히 하나님을 신뢰하고 진심으로 주님을 사랑합니다. 죄를 멀리하고 하나님의 숭고하고 원대한 재창조의 구원을 날마다 묵상하며 새 하늘과 새 땅의 도래(벧후 3:13)를 희구합니다. 의로운 롯처럼 이 세상의 죄악을 날마다 보면서 고통을 받습니다 (벧후 2:7-8). 하나님의 영광이 온 우주에 충만하며(민 14:21; 사 11:9; 합 2:14) 모든 무릎이 주 예수 앞에 꿇게 되기를 소망하면서 삽니다 (골 3:1-10; 빌 2:10-11). 이것이 육체에 속한 것들을 십자가에 못 박는 삶입니다(갈 5:24).

그런데 누구나 다 이렇게 살지 않습니다. 어떤 이들은 예수를 믿는다고 하지만, 위선자들입니다. 어떤 이들은 구원을 받았지만, 신실하지 않습니다. 그런가 하면 어떤 이들은 구원을 받고 꾸준한 믿음과 인내로 그리스도와 더불어 공동 상속자가 되는 길을 향해 달립니다. 우리가 하나님의 상속자가 되고 그리스도와 함께 공동 상속자가 되어 재창조의 현란한 세계를 다스리는 것이 하나님의 선한 뜻입니다. 하나님께서는 우리의 유업이 되신다고 하셨습니다. 하나님은 우리에게 하늘에 속한 유업을 기꺼이 나누어 주기를 원하십니다. 유업은 오픈되어 있습니다. 하나님의 자녀들은 누구나 유업의 은혜를 받을 수 있습니다. 우리가 거듭난 목적의 하나는 유업의 소망을 위한 것입니다.

"우리를 거듭나게 하사 산 소망이 있게 하시고…유업을 잇게 하시나니 곧 너희를 위하여 하늘에 간직하신 것이라"(벧전 1:3-4).

그리스도인은 영적 레위인이 되어야 합니다. 우리는 지상의 보물을 쌓아두는 일에 평생을 소진하며 살지 말아야 합니다. 주님은 "너희를 위하여 보물을 땅에 쌓아 두지 말라"(마 6:19)고 하셨습니다. 그 이유가 무엇입니까? 썩지 않고 영원한 것이 있기 때문입니다. 그것은 하나님의 상속자가 되고 그리스도와 함께 공동상속자가 되는 것입니다. 일찍이 레위 지파에게 주셨던 가나안 땅보다 더 귀하고 영구적인 신령한 유업은 우리가 이제 그리스도 안에서 더 깊고 더 풍성하게 체험하고 소유할 수 있게 되었습니다. 우리가 구하거나 생각하는 것보다 훨씬 더 넘치는 복으로 가득한 유업의 길은 예수 그리스도 안에서 발견할 수 있습니다(엡 3:20).

레위 지파가 주는 또 하나의 교훈

우리는 레위 지파에 대해서 한 가지 더 받아야 할 교훈이 있습니다. 레위 지파는 하나님의 임재와 영광을 가까이에서 체험할 수 있는 성막 사역의 특권을 누렸습니다. 그런데 왜 특별히 다른 지파들 가운데서 유독 레위 지파에게만 이런 특권을 주었을까요? 레위인들이 처음부터 더 영적이거나 다른 지파들보다 더 하나님께 충성했기 때문일까요? 그들은 잔인하고 폭력적이었습니다. 야곱의 아내인 레아가 낳은 딸 디나가 히위 족속의 추장인 세겜으로부터 성폭력을 당하였습니다. 그때 레위는 시므온과 함께 그들의 누이가 당한 치욕을 갚기 위해 세겜의 성읍으로 몰래 들어갔습니다. 그들은 속임수로 세겜의 남자들에게 할례를 받게 한 후에 상처로 고통 중이던 세겜의 모든 남자를 몰살시켰습니다(창 34장). 이런 행위는 야곱의 표현대로, 가나안 땅에서 "악취"(창 34:30)를 내게 했기 때문에 야곱의 권속이 보복을 당하고 멸족될 위험이 컸습니다. 그래서 야곱은 죽을 때에 시므온과 함께 레위를 저주하였습니다.

> "시므온과 레위는 형제요 그들의 칼은 폭력의 도구로다…
> 그 노여움이 혹독하니 저주를 받을 것이요 분기가 맹렬하
> 니 저주를 받을 것이라 내가 그들을 야곱 중에서 나누며
> 이스라엘 중에서 흩으리로다"(창 49:5-7).

이 예언대로 시므온 지파는 가나안에서 독자적인 유업을 받지 못하고 유다 지파의 영토 안에 있는 땅을 유업으로 받았습니다(수 19:1, 9). 레위 지파는 다른 지파들의 유업 안에 있는 48개 성읍을 받아 흩어져 살았습니다(수 21장). 이런 조치는 물론 레위 지파의 주된 역할인 율법 교사로서의 효과적인 사역을 위한 실제적인 방침이기도 합니다. 그러나 그 뒤에는 시므온 지파와 레위 지파의 분기(憤氣)를 억제하고 분산시킴으로써 이스라엘에서 더 이상 세겜 사건과 같은 안보의 위협이 재현되는 것을 방지하려는 의도가 깔려 있었습니다.

그런데 레위 지파에 대한 다른 측면의 사건도 있었습니다. 출애굽 이후 시내 산 아래에서 이스라엘 백성이 금송아지 우상을 만들었습니다. 그때 모세가 여호와 편에 설 자는 앞으로 나오라

고 하자 레위인들이 모두 나갔습니다. 모세는 그들에게 진영을 다니면서 삼천 명가량을 죽이게 하였습니다(출 32:25-28). 그래서 모세는 이들의 충성을 인정하고 죽기 전에 레위 지파에게 축복하였습니다(신 33:8-10).

> "주의 법도를 야곱에게, 주의 율법을 이스라엘에게 가르치며 주 앞에 분향하고 온전한 번제를 주의 제단 위에 드리리로다"(신 33:10).

레위 지파는 분기로 칼을 쓰기를 좋아하였습니다. 그러나 이번에는 세겜에서처럼 자신들의 의가 아닌 하나님의 의를 위해서 모세의 명령에 따라 칼을 사용하여 축복을 받았습니다. 그 축복은 다름 아닌 성막 사역으로서 그들의 충성에 대한 보상이었습니다. 이것은 갈렙이 가나안 정탐 보고를 할 때 돌에 맞아 죽을 수 있는 상황에서도 하나님께 충성하여 긍정적인 보고를 한 일로 인해서 헤브론 산지를 상으로 받은 것과 같습니다(수 14:7-9; 민 14:24). 레위인에게 성막 사역이 주어진 것은 "저주를 돌이켜 복"(느 13:2)이 되게 하시는 하나님의 역설적 은혜를 웅변하는 사건입니다. 레위는 야곱의 저주를 받았습니다. 그러나 모세는 레위 지파를 최상의 유업을 받을 자로 축복하였습니다. 레위는 야곱의 저주를 받았음에도 회복되었습니다. 그런데 그 회복은 다른 지파들이 받은 축복을 웃돌고 오히려 그들의 축복이 지향하는 최종적인 목표인 성막 봉사로 귀착되었습니다.

맺는말

그리스도인들은 레위 지파입니다. 우리 중에 주 예수의 측량할 수 없는 은혜를 받을 자격이 갖추어진 사람은 아무도 없습니다. 우리는 죽음의 저주 아래 있는 아담의 후손이었습니다. 그러나 우리 주 예수 그리스도의 십자가 대속으로 레위 지파가 받았던 축복처럼 하나님의 임재와 영광을 누리게 되었습니다. 사실상 우리는 레위 지파가 받은 축복보다 더 큰 복을 받습니다. 레위 지파는 하나님을 가까이 섬겼어도 사람의 손으로 지은 성막에서 봉사했습니다. 그렇지만 우리는 성령 안에서 그리스도의 십자가 공로에 의지해서 하늘 성전이 있는 하나님의 보좌로 직접 나아갑니다(히 4:16).

예수님은 레위 지파의 섬김이 바라보았던 구원의 실체입니다. 우리는 주 예수를 믿고 성령 안에서 하나님과 더없이 가까운 교제를 누립니다. 저주가 변하여 복이 되게 하시는 하나님을 찬양합시다!

6장

갈렙의 유업은 무엇을 가르치는가?
여호수아 14장

14장에서 19장까지는 요단 강 서쪽 땅의 분배에 대한 기록입니다. 본 항목은 두 명의 신실한 정탐들로 시작하고 마치는데 갈렙과 여호수아가 각각 자기들의 유업을 받았다는 것을 특기합니다(14:6-15; 19:49-50). 또한 갈렙의 용맹한 믿음이(14:6-15) 점령을 주저하는 요셉 지파의 미지근한 태도와 극명한 대조를 이룹니다(17:14-18).

14장은 서쪽 지역의 기업 분배에 대한 서론입니다. 14장 1절에서 시작된 기업 분배는 19장 51절에 가서 "이에 땅 나누는 일을 마쳤더라"는 말로 완료됩니다. 14장의 주된 목적은 이스라엘 백성이 어떤 자세로 유업의 땅을 확실하게 확보해야 하는지를 갈렙의 경우를 들어 예시하는 것입니다.

하나님께서는 제사장 사역과 왕권 사역으로 유업을 주십니다.

"이것은 이스라엘 자손이 가나안 땅에서 받은 기업 곧 제
사장 엘르아살과 눈의 아들 여호수아와 이스라엘 자손 지
파의 족장들이 분배한 것이니라"(수 14:1).

가나안 땅이 제사장과 여호수아와 각 지파의 족장들에 의해서
분배되었다는 것은 신약 성도의 관점에서 보면 시사하는 바가
큽니다. 이것은 우리가 예수님으로부터 유업을 받는 것에 대한
그림으로 이해할 수 있습니다. 예수님은 우리 죄를 위한 대제사
장이시며 구원자이신 여호수아(예수)이십니다. 예수님은 또한 각
인종의 머리 되신 대족장이십니다.

우리는 대제사장이시며 큰 왕이시며 교회의 머리되신 예수님
의 사역을 통해서 유업을 받습니다. 우리는 무엇보다도 예수님의
십자가 대속을 통해서 유업을 받을 수 있는 위치로 옮겨졌습니
다. 유업은 하나님의 자녀가 된 신자들에게만 약속된 선물입니
다. 이스라엘 백성이 가나안 땅을 유업으로 받은 것은 그들이 주
예수를 예표하는 유월절 양의 피를 믿고 구원을 받은 언약 백성
이기 때문입니다. 하나님께서는 출애굽의 구원을 받지 않은 자들
에게 가나안 땅을 유업으로 주시지 않았습니다.

신약 교회의 새 언약 백성은 예수 그리스도의 십자가를 믿고
구원을 받았기에 가나안의 유업이 바라본 "위에서 부르신 부름
의 상"(빌 3:14)이 약속되었습니다. 그리스도의 피로써 죄의 용서

를 받은 자들에게는 유업의 소망이 있습니다. 하나님께서는 그리스도의 십자가 피를 통해서 우리를 구속하시고 "상속의 몫을 차지할 자격"(골 1:12, 새번역)을 은혜의 선물로 주셨습니다. 하나님은 우리를 구원하시고 그다음부터는 우리가 꾸준한 믿음과 인내로 상속의 몫을 차지하게 하십니다. 이것은 이스라엘 백성이 애굽에서 구원을 받은 후에 유업을 받기 위해 가나안으로 향한 것과 같습니다.

신약 성도들은 땅을 유업으로 받기 위해 이스라엘 백성처럼 칼을 사용하여 다른 나라를 침탈하지 않습니다. 그럼 신약 성도들이 유업을 받는 방식은 어떤 것일까요? 우리는 하나님 나라의 영적 유업을 성령 안에서 영적 싸움을 통해 받습니다. 이 싸움은 물론 우리 자신들이 감당해야 합니다. 그러나 예수님이 항상 도우신다는 사실을 기억하고 더 열심히 싸워야 합니다. 예수님은 대제사장으로 하늘 아버지 앞에서 우리 믿음이 떨어지지 않도록 간구하십니다(눅 22:32). 주님은 날마다 우리가 게으르지 아니하고 꾸준한 믿음과 오래 참음으로 주님과 공동 상속자가 되도록 중보하십니다(히 6:12; 롬 8:17). 그러므로 우리는 예수님의 왕으로서의 다스림과 제사장으로서의 중보 기도와 교회 머리로서의 권위를 신뢰하면서 날마다 유업을 차지하기 위해 힘써야 합니다(골 3:24).

우리가 가진 유업의 소망은 확실합니다. 예수님이 우리를 위해 십자가에서 죄와 사망을 이기시고 부활하셨습니다. 승천하신 주님은 하늘과 땅의 모든 권세를 아버지께로부터 받으셨습니다(마 28:18). 예수님은 만왕의 왕으로서 우리의 삶을 보호하시고 다스리시며 대제사장으로서 우리를 위해 중보하십니다. 주님은 그를 신뢰하는 자녀들이 죄를 이기고 지속적인 믿음과 인내로써 성령의 열매를 맺도록 도우십니다. 그래서 우리는 죄의 영역에서 악을 내쫓고, 성품의 영역에서 그리스도의 모습을 닮으며, 소명의 영역에서 하나님을 복종하고, 섬김의 영역에서 충성을 드러내며, 이웃의 영역에서 사랑을 행함으로써 우리의 유업을 확보할 수 있습니다.

유업의 분배도 실전(實戰)만큼 중요한 일이었습니다.

"여호와께서 모세에게 명령하신 대로 그들의 기업을 제비 뽑아 아홉 지파와 반 지파에게 주었으니 이는 두 지파와 반 지파의 기업은 모세가 요단 저편에서 주었음이요 레위 자손에게는 그들 가운데서 기업을 주지 아니하였으니" (2-3절).

"여호와께서 모세에게 명령하신 대로"라는 표현은 본 항목의 처음과(2절) 마지막에(5절) 나옵니다. 열두 지파에 분배한 기업이 모두 하나님께서 모세에게 명령하신 대로 정확하게 준수되었음을 가리킵니다. 분배 책임자들은 제사장 엘르아살과 여호수아와 각 지파의 족장들이라야 한다고 하나님이 모세에게 미리 지시하셨습니다(민 34:16-29). 분배 방식도 제비를 뽑게 된 것을 그대로 수행하였습니다. 그리고 레위 지파에게는 땅을 주지 않았습니다 (4절). 그 대신 지시에 따라 그들이 거주할 성읍과 가축용 목초지를 주었습니다.

가나안 정복은 하나님의 명령에 의한 전쟁이었습니다. 이스라엘은 전쟁 준비부터 작전과 점령과 분배에 이르기까지 하나님의 지시대로 정복하고 나누고 차지해야 했습니다. '여호와의 전쟁'은 처음부터 끝까지 하나님에 대한 믿음과 인내와 순종으로 싸우는 정착의 전 과정을 거칠 때만 참 승리를 거둘 수 있었습니다. 현재로써는 "모세에게 명령하신 대로" 일이 진행되었습니다. 그러나 나중까지 그렇게 될 것인지는 두고 보아야 합니다.

전쟁이 일단 끝나면 해이해지기 쉽습니다. 이미 장악한 땅이므로 적군을 색출하기 위해 위험한 산골까지 찾아다니면서 소탕전을 벌일 필요가 없다고 생각합니다. 또 이곳저곳에 원주민이 버티고 있는 지역이 있을지라도, 이스라엘에 위협이 될 정도는 아니니까 무시하게 됩니다. 그러나 실전도 중요하지만, 전쟁 이후의 관리도 중요합니다. 사실인즉 이스라엘은 전쟁을 제대로 마무리하지 못했기 때문에 두고두고 우환이 될 일을 저질렀습니다. 여호와의 명령은 어떤 것도 경시하거나 소홀히 할 수 없습니다. 우리 눈에 급하지 않은 문제 같아도 하나님의 명령을 즉시 순종하는 것이 상책입니다. 하나님께서는 항상 우리보다 모든 것을 더 잘 아시고 말씀하시기 때문입니다.

일을 시작했으면 끝까지 마쳐야 합니다. 가다가 중단하면 아니감만 못합니다. 르우벤, 갓, 므낫세 반 지파는 요단 강을 건너지 않고 요단 동편에 머물렀습니다. 이들은 다른 지파들과 분리되었고 므낫세 지파의 경우는 둘로 갈라져서 절반은 요단 강을 건너 가나안 땅에서 유업을 받았습니다. 하나님께서는 요단 동편의 지파들처럼 굳이 차선(次善)을 택하면 허락하십니다. 그들은 다른 지파들이 가나안에 정식으로 들어가서 유업을 받기도 전에, 원래 계획되지 않았던 요단 동쪽 지역을 먼저 받아버렸습니다. 이것은 그들의 간청에 의한 조처였습니다(민 32:4-5).

그러나 하나님의 온전한 뜻이 아닌 것에는 후유증이 따릅니다. 그들은 이스라엘의 다른 지파들과 떨어져서 점차 자신들의 정체성을 잃었고 동쪽의 강대국에 노출되는 취약성을 벗어날 수 없었습니다. 이들은 가축이 심히 많았기에 요단 동쪽의 목축지가 넉넉하다는 이유로 미리 정착해버렸습니다.

재물의 복을 많이 받는 것이 나쁜 것이 아닙니다. 그러나 재물이 너무 많아서 하나님을 신뢰할 수 없을 정도가 되면 그것은 축복이 아니고 재앙입니다. 그들의 가축 떼는 가나안 본토에 들어가면 더 안전할텐데도 그들은 하나님을 신뢰할 수 없었습니다. 많은 재물로 인한 염려 때문에 하나님의 최선을 따를 수 없다면 재물이 복이라고 할 수 없습니다. 세상에는 너무 가난해서 염려하는 사람들도 많지만, 돈이 너무 많아서 걱정이 크고 자유가 없는 부자들도 많습니다. 신자들은 감당할 수 없는 재물을 구하지 말아야 하고 하나님의 나라를 위해서 바르게 사용할 줄 모르는 재물 때문에 화를 당하지 않도록 조심해야 합니다.

레위 지파에게는 할당된 유업이 없었습니다. 그 대신 그들은 성막 봉사를 맡았습니다. 인간적으로 생각하면 다른 지파들이 젖과 꿀이 흐르는 땅들을 받는 것을 볼 때 매우 부럽고 서운했을 것입니다. 그러나 그들이 받은 성막 업무는 땅보다 더 귀한 영적 특권이었습니다. 하나님께서는 레위 지파에게 기도만 하고 제사만 올리면서 수도원 같은 생활을 하라고 하시지 않았습니다. 레위인들에게는 "거주할 성읍들과 가축과 재산을 위한 목초지"(4절)가 할당되었습니다. 물론 이것은 유업의 땅으로 받은 것이 아니었습니다. 그러나 하나님은 그들이 정상적인 생활을 할 수 있는 최소한의 혜택은 받게 하셨습니다. 그들은 가족과 함께 살 수 있는 성읍과 십일조로 받는 가축들을 기를 수 있는 초장을 다른 지파들의 지역에서 골고루 분배받았습니다.

하나님은 무심하신 분이 아닙니다. 레위 지파는 비록 땅이 없었지만, 백성의 십일조와 기타 제물 등의 수입으로 다른 지파들 못지않게 풍족하게 살 수 있었습니다. 물론 백성의 영성이 떨어졌을 때는 레위 지파의 생계에 직접적인 위협이 왔지만, 그것은 다른 이야기입니다.

참고로, 야곱의 열두 아들이 이스라엘의 열두 지파가 된 것은 우리가 잘 아는 사실입니다(창 49:1-28). 그런데 가나안으로 들어오면서 원래의 열두 지파가 일종의 구조 조정을 하게 됩니다. 우선 요셉 지파가 빠집니다. 그 까닭은 야곱의 생애에서 요셉은 이스라엘의 운명에 지대한 역할을 했기 때문에 두 배의 유업을 받게 되었습니다. 요셉의 두 아들인 므낫세와 에브라임이 마치 야곱의 양자들처럼 들어오고 지파 수가 하나 더 늘어서 열세 지파가 됩니다. 그러나 기업을 받지 않은 레위 지파가 또 빠짐으로써 12지파로 재조정됩니다. 반면 유업을 받은 지역별 단위로 보면 여전히 열세 지파라고 할 수 있습니다. 므낫세 지파가 둘로 나누어져서 요단 동쪽과 서쪽에 각기 유업을 가졌기 때문입니다.

그렇지만 지파의 이름으로 보면, 열두 지파는 하나님의 구원 프로그램이 진행됨에 따라 유동적으로 움직이며 조정되지만 열둘이라는 기본적인 틀은 대체로 유지되면서 신약 시대에까지 내려갑니다. 예수님의 열두 제자 중에서 유다가 빠졌을 때 맛디아가 제비에 뽑힌 것과 같습니다(행 1:22-26). 계시록에서는 열둘이 하나님의 백성 전체를 대변하는 상징적 숫자로 등장합니다(계 7:4-9; 14:1).

갈렙은 유업 쟁취의 모델입니다.

> "그 날에 여호와께서 말씀하신 이 산지를 내게 주소서 당신도 그 날에 들으셨거니와 그 곳에는 아낙 사람이 있고 그 성읍들은 크고 견고할지라도 여호와께서 나와 함께 하시면 내가 여호와께서 말씀하신 대로 그들을 쫓아내리이다 하니"(12절).

요단 서쪽의 기업이 지파들에게 분배되는 상세한 진술이 나오기 전에 갈렙의 스토리가 소개된 것은 의도적입니다. 갈렙은 이스라엘 백성이 어떤 정신과 자세로 하나님이 약속하신 땅을 쟁취해야 하는지를 보여주는 유업 신앙의 걸출한 모범입니다. 갈렙은 하나님의 맹세의 약속을 기억하고 살았습니다. 갈렙은 가나안 정복이 시작된 이래로 처음으로 등장합니다. 그는 가나안 정탐 대원의 일원으로 뽑혔었고 여호수아와 함께 모세에게 긍정적인 보고를 하였습니다.

"여호와께서 우리를 기뻐하시면 우리를 그 땅으로 인도하여 들이시고 그 땅을 우리에게 주시리라 이는 과연 젖과 꿀이 흐르는 땅이니라 다만 여호와를 거역하지 말라 또 그 땅 백성을 두려워하지 말라 그들은 우리의 먹이라 그들의 보호자는 그들에게서 떠났고 여호와는 우리와 함께 하시느니라 그들을 두려워하지 말라"(민 14:8-9).

이러한 갈렙의 충성과 믿음은 그의 나머지 생애에 크나큰 축복이 될 것이었습니다. 갈렙이 38년간의 침묵을 깨고 여호수아 앞에 나타난 것은 자신의 유업을 청구하기 위해서였습니다.

"내 나이 사십 세에 여호와의 종 모세가 가데스 바네아에서 나를 보내어 이 땅을 정탐하게 하였으므로 내가 성실한 마음으로 그에게 보고하였고 나와 함께 올라갔던 내 형제들은 백성의 간담을 녹게 하였으나 나는 내 하나님 여호와께 충성하였으므로 그 날에 모세가 맹세하여 이르되 네가 내 하나님 여호와께 충성하였은즉 네 발로 밟는 땅은 영원히 너와 네 자손의 기업이 되리라 하였나이다 이제 보소서 여호와께서 이 말씀을 모세에게 이르신 때로부터 이스라엘이 광야에서 방황한 이 사십오 년 동안을 여호와께서 말씀하신 대로 나를 생존하게 하셨나이다

오늘 내가 팔십 오 세로되…내가 여전히 강건하니…그 날
에 여호와께서 말씀하신 이 산지를 지금 내게 주소서"(수
14:7-12).

갈렙이 38년 전에 하나님께서 주셨던 약속을 여호수아에게 상
기시키는 일은 유업 신앙의 진모를 여실히 밝혀 주는 대목입니
다. 갈렙은 하나님의 약속을 잊으려야 잊을 수 없는 사건으로 체
험한 사람이었습니다. 그가 가나안 정탐을 마쳤을 때 여호수아를
제외한 다른 정탐병들은 가나안 땅에 대해서 매우 부정적인 악평
을 하였습니다. 그 결과 백성은 하나님을 원망하고 가나안에 들
어가기를 거부하였습니다. 그래서 갈렙은 여호수아와 함께 가나
안은 하나님의 도우심으로 충분히 정복할 수 있다고 하면서 백성
의 사기를 일으키려고 시도하였습니다. 그런데 어떤 일이 벌어졌
습니까? 백성이 그들을 돌로 치려고 했습니다. 대중이 기대하고
원하는 것을 주지 않고, 하나님 편에서 진실을 말하며 믿음을 촉
구하는 일은 쉽지 않습니다. 이 일은 때로는 갈렙과 여호수아의
경우에서 보듯이 목숨을 건 문제일 수 있습니다.

"온 회중이 그들을 돌로 치려 하는데 그때 여호와의 영광
이 회막에서 이스라엘 모든 자손에게 나타나시니라"(민
14:10).

"그때"가 언제였습니까? 온 회중이 갈렙과 여호수아를 돌로
쳐서 죽이려고 하던 찰나였습니다. 우리가 진리의 편에 서 있으

면 하나님께서도 우리 편에 서 계십니다. 하나님은 갈렙과 여호수아가 순교를 당하려는 순간에 심판주로서 개입하셨습니다. 백성이 돌로 그들을 치려는 순간에 하나님의 영광이 회막에 나타난 것은 갈렙과 여호수아가 옳고 회중은 잘못했다는 것을 밝혀 주는 일이었습니다. 갈렙과 여호수아에게는 유업의 복이 보장되었고 나머지 온 백성은 가나안 땅의 유업을 박탈당하였습니다. 하나님께서 갈렙에게 하신 말씀을 들어 보십시오.

> "그러나 내 종 갈렙은 그 마음이 그들과 달라서 나를 온전
> 히 따랐은즉 그가 갔던 땅으로 내가 그를 인도하여 들이
> 리니 그의 자손이 그 땅을 차지하리라"(민 14:24).

이 말씀은 돌로 갈렙과 여호수아를 치려고 했던 세대 전체에게 가나안 땅을 결단코 보지 못할 것이라는 하나님의 엄중한 판정이 내린 다음에 주셨습니다. 즉, 그들과 대조해서 "그러나" 하고 갈렙에 대해서 주신 말씀입니다. "그러나 내 종 갈렙은…" 이라고 지적한 것은 갈렙이 다른 모든 악한 백성들과 다르다는 것을 부각한 말씀입니다. 그는 하나님께서 직접 "내 종"이라고 부를 수 있는 사람이었습니다. 이 자체가 갈렙이 받은 영예로운 상이었습니다.

자칭 하나님의 종들이 많은 세상입니다. 그런데 그들이 하는 일이 무엇입니까? 그들은 갈렙처럼 하나님의 진리를 두려움 없이 그대로 전하며 난경에도 불구하고 하나님을 신뢰하면서 유업의 땅을 차지하자고 회중을 독려하지 않습니다(민 13:30). 그들

은 '자칭 하나님의 종'이라고 내세우며 대접만 요구하고 복음을 유치한 기복주의로 변형시킵니다. 그들은 하나님으로부터 '나의 종'이라는 인정을 받은 적이 없습니다. 주님은 그런 자들에게 이미 자기 상을 받았다고 하셨습니다(마 6:2, 5). 하나님께서는 그의 나라와 그의 의를 위해 박해를 받는 성도들에게 큰 상을 내리십니다.

> "나로 말미암아 너희를 욕하고 박해하고 거짓으로 너희를 거슬러 모든 악한 말을 할 때는 너희에게 복이 있나니 기뻐하고 즐거워하라 하늘에서 너희의 상이 큼이라 너희 전에 있던 선지자들도 이같이 박해하였느니라"(마 5:11-12).

갈렙은 어떤 식으로 가나안 땅을 밟았습니까?

갈렙은 하나님이 그에게 정복의 능력을 공급하셨다고 먼저 간증하였습니다. 그는 광야 방황 시대를 거쳐 85세의 고령인데도 아직 생존하였고(10절; 민 14:38) 전쟁에 나갈 힘도 있었습니다(11절). 하나님께서는 유업의 약속을 믿고 기다리는 자들에게 유업을 취할 기회와 능력을 공급하십니다. 갈렙은 이러한 하나님의 은혜를 먼저 진술한 후에 자신의 책임을 완수하겠다고 여호수아에게 말했습니다.

> "그 날에 여호와께서 말씀하신 이 산지를 지금 내게 주소서 당신도 그 날에 들으셨거니와 그 곳에는 아낙 사람이 있고 그 성읍들은 크고 견고할지라도 여호와께서 나와 함

께 하시면 내가 여호와께서 말씀하신 대로 그들을 쫓아내 리이다"(12절).

헤브론은 하나님께서 갈렙 개인에게 덧붙여 주신 유업이었습니다. 그가 속했던 유다 지파가 분배받은 유업이 있었지만, 그는 별도의 유업을 받았습니다. 이것도 유업의 한 원리입니다. 전체가 받는 유업 중에서도 개인의 충성이 두드러질 때는 하나님께서 곱절의 유업을 상급으로 얹어 주십니다. 이것을 '실적 위주'의 세속적 가치관이라고 일축해서는 안 됩니다. 세상 경영에서는 실적이 높은 자를 우대합니다. 그래서 능력이 부족하면 보너스도 적고 진급도 되지 않습니다. 자본주의 체제에서는 이런 제도가 일반적입니다. 경쟁 사회에서 실적이 나쁘면 살아남지 못한다는 것은 누구나 아는 사실입니다.

그럼 하나님이 주시는 유업도 이러한 방식의 실적 위주일까요? 표면적으로는 그렇게 보일 수 있습니다. 그러나 질적으로 다른 측면이 있습니다. 하나님께서 특별히 충성하는 자에게 그만큼 더 큰 상을 주시는 것이 사실입니다. 이것은 능력의 문제가 아니고 믿음의 문제입니다. 갈렙은 다른 사람보다 태어날 때부터 능력이 많아서 실적을 더 올릴 수 있었던 것이 아니었습니다. 그의 가나안 정탐 보고는 하나님의 약속에 대한 그의 믿음을 드러낸 것이었습니다. 그가 어떻게 이스라엘 백성 앞에서 증언했는지를 상기해 보십시오.

"여호와께서 우리를 기뻐하시면 우리를 그 땅으로 인도하

여 들이시고 그 땅을 우리에게 주시리라…그들의 보호자
는 그들에게서 떠났고 여호와는 우리와 함께 하시느니라
그들을 두려워하지 말라"(민 14:8-9).

갈렙은 이렇게 말했기 때문에 하나님께서 그에게 유업을 주신
다고 맹세하셨습니다. 그런데 갈렙이 한 말은 모두 믿음의 표현
이었지 자기 개인의 능력 발휘가 아니었습니다. 그러니까 자신의
능력으로 실적을 올리면 하나님께서 상을 주신다는 말이 아닙니
다. 하나님께서는 자신의 능력대로 올리는 실적을 갚아 주신다고
하시지 않고 "각 사람에게 그가 행한 대로 갚아 주리라"(계 22:12)
고 하셨습니다. 이 행위는 믿음의 행위입니다. 갈렙은 자신의 능
력과 재주로 가나안 땅으로 들어갈 수 있다고 말하지 않았습니
다. "여호와께서 우리를 기뻐하시면" 가나안을 차지할 수 있다고
하였고, 자신의 유업을 청구할 때에도 "여호와께서 나와 함께 하
시면"(12절) 아낙 거인들을 내쫓을 것이라고 말했습니다. 그의 능
력은 자신의 것이 아니고 하나님이 공급하시는 힘이었습니다. 하
나님께서는 장기간의 광야 생활에서도 갈렙의 기력이 줄지 않게
하셨습니다. 그는 하나님의 동행이 있을 때는 온 이스라엘이 두
려워했던 아낙 거인들도 패퇴시킬 수 있다고 장담하였습니다.

세상의 실적 위주는 순전히 자기 능력에 의존하는 것입니다.
그런데 하나님이 주시는 유업을 차지해야 하는 것은 나의 책임이
지만, 그 능력의 원천과 기회와 보상에 대한 평가는 전적으로 하
나님께 속한 것입니다. 이것을 믿고 행한 것이 갈렙의 충성이었

습니다. 하나님께서는 그의 충성을 곱절로 보상해 주셨습니다. 하나님께서 우리 모두에게 원하시는 것이 바로 이러한 갈렙의 자세와 믿음입니다. 하나님의 유업은 무제한적입니다. 하나님은 "우리가 구하거나 생각하는 것 이상으로 더욱 넘치게 주실 수 있는 분"(엡 3:20)입니다. 세상 기업체에서는 무한대의 자원이 없습니다. 아무리 실적이 뛰어나도 포상(褒賞)에 한계가 있습니다. 그러나 하나님의 자원은 무한대이기에 하나님의 나라를 위해서 충성한 자들에게는 후한 포상이 기다립니다. 하나님께서는 여호수아에게도 별도의 포상을 하셨습니다.

> "곧 여호와의 명령대로 여호수아가 요구한 성읍 에브라임
> 산지 딤낫 세라를 주매 여호수아가 그 성읍을 건설하고
> 거기 거주하였더라"(수 19:50).

갈렙과 여호수아는 하나님이 주시는 엑스트라의 유업을 청구하였습니다. 그래서 믿음의 영웅들은 더 큰 유업을 받습니다. 갈렙도 헤브론 산지를 달라고 요구하였고, 여호수아도 에브라임 산지에 있는 딤낫 세라 성읍을 달라고 요구했습니다. 이것도 우리가 유업의 성격을 이해하는데 하나의 지침이 됩니다. 유업을 약속받았으면 청구할 줄을 알아야 합니다. 하나님이 주셨다고 해서 세월아 가거라 하는 식이면 유업을 소유하지 못합니다. 하나님이 주신다고 하셨으니까 안일하게 살지 말고 청구해서 차지할 생각을 해야 합니다. 그래서 유업을 얻기 위해 게으르지 말고 지속적인 믿음과 오래 참음으로 쟁취해야 한다고 했습니다(히 6:12). 히브

리서 11장에 나오는 믿음의 선열들은 모두 약속받은 유업을 획득하기 위해 수고한 사람들이었습니다. 구원을 받은 교인들 가운데는 하나님이 약속하신 유업에 대해 관심이 없이 사는 분들이 적지 않습니다. 여호수아는 유업을 받을 생각을 하지 않는 나태한 일곱 지파에게 질책하였습니다.

> "너희가 너희 조상의 하나님 여호와께서 너희에게 주신 땅을 점령하러 가기를 어느 때까지 지체하겠느냐"(수 18:3).

이런 말씀 앞에서 유업(상)은 세상적인 아이디어이기 때문에 상관하지 말고 살아야 한다고 말할 수 있겠습니까? 가나안 입성은 천국에 들어간다는 이야기가 아닙니다. 그것은 출애굽 구원 이후에 하나님이 계획하신 유업의 상을 획득하는 것을 가리킵니다. 신약 교인들에게는 유업은 팔레스타인에 있는 가나안 땅이 아니라, 그것이 궁극적으로 바라보았던 그리스도 안에 있는 하늘에 속한 신령한 복들입니다(엡 1:3). 그러나 이 유업은 우리가 청구해서 받아야 합니다. 이 일을 소홀히 하면 여호수아가 이스라엘의 일곱 지파에게 던졌던 질타가 우리에게도 적용됩니다.

우리는 주 예수를 믿는 순간에 구원을 받습니다. 하나님으로부터 의롭다는 선언을 받고 하나님의 자녀가 되어 어둠의 마수에서 주님의 빛의 나라로 옮겨지는 구원은 한순간에 일어납니다. 그러나 구원 이후에 받는 유업의 축복은 꾸준한 믿음과 인내로 구해야 합니다. 우리는 그리스도 안에 있는 각양 좋은 선물들을 소유하기 위해 하나님이 주시는 능력으로 힘써야 할 책임을 게을리해서는 안 됩니다. 이러한 유업 신앙은 구원 이후의 모든 신자가 가져야 할 자세입니다.

그럼 갈렙이 자신의 충성을 내세운 것도 유업 신앙의 자세일까요? 갈렙은 다른 정탐들은 "백성의 간담을 녹게 하였으나, 나는 내 하나님 여호와께 충성"(8절)하였다고 말했습니다. 주님은 "은밀한 중에 보시는 너희 아버지께서 갚으시리라"(마 6:4)고 하셨는데 갈렙은 자신의 선행을 자랑한 것일까요? 이런 자는 자기 상을 이미 받았다고 하지 않았습니까? (마 6:2).

그러나 갈렙은 위선자들처럼 사람들에게서 영광을 받으려고 나팔을 불지 않았습니다(마 6:2). 그는 원래 모세 앞에서 여러 백성이 보고 듣는 가운데 가나안 정탐 보고를 했었기에 그의 충성은 이미 공개된 사실이었습니다. 그가 자신의 공로를 언급한 동기는 자기 자랑이 아니었습니다. 그의 목적은 하나님께서 자신에게 유업을 맹세하시게 된 연유를 밝히려는 것이었습니다. 그래서 하나님의 맹세에 근거해서 자신의 유업을 청구한다는 말이었습니다. 하나님이 주신다고 약속하신 유업의 상은 자신이 스스로 찾고 구해야 합니다.

갈렙은 유업의 약속을 믿고 자기 소유를 청구하였습니다. 그리고 유업의 확보를 위해 하나님을 신뢰하며 아낙 자손을 헤브론에서 축출하였습니다(수 15:14). 그때의 나이가 85세였습니다

(14:10). 하나님의 유업을 귀히 여기고 충만하게 소유하기를 원하는 자는 나이에 눌리지 않습니다. 갈렙은 85세였지만, 자신이 젊다고 생각했습니다(14:11). 사람은 자기가 느끼는 것만큼 늙었다는 말이 있습니다. 나는 이제 다 끝났다고 여기지 마십시오. 하나님은 믿음으로 유업을 청구한 갈렙에게 헤브론을 주셨습니다. 이것은 그가 받은 상이었습니다.

> "갈렙이 하나님께 전적으로 헌신한 것은 의심의 여지가 없다. 그는 광야에서도 마찬가지였다. 이 사실은 민수기 24:24; 신명기 1:36; 여호수아 14:14에서 확인할 수 있다. 그 결과 그는 자신이 요청한 땅을 상으로 받았다. 하나님의 약속이 성취될 때까지 45년을 기다리며 하나님께 신실하게 산 것은 과연 오늘날 우리가 본받아야 할 놀랍고 가치 있는 일이다"(David Howard Jr. The New American Commentary, p. 330).

우리도 갈렙처럼 유업의 상을 믿고 "이 산지를 지금 내게 주소서!"라고 외쳐야 합니다. 하나님께서는 자기 백성이 그리스도 안에서 넘치는 유업을 받도록 계획하셨습니다. 그런데 이 유업은 은혜의 선물이지만, 우리가 믿음과 노력으로 날마다 싸워서 차지해야 합니다. 신자들의 삶에 생기가 없고 구태의연한 주된 원인은 유업을 위한 싸움이 없기 때문입니다. 예수님도 자신의 유업의 상을 아버지께 청구하셨다고 말하면 놀랄지 모릅니다.

"아버지께서 내게 하라고 주신 일을 내가 이루어 아버지를 이 세상에서 영화롭게 하였사오니 아버지여 창세 전에 내가 아버지와 함께 가졌던 영화로써 지금도 아버지와 함께 나를 영화롭게 하옵소서"(요 17:4-5).

이 말씀은 예수님이 아버지께로부터 받은 소명을 완수하셨다는 보고입니다. 그런데 예수님은 보고로 그친 것이 아니라 '소명을 다 이루었으니까 이제 창세 전에 아버지와 함께 가졌던 영광을 주십시오.'라고 청구하셨습니다. 이것은 주님께서도 소명 완수에 따르는 상을 바라고 사심으로써, 자기 앞에 놓인 유업을 쫓아가기를 원하시는 하나님을 기쁘게 해 드렸다는 뜻입니다(참조. 골 3:24). 물론 예수님은 인간이 되셨다고 해서 창세 전부터 아버지와 공유하셨던 영광을 상실하신 것은 아닙니다. 주님이 지금 원하시는 것은 인간으로 세상에 오셔서 아버지의 뜻에 전적으로 순종하는 삶을 사시고 나서 인간 메시아로서 아버지의 영광을 상으로 구한 것입니다. 이 영광은 과거에 누리지 못했던 것이었습니다.

그런데 예수님이 큰 영광을 받으시려는 목적은 이미 영원 전부터 가지신 영광의 면류관에 하나 더 추가하려는 것이 아닙니다. 예수님이 영광을 더 받으시려는 것은 왕의 큰 권세를 가진 아들로서 교회와 아버지를 더욱더 섬기기 위함이었습니다. 예수님은 이 덧붙여진 영광과 능력으로 지금 우리를 위해 하늘의 대제사장으로서 중보하시며 우리의 온전한 구원을 위해 큰 능력으로 역사하십니다.

유업의 상은 하나님께서 즐겨 주기를 원하시는 것이며 자기 백성을 위해 디자인하신 은혜로운 선물입니다. 이 선물을 청구하는 기도는 잘못된 것이 아닙니다. 예수님은 자신의 상을 위한 청구 기도를 하셨습니다. 그렇다면 그런 기도가 이기적이며 상거래적이라고 비난할 수 없습니다. 예수님의 행위보다 더 영적인 것처럼 들리는 주장이나 경건은 하나님께서 기대하시는 수준이 아닙니다. 예수님보다 더 영적으로 고상해지려고 시도할 것이 아니라 예수님처럼 상 주시는 하나님을 믿고 살아야 합니다.

상은 하나님께서 우리의 헌신에 불을 붙이고, 죄와의 싸움과 고난을 인내하게 하며, 성화의 삶을 살게 하는 촉진제입니다. 상은 하나님께서 우리가 받은 각자의 소명을 끝까지 포기하지 않고 신실과 충성으로 마치기를 원해서 주시는 동기부여의 한 방편입니다. 이러한 상을 향해 달리는 것은 예수님이 사신대로 사는 것이며 바울의 모범을 따르는 것입니다. 하나님께서는 마지막 심판대 앞에서 착하고 충성스러운 종이라는 선포를 온 우주 앞에서 우리가 받기를 원하십니다. 그때 하나님의 칭찬을 바라고 사는 삶이 가장 가치 있는 삶이라는 사실이 입증될 것입니다.

또 한 가지 갈렙에게서 배울 교훈이 있습니다. 그는 하나님께서 그에게 개인적으로 유업을 맹세하셨음에도 불구하고 여호수아의 허락을 받았습니다. 이것은 어떻게 보면 그럴 필요가 없어 보입니다. 하나님이 특별히 자기 개인의 충성에 대한 보상으로 주신 것이기에 그냥 차지해도 누가 막을 사람이 없었을 것입니다. 그러나 갈렙은 가나안 정복이 이스라엘 백성 전체가 관련된 국가적 이벤트라는 사실을 중시하였습니다. 그래서 그는 자신이 차지할 유업도 '여호와의 전쟁'에 포함된 것이므로 지도자인 여호수아의 허락을 받아야 한다고 생각하였습니다. '여호와의 전쟁'에서는 개인플레이가 없다는 것을 알아야 합니다.

흔히 상급 교리는 이기적이라고 비난합니다. 이것은 우리가 자성해 보아야 할 비판입니다. 왜 이런 말이 나왔겠습니까? 많은 교회와 교인들이 이기적이라는 비난을 피하기 어려운 방식으로 예수를 믿기 때문입니다. 우리는 냉철하게 자신들을 돌아보고 인정할 것은 인정해야 합니다.

성경의 상급 사상을 가르치는데 가장 어려운 문제의 하나는 상이라고 하면 대뜸 자기 유익을 챙기는 것으로 오해하는 것입니다. 자신이 잘되도록 복을 비는 것이 모든 종교의 우선적 관심입니다. 기독교도 예외가 아닙니다. 시편에는 개인기도가 많습니다. 그러나 크리스천의 기도는 개인기도라고 하여도 항상 하나님 나라와 아버지의 이름과 뜻에 맞춘 기도입니다. 그래서 순전히 이기적인 기도가 될 수 없습니다. 우리가 주기도문만 바르게 배워도 기독교의 근본정신이 이타적인 이웃 사랑이며 하나님 나라와 그분의 영광을 위한 거시적 세계관에 근거했음을 알 수 있을 텐데 현실은 그렇지 않습니다. 그래서 사람들은 기독교를 전통 종교의 기복주의와 별로 다를 것이 없다고 지적합니다. 이런 비판은 모든 교회에 일률적으로 해당하지는 않습니다. 그렇지 않은 교회들도 있기 때문입니다. 그러나 그런 비판이 정당하다고 인정될 수 있는 경우도 적지 않습니다.

이러한 교회 분위기에서는 상급 교리란 다분히 번영주의와 성공주의의 냄새를 풍기는 것으로 치부됩니다. 상은 이기적인 욕심을 부채질한다는 것입니다. 상급은 교회를 잘 섬기면 이 세상에서도 복을 받고 사후 천국에서도 금 면류관을 쓰는 것이라고 하면서 상업주의라고 싫어합니다.

그렇다면 갈렙은 자기 공로를 내세우고 상을 찾아 먹으려고 여호수아에게 가서 요구한 것일까요? 성경이 갈렙을 그렇게 평가하고 있습니까? 갈렙의 스토리가 요단 강 서쪽의 유업 분배에 앞서 특기된 것은 후세대에게 어떻게 유업을 확보해야 하는지를 가르치기 위한 본보기로 제시한 것이었습니다. 쉽게 말하면, 모두 다 갈렙처럼 행하라는 것입니다. 갈렙은 자신의 유업을 청구할 줄 알았습니다. 이것은 교만이 아니고 하나님의 맹세의 약속에 대한 적극적인 믿음의 표현이었습니다. 이런 요구를 성경은 부정적으로 보지 않습니다. 갈렙은 "이 산지를 지금 내게 주소서"라고 요구하였습니다(수 14:12).

바울도 심판 날에 자신이 받을 면류관을 확신하였습니다(딤후 4:7-8). 이것은 바울이 겸손하지 않거나 교만해서가 아닙니다. 바울이 선한 싸움을 싸우고 자신의 길을 달리고 믿음을 지켰으니 면류관이 예비되었을 것이라고 말하는 것이나, 갈렙이 자기가 여호와께 충성했기 때문에(수 14:9,14) 헤브론을 달라고 하는 것은 같은 문맥입니다. 모세도 바울도 느헤미야도 자신들의 충성스러운 섬김을 하나님이 인정하시고 상주실 것을 기대하였습니다(히 11:26; 빌 3:14; 느 13:14, 22, 31). 그럼 이들이 상을 바라고 일했다고 비난할 수 있겠습니까? 성경은 그들을 상업적이거나 이기적이라고 정죄하지 않았습니다. 성경은 오히려 그들이 받으려고 달려간 상을 우리도 바라고 살아야 한다고 말합니다. 물론 상 받는 것이 다가 아닙니다. 우리는 상이 없어도 주 예수 그리스도의 십자가 사랑을 생각하며 주님을 섬겨야 합니다. 그럼에도 하나님은 우리에게 유업의 동기부여를 주시고 더욱 힘써 달리기를 원하십니다. 적어도 신구약 백성들은 상을 주시는 하나님을 모두 믿었습니다.

갈렙은 결코 이기적이 아니었습니다. 그는 처음부터 함께 싸우자고 백성을 독려했습니다. 그는 하나님의 약속을 굳게 신뢰하였으며 '여호와의 전쟁'에 참여한 신실하고 충성스러운 성도의 한 사람으로서 아낙 자손을 쫓아냈습니다. 아낙 거인들은 원래 이스라엘 백성을 공포에 질리게 한 대적들이었습니다. 그들을 몰아내는 것은 갈렙 자신의 유업을 위해서만이 아니고 가나안 땅에 전쟁을 그치게 하는 결정적인 공헌이었습니다(14:14-15). 만약 갈렙이 헤브론 산지를 청구했을 때 그것이 이기적이고 상리적인 동기에서 나온 것이었다면 여호수아가 그를 축복하지 않았을 것입니다.

"여호수아가 여분네의 아들 갈렙을 위하여 축복하고 헤브론을 그에게 주어 기업을 삼게 하매"(14:13).

여호수아의 축복은 하나님께서 갈렙과 함께 하신다는 확인이었습니다. 갈렙은 이러한 하나님의 인정과 동행을 확인받은 후에 자신의 유업을 취하였습니다. 그는 스스로 원하는 것을 자신의 욕심대로 정해 놓고 주제넘게 무조건 달라고 간청하거나 헌금 많이 했으니까 불려 달라는 식의 거래를 하지 않았습니다. 갈렙은 하나님께서 주신다고 약속하신 것을 놓고 청구했습니다. 이런 청구 기도는 하나님께서 우리에게 분명하게 약속하신 경우에는 합당한 것입니다. 교만하거나 무례한 것이 아니고 하나님의 선하심에 대한 믿음의 표현입니다. 이같은 유업 신앙은 하나님께서 기대하시고 추천하십니다. 주기를 원해서 약속까지 하셨는데 받아야 할 사람이 사양하거나 무관심하다면 올바른 태도라고 할 수 없습니다. 물론 당연한 권리인 양 감사하는 마음이 없이 하나님께 무엇을 요구하는 것은 안 될 일입니다. 갈렙은 그런 정신으로 유업을 요구하지 않았습니다.

그는 겸비한 정신으로 하나님의 도우심을 기대하면서 하나님의 약속을 받기 위해 자신의 책임을 이행하겠다고 자진하였습니다. 갈렙 뿐만 아니라 슬로브핫의 딸들과 레위 지파들도 하나님의 약속에 근거해서 자신들의 유업을 요구하였습니다. 그래서 슬로브핫의 딸들도 유업을 받았고(수 17:3-6), 레위 지파들은 거주할 성읍들과 목초지를 받았습니다(수 21:1-3). 그런데 상급을 싫어하는 분들은 이런 식으로 말합니다.

「여러분 가운데 누가 하나님과 주 예수 그리스도와 성령 앞과 그리고 하늘의 모든 무리 앞에서 당당하게 '나에게 나의 유업을 주십시오'라고 말할 자가 있는가? 그렇다면 그들의 상을 청구하게 하라」

「구원을 받은 것만 해도 감지덕지한 은혜인데 무엇이 부족하다고 더 달라고 염치없이 요구할 수 있단 말인가? 상급 교리는 이기주의를 부채질하는 물질주의 사상이다」

여호수아서에는 아무도 당당하고 오만한 자세로 자신들의 약속된 유업을 요구한 자들이 없습니다. 그러나 갈렙을 비롯하여 슬로브핫의 딸들과 레위 지파는 모두 제사장 엘르아살과 여호수아와 이스라엘 자손의 지파 족장들에게 가서(14:6; 17:4; 21:1) 자신들이 받을 유업을 요청하였습니다. 우리는 이들의 스토리가 후세대의 모범으로 제시된 것임을 기억해야 합니다. 하나님께서는 약속한 선물을 받기 위해 우리가 적극적으로 유업을 쟁취하기를 원하십니다. 여기에는 하나님께 약속된 유업을 달라고 요청하는 것도 포함됩니다. 이것은 건방지거나 주제넘은 것이 아니고, 자신들의 복지를 위해 하나님께서 마련하신 은혜를 갈망하는 담대한 믿음의 자세입니다.

맺는말

갈렙은 먼저 자신의 목숨을 걸고 여호와께 충성했었고 하나님의 약속을 수십 년이 지난 후에도 잊지 않고 인내하며 믿었습니다. 그리고 하나님의 축복을 받은 후에 하나님이 주신 능력으로 헤브론의 거인들을 몰아내었습니다.

정복 스토리의 결론에서 그들을 쫓아내었다는 것과 분배 스토리에서 갈렙이 주님의 도우심으로 그들을 내몰겠다는 열망은 가나안 정복의 절정을 가리키는 화살표입니다. 갈렙이 "내가 여호와께서 말씀하신 대로 그들을 쫓아내리이다"(14:12)라고 담대하게 말할 수 있었던 것은 개인의 용맹이 아니고 "그 날에 여호와께서 말씀하신"(12절) 약속을 굳게 믿었기 때문이었습니다. 그 결과는 무엇입니까? "그 땅에 전쟁이 그쳤더라"(14:15)는 것입니다. 이 말은 정복 스토리의 결론과도 일치합니다(11:23). 이스라엘 백성이 그처럼 무서워했던 아낙 사람들 가운데서 가장 큰 거인인 아르바의 땅인 헤브론이 이스라엘의 손에 들어온 것은 그 땅에 안식이 왔음을 시사합니다. 이제 이스라엘은 아낙 거인들의 위협이 없는 곳에서 유업을 분배할 수 있게 되었습니다.

유업의 확보는 일정 기간의 투쟁 이후에 옵니다. 그런데 투쟁 후에 받는 유업은 전쟁이 그치듯이 '안식에 들어가는 것'을 말합니다. 가나안의 유업이 주어졌을 때, 땅이 전쟁을 그치고 안식할 수 있었습니다(14:15). 안식은 투쟁과 테스트의 기간이 종결되고, 상을 받는 것을 말합니다. 이것이 히브리서의 안식에 들어간다(히 4:3)는 말의 의미입니다. 안식에 들어가는 것은 하나님께서 우리의 믿음과 인내의 싸움 이후에 '착하고 충성된 종아 잘 하였도다!'라고 칭찬하시는 것입니다(참조. 히 6:11-12).

갈렙의 유업 신앙은 온 이스라엘과 우리를 위해 수천 년이 지난 지금까지 하나님께서 사용하시는 빛나는 본보기입니다. 이런 식으로 쓰임을 받는 것도 갈렙이 당시에는 상상할 수 없었던 넘치는 보상입니다. 상의 궁극적인 영광은 미래에 속합니다. 상은 언제나 우리의 상상을 초월할 것입니다. 하나님은 작은 자에게 냉수 한 그릇을 주는 친절까지도 잊지 않고 후한 상으로 갚아 주시는 분입니다(마 10:42).

우리가 추구해야 할 유업은 어떤 것입니까? 우리는 갈렙 시대처럼 무력으로 유업을 점령하지 않습니다. 갈렙이 요청한 '이 산지를 주십시오.'라는 말은 신약 교인들에게 적용한다면, 하나님께로부터 받은 소명을 이루며, 예수 그리스도의 성품을 닮으면서 주의 나라를 위해 사랑의 삶을 사는 것입니다. 우리는 "사랑과 희락과 화평과 오래 참음과 자비와 양선과 충성과 온유와 절제"(갈 6:22-23)의 열매를 맺기 위해 육과 싸워야 하고, 하나님의 나라에 작은 분량으로도 이바지하기 위해 시간과 재물과 은사를 충분하고 후하게 사용해야 합니다.

우리의 삶에는 누구에게나 적군이 침투할 수 있는 취약 지구가 있습니다. 아간의 유혹도 우리의 마음을 흔들리게 하고, 요단 동쪽의 푸른 목초지도 오라고 손짓합니다. 그리고 우리 곁에는 유업의 땅을 점령하는 일은 불가능하므로 가나안 입성을 포기하라고 선동하는 정탐병들도 있습니다. 우리가 어떻게 갈렙처럼 아낙 거인들이 버티고 있는 '이 산지'를 소유하여 우리의 유업으로 삼을 수 있겠습니까? 갈렙은 하나님의 능력을 힘입고 이겨서 소유하였습니다. 우리는 하나님의 말씀과 성령의 능력과 믿음으로 적을 파쇄합니다.

"모든 것 위에 믿음의 방패를 가지고 이로써 능히 악한 자의 모든 불화살을 소멸하고 구원의 투구와 성령의 검 곧 하나님의 말씀을 가지라"(엡 6:16-17).

7장

유업의 분배
여호수아 15:1–17:13

여호수아서는 6장부터 12장까지는 가나안 땅을 싸워서 쟁취한 기록이고 13장부터 21장까지는 땅의 분배에 대한 진술입니다. 독자의 입장에서 보면 전쟁 스토리가 분배 기록보다 훨씬 더 흥미가 있습니다. 더구나 땅의 분배가 너무도 상세하고 길게 나열되었고 지명도 우리에게는 전혀 익숙하지 않아서 매우 지루하게 느껴집니다. 그러나 본 항목에는 우리가 그냥 넘어갈 수 없는 중요한 가르침이 있습니다.

하나님께서는 아브라함을 부르셨을 때 "내가 네게 보여 줄 땅으로 가라"(창 12:1)고 하셨습니다. 그 후 여러 번 가나안 땅을 그와 그의 후손에게 주신다고 맹세하셨습니다. 땅은 처음부터 언약의 중요한 요소였습니다. 이스라엘 백성은 가나안 땅을 유업으로 받는 소망을 품고 애굽의 종살이에서 해방되어 마침내 가나안을 정복하였습니다. 그러므로 이 국가적인 언약의 성취를 기록으로 남기면서 충분한 시간을 소요하는 것은 넉넉히 이해할 수 있는 일입니다.

각 지파와 가문의 경계를 긋고 산림과 계곡과 산정과 성읍의 이름을 대며 동서남북의 위치를 낱낱이 적는 것은 우리의 귀에는 단조롭고 지루할지 몰라도 그들의 귀에는 즐겁고 신나는 노래처럼 들렸을 것입니다. 우리도 하나님의 언약 백성입니다. 우리의 영적 조상들이 받은 유업은 우리에게도 의미 있는 일입니다.

우리는 하나님이 신실하시며 약속을 지키시는 분이라는 것을 압니다. 그런데 그 증거가 무엇입니까? 개인의 신앙생활에서 간증할 수 있는 부분이 있을 것입니다. 그러나 성경에 기록된 역사적이고 객관적인 사실은 더 신빙성이 높습니다. 가나안 정복의 분배 목록은 하나님의 약속이 눈으로 보고, 손으로 만지고, 발로 밟을 수 있는 실체적이고 가시적인 형태로 성취되었다는 것을 입증합니다. 가나안 전체의 지도가 새로 만들어진 셈입니다. 새 지도 위에 이스라엘 각 지파의 이름과 경계선이 뚜렷이 그어져 있고 개인에게 준 유업의 땅까지 표시되어 있습니다. 샘물과 마을과 성읍과 산지와 계곡과 해안선까지 꼼꼼이 기록하였습니다. 그 까닭이 무엇일까요? 하나님께서 약속을 지키시고 자기 백성을 돌보신다는 사실을 확인하라는 것입니다.

하나님이 정말 신실하셔서 꾸준한 믿음과 오래 참음으로 싸운 자들에게 맹세로 약속하신 유업을 주신다는 것을 무엇으로 확인할 수 있을까요? 시간이 오래 지난 후에도 맹세의 약속을 지키신다는 것을 무엇을 보고 확신할 수 있겠습니까? 이스라엘 지파에게 분배된 경계 목록으로 가득 찬 가나안의 새 지도를 보면 됩니다. 이것이 가나안 지역을 세밀하게 측량하고 분할하여 방대하게 기록한 까닭이었습니다. 그래서 지루하게 느껴지는 이 분배 목록은 여호수아서의 후반부를 대부분 차지하지만 본서의 하이라이트입니다.

분배 목록은 정확하고 상세해야 합니다.

이스라엘이 받은 유업은 하나님께서 아브라함 때부터 약속하신 것이었습니다. 이제 이스라엘의 하나님이 언약을 지키셨다는 것을 가나안 땅의 분배로 입증할 필요가 있었습니다. 땅의 분배는 소유권이 넘어온 것을 의미합니다. 땅문서는 법적 문건입니다. 자세한 내용이 없이 한마디로 작성될 수 없습니다. 경계가 어디서 어디까지이며 성읍과 마을과 골짜기와 해안과 동서남북의 위치와 지역의 이름들이 명기되어야 사실성이 확인되고 실감이 납니다. 이것은 이스라엘이 가나안 땅의 어떤 강을 지났고, 어느 산에서 싸웠으며, 어떤 성읍들을 장악했는지를 가리키는 군사 활동에 대한 기록도 되기 때문에 중요합니다. 또한, 각 지파와 가문이 자신들에게 할당된 유업의 정확한 경계를 알아야 다른 지파의 땅으로 넘어가는 일이 없을 것이었습니다.

지파들의 분깃은 다양성을 좋아하시는 하나님의 성품을 드러냅니다. 지파마다 크기와 위치와 모양과 조건이 다른 땅을 분할받았습니다. 다른 지파가 유다 지파가 되려고 해서도 안 되고, 유다 지파가 자신의 소명을 벗고 다른 지파의 소명을 따라서도 안

됩니다. 레위 지파에서는 제사장이 나와야 하고, 유다 지파에서는 왕들이 나와야 합니다. 우리 각자가 처한 환경과 배경도 여러 가지입니다. 교회 내에서 갖는 역할과 위치도 다양합니다.

> "많은 크리스천이 하나님께서 자신들에게 주신 것이 무엇인지를 발견하는 일에 관심이 없기 때문에 이를 즐기지 못한다. 그래서 많은 시간을 다른 사람들의 소유를 탐하거나 구하려고 애쓴다. 이것이 신자들의 불만의 한 중요한 원인이다"(Daily Devotional Bible Commentary Vol. 1).

각 지파의 경계 영역은 분명하였습니다. 경계선이 분명하면 분규가 일어날 필요가 없습니다. 하나님이 우리에게 할당하신 소명의 영역을 분명히 알고 이를 준수하면 다른 사람의 소명이나 유업을 탐하고 시기할 필요가 없습니다. 우리는 자신들의 은사와 역할에 대해 선을 그어주는 하나님의 뜻을 잘 인식하고 "그리스도 예수께 잡힌 바 된 그것을 잡으려고"(빌 3:12) 달려가야 합니다. 각 성도는 예수께 잡힌 것이 무엇인지를 확지하고 자신이 받은 유업의 소명에 충실해야 합니다. 그것이 다른 사람들의 것에 비해서 아무리 작고 중요하지 않아 보여도 주님 앞에서 내가 취해야 할 것으로 알고 최선을 다하는 것이 우리 각자의 책임입니다.

땅의 분배는 인위적인 것이 아니고 하나님의 결정이었습니다.

만일 땅의 분배가 사람에 의해서 결정되었다면 엄청난 분규와 불만이 생겼을 것입니다. 그래서 제비뽑기가 사용되었습니다. 제비를 뽑는 것은 미리 알 수 없는 일이었으므로 그 결과에 대해서 불평할 수 없었습니다. 에브라임과 므낫세 지파가 분배받은 땅이 넉넉하지 않다고 불평했지만, 여호수아는 이들의 요구를 거절하였습니다(17:14-18). 제비뽑기는 하나님이 정하신 방법이므로 그 결과는 하나님의 주권적 결정으로 간주하였습니다(민 33:54; 잠 16:33). 그래서 다른 사람의 영역을 존중해야 했기에 아무도 각 지파나 가문의 경계를 침범할 수 없었습니다. 각 경계는 각 지파와 가문의 법적 권리를 보호하고 자신들에 대한 하나님의 신실하신 사랑의 섭리를 확증하는 것이었습니다.

이스라엘 백성에게 가나안 땅의 소유는 자신들이 언약 백성이라는 의식을 강화하는 물적 증거였습니다. 땅과 언약 백성의 신분은 히브리인들의 사고 속에 깊이 젖어 있습니다. 그래서 그들이 이방 나라로 잡혀가는 것은 상상할 수 없는 일이었습니다. 하나님은 가나안 족속이 하나님의 땅을 극심한 죄악으로 더럽혔으므로 이스라엘 백성에 의해 숙청되게 하셨습니다.

그러나 언약 백성이라고 해서 하나님의 땅을 오염시키는 우상 숭배의 죄에서 면죄되는 것은 아니었습니다. 그들이 두 왕국으로 분열되고 강한 지파들이 약한 지파들을 흡수하며 거룩하신 하나님을 섬기는 일에서 타락했을 때 어떤 일이 일어났습니까? 하나님께서 그들을 가나안 땅에서 쫓아내셨습니다. 하나님이 정해 주신 유업은 하나님의 선한 뜻에 따라 잘 사용하지 않으면 빼앗길 수 있습니다. 유업은 힘써 받는 것도 중요하지만, 힘써 지키는 것도 중요합니다.

유다 지파에 대한 상술(詳述)은 하나님의 주권과 유다 지파의 중요성을 말합니다.

분배 목록에서 유다 지파가 제일 먼저 나오고 가장 많은 지면을 할애하여 상세하게 기술하였습니다. 이것은 유다 지파의 중요성 때문입니다. 유다 지파에서 이스라엘의 최대 왕인 다윗이 태어나고 더 나아가 왕 중의 왕이신 예수 그리스도가 메시아로 탄생하실 것이었습니다. 야곱은 유다 지파에 대해 예언했습니다.

"임금의 지휘봉이 유다를 떠나지 않고, 통치자의 지휘봉
이 자손 만대에까지 이를 것이다. 권능으로 그 자리에 앉
을 분이 오시면, 만민이 그에게 순종할 것이다"(창 49:10,
새번역).

그런데 본 목록에서 우리는 하나님의 주권적 섭리도 아울러 관찰할 수 있습니다. 유다는 야곱의 장자가 아니었습니다(창 29:31-35). 그가 잘한 것이 있다면 베냐민을 보호한 것입니다(창 43:8-10; 44:16-34). 그러나 그는 가나안 창녀와 동침하는 것을 예사로 여길 정도로 부도덕하였습니다(창 38장). 유다에게는 장자권도 없었고 경건하지도 않았지만 로열 지파가 되었습니다. 이것은 하나님의 주권적인 섭리였습니다.

유사한 예로써, 후기 북왕국에서 세력을 떨칠 에브라임과 므 낫세도 분배 목록에서 상당한 분량의 지면을 차지합니다(16-17 장). 그런데 요셉의 차남인 에브라임이 받는 기업의 경계가 장남 인 므낫세의 경계 목록보다 먼저 기록되었습니다(16:5; 17:1). 이것 은 하나님께서 주권적으로 에브라임에게 우선권을 준 것입니다.

창세기 48장에서 요셉이 므낫세와 에브라임을 야곱 앞에 데리 고 갔을 때 야곱의 오른손 편에 장자인 므낫세를 세우고 왼손 편 에 차남인 에브라임을 세웠습니다. 그러나 야곱은 그의 양손을 엇바꾸어 축복하였습니다. 이로써 므낫세와 에브라임의 순서가 바뀌게 되었는데(창 48:9-.20) 가나안 땅의 분배 순서에서도 같은 일이 일어났습니다. 하나님께서는 인간의 우선순위에 제한을 받 거나 사람이 만든 전통이나 표준에 따라 일하시지 않습니다(고전 1:26-29). 하나님은 하나님이십니다. 자신의 주권과 섭리로 우리 의 구원을 이루어가십니다.

또 다른 실례를 든다면, 기업 분배가 제비뽑기로 결정되었는 데 우연으로 볼 수 없는 경우가 드러납니다. 야곱이 총애했던 라 헬은 요셉과 베냐민을 낳았습니다. 그런데 요셉이 낳은 므낫세와 에브라임 지파가 요단 서쪽의 유업 경계선을 공유하고 에브라임 과 베냐민 지파의 경계선이 붙어 있습니다.

한편, 유다 지파가 받은 유업은 세밀하게 모든 경계를 표시하 였습니다. 이것은 땅에 대한 하나님의 약속이 분명하게 남김없이 다 성취되었음을 강조한 것입니다. 이것은 21장의 결론에 대한 대표적인 입증입니다.

"여호와께서 이스라엘의 조상들에게 맹세하사 주리라 하
신 온 땅을 이와 같이 이스라엘에게 다 주셨으므로 그들
이 그것을 차지하여 거기에 거주하였으니…여호와께서
이스라엘 족속에게 말씀하신 선한 말씀이 하나도 남음이
없이 다 응하였더라"(21::43-45).

약속과 성취의 드라마

성경의 한 특징은 하나님의 약속이 시공간의 역사 속에서 실
제로 성취되었음을 기록한 것입니다. 여호와 종교는 하나님의 약
속과 성취의 스토리입니다. 성경은 추상적인 이론이나 철학 사상
이 아니고 하나님의 구원이 인간의 역사 속에서 하나님의 뜻대로
진행되고 있음을 입증하는 경전입니다. 그래서 누구나 읽고 확인
할 수 있습니다. 이런 의미에서 메시아로 이 세상 역사 속에서 태
어나신 예수님은 하나님의 약속과 성취를 대변합니다. 우리는 그
의 생애에서 일어난 약속과 계시의 성취를 성경에서 선명하게 읽
고 믿을 수 있습니다. 예수님은 추상적인 존재가 아니고 역사적
인 인물이며 그의 말씀은 지금도 성경을 통해서 깨달을 수 있습
니다. 그래서 사도 요한은 이렇게 증언하였습니다.

"말씀이 육신이 되어 우리 가운데 거하시매 우리가 그의
영광을 보니 아버지의 독생자의 영광이요 은혜와 진리가

충만하더라" (요 1:14).

"태초부터 있는 생명의 말씀에 관하여는 우리가 들은 바
요 눈으로 본 바요 자세히 보고 우리의 손으로 만진 바라"
(요일 1:1).

분배 목록은 우리가 구체적으로 하나님의 구원 사역의 진실
성을 확인할 수 있는 역사적 증빙 자료입니다. 그리고 만약 우리
가 하나님의 자녀로서 가나안 정복 세대와 일치시킬 수 있다면,
그들이 받은 분배 목록을 읽으며 그들의 감사와 기쁨에 동참하게
될 것입니다. 우리가 그렇게 하지 못하는 이유가 무엇입니까? 우
리와 상관이 없다고 보기 때문입니다. 그런데 정말 우리와 무관
한 일일까요? 이스라엘 백성이 유업을 분배받은 것은 아브라함의
후손이기 때문입니다. 우리는 누구의 후손입니까? 바울은 "그런
즉 믿음으로 말미암은 자들은 아브라함의 자손인 줄 알지어다"(갈
3:7)라고 말했습니다. 그리고 더 구체적으로 "너희가 그리스도의
것이면 곧 아브라함의 자손이요 약속대로 유업을 이을 자니라"(
갈 3:29)라고 밝혔습니다.

그렇다면 우리는 아브라함의 자손으로서 본문을 대해야 합니
다. 다시 말해서 당시의 이스라엘 백성 속으로 들어가서 그들에
게 성취된 유업의 목록을 마치 우리의 것으로 대해야 한다는 말
씀입니다.

아브라함의 후손에게 유업이 실현되었다는 것은 심장을 뛰게
하는 일이었습니다. 성읍들과 촌락과 마을을 하나씩 짚어가며 골

짜기와 산지의 수효를 헤아릴 때의 감격을 상상해 보십시오. 그리고 해안과 초원과 샘물과 여러 지역의 이름이 열거되고 각 곳의 경계가 그어질 때 형언할 수 없는 감동의 물결이 각 지파의 가슴에 밀려왔을 것입니다. 이스라엘 백성은 애굽의 종살이를 거쳐 광야 사십 년의 방황 후에 가나안 족속들을 여러 해에 걸쳐 제압하였습니다. 그리고 마침내 자신들의 땅을 받게 되었으니 얼마나 감회가 깊었겠습니까!

이제 그들은 자기들이 받은 비옥한 땅에서 집도 짓고 과목도 심고 농사와 목축을 하며 자녀들을 기르고 행복하게 살 수 있게 되었습니다. 그들이 이때처럼 하나님의 신실하심과 후한 사랑을 넘치게 느껴본 적이 없었을 것입니다. 이것이 하나님께서 우리에게 유업을 약속하시고 우리가 힘써 쟁취하기를 원하시는 이유의 하나입니다.

유업의 성취는 우리의 가슴을 뛰게 하고 새 삶을 위한 비전을 뿌려주며 하나님께 대한 깊은 감사와 찬양을 올리게 합니다. 유업의 기쁨이 없는 자는 약속을 지키시는 하나님의 신실하심과 능력의 크기를 측량하지 못합니다. 유업의 감동이 없는 자는 하나님께 올릴 수 있는 뜨거운 감사와 송축의 소재가 그만큼 줄어듭니다. 물론 구원을 받은 것만으로 우리는 끝없는 영광을 하나님께 돌려야 합니다. 그러나 십자가 구원의 기쁨 위에 유업의 감격까지 더해진다면 우리의 신앙생활에 얼마나 더 큰 용기와 활력이 솟아나겠습니까!

하나님께서는 우리를 유업의 현장으로 인도하십니다. 꾸준한 신뢰와 오래 참음으로 가나안의 적들을 물리치는 자들에게는 유업의 약속이 성취되게 하시고 출애굽의 구원이 더욱 빛나게 하십니다. 애굽에서 해방된 것은 그 자체가 목적이 아니고 가나안의 젖과 꿀을 맛보게 하려는 것입니다. 그것은 유업의 땅을 차지하고 가나안의 소산을 즐기면서 하나님의 사랑을 눈으로 보고 손으로 만져보며 끝없이 펼쳐지는 구속의 은혜에 젖게 하려는 것입니다. 우리는 하나님을 말로만 섬길 수 없습니다. 신앙고백을 매주 한다고 해서 하나님을 더 알게 되는 것도 아닙니다.

우리는 하나님께서 주신 약속을 실체적인 체험으로 확인할 때 믿음이 자라고 하나님을 더욱 잘 섬기게 됩니다. 많은 사람이 이 사실을 압니다. 그래서 체험적인 신앙을 가지려고 노력합니다. 그러나 우리가 말하는 것은 개인에게 한정된 신비적인 체험이나 개인 복지에 국한된 은혜가 아닙니다.

이스라엘 백성이 받은 유업의 체험은 하나님의 약속에 근거한 것이었고 하나님의 지시와 인도에 따른 공동체적인 사건이었습니다. 그래서 유업은 처음부터 개인주의가 아닙니다. 물론 갈렙과 여호수아의 경우처럼 개인이 받는 유업의 상이 있을지라도, 여전히 이스라엘 공동체의 테두리 안에서 주어진 것이었습니다.

유업과 개인주의

우리는 개인주의에 빠지면 유업의 체험이 크게 줄어든다는 사실을 알아야 합니다. 내가 하나님으로부터 유업을 받는 일에만 집중하고 내 것만 챙기려고 하면 은혜의 영역이 자신의 테두리를 벗어날 수 없습니다. 하나님께서는 우리를 아브라함의 후손으로 부르셨습니다. 아브라함의 후손은 대가족입니다. 구약 시대를 거쳐 신약 시대까지 내려오는 믿음의 공동체이며 전 세계적으로 퍼져 있는 "능히 셀 수 없는 큰 무리"(계 8:9)입니다. 이들이 받은 유업의 감격에 모두 내가 동감할 수 있어야 합니다. 나는 그들의 무리에 포함된 하늘 가족의 일원이기 때문입니다.

우리에게 하나님의 은혜에 대한 감격과 감사와 기쁨이 적다면 그 까닭이 무엇일까요? 나 자신의 축복에만 매달려 살기 때문이 아니겠습니까? 가나안 정복에 나를 참전시키고 그들이 받은 축복에 나를 일치시켜 보십시오. 분배 목록의 의미가 새로워질 것입니다. 지루하게 느껴지는 생소한 지역들이 내 부모와 내 형제와 내 자매와 내 이웃이 받는 땅이라고 생각할 수 있다면, 나도 함께 즐거워하며 하나님을 찬양할 것입니다. 이것이 교회 공동체의 원리입니다. 한 지체에 기뻐할 일이 있으면 그것이 나의 기쁨이라고 여겨야 합니다. 만약 이스라엘의 분배 목록에 내 가족이나 나의 이름이 들어 있다면 당장 보는 눈이 달라질 것입니다. 우리는 실제로 나에게 그런 일이 일어났다고 여기고 하나님의 기이한 역사를 읽어야 합니다.

우리는 교회 성장 문화 속에서 수십 년을 살았습니다. 그런데 개교회주의가 교회 성장의 주된 동인이었다고 말하기를 좋아합니다. 일리가 있는 주장입니다. 교단의 재정적 도움을 받지 않고 독립적으로 운영할 수 있으면 교인들이 열심을 내고 더 헌신하는 경향이 있습니다. 그래서 교회 건축에도 열을 올리고 전도도 많이 해서 양적 부흥에 기여하게 됩니다. 그러나 개교회주의는 매우 나쁜 영향도 끼칩니다. 경쟁주의와 배타주의와 이기주의를 자극합니다. 내 교회 잘되고 나만 복 받으면 된다는 식입니다. 자기 중심적인 축복 사상은 기독교 복음의 공동체적 성격을 약화시키고 복음을 개인 복지의 극대화를 위한 수단으로 축소시킵니다.

이런 식의 신앙관은 하나님의 은혜와 축복이 가진 공동체적이고 범세계적인 측면에 대한 이해가 없기 때문에 다른 교회나 다른 나라의 지체들에 대한 관심은 고사하고 성경 역사에서 일어난 여러 축복의 이벤트에 자신들을 일치시킬 수 없습니다. 그런 자들에게는 여호수아의 기업 분배 목록은 따분하고 무의미할 뿐입니다. 나에게 현재 개인적으로 일어나는 축복의 체험들은 물론 중요합니다. 그러나 그것밖에 모르면 하나님께서 주시는 시공간을 뛰어넘는 광범위한 규모의 축복들과 하늘에 속한 공동체의 복지에 자신을 일치시킬 수 없습니다.

맺는말

하나님이 원하시는 것은 우리가 성경 역사에서 증명된 하나님의 신실하심을 상고해 보라는 것입니다. 나 한 사람에게 잘 되는 것만 놓고 신앙생활을 하면 바울의 말대로 항상 기뻐하고, 항상 감사하고, 항상 기도할 수 없습니다(살전 5:16-18). 나의 일이 항상 잘 되지만은 않기 때문입니다. 그러나 다른 성도나 다른 교회나 다른 나라의 교회들이 받는 축복 속에 자신을 가족의 일원으로 일치시키면 하나님을 항상 찬양하고 신뢰할 수 있게 됩니다. 그런 사람들은 믿음이 깊고 하나님에 대한 신뢰가 높습니다. 그들은 하나님을 훨씬 더 크신 분으로 이해하고 복음의 광대성과 구원의 심원성에 감격해 하며 하나님을 경외합니다.

하나님께서는 우리가 이런 거시적인 안목으로 신앙생활을 하기를 원하십니다. 그래서 유다 지파를 위시한 다른 여러 지파가 차지하는 땅을 세밀하게 적고 방대한 자료를 사용하여 여러 장에 걸쳐 성경에 기록되게 하셨습니다. 누구를 위한 것입니까? 우리를 위한 것입니다(딤후 3:16). 그 목적이 무엇입니까? 우리가 하나님의 신실하심과 돌보심을 신뢰하고 "하나님의 사람으로 온전하게 하며 모든 선한 일을 행할 능력을 갖추게 하려 함"(딤후 3:17)입니다. 가나안 유업의 목록이 지닌 의미를 파악하면, 역경 속에서도 소망을 품고 하나님을 더욱 신실하게 섬기게 될 것입니다.

8장

미완성의 꼬리표
여호수아 15:13-19

"갈렙이 말하기를 기럇 세벨을 쳐서 그것을 점령하는 자에게는 내가 내 딸 악사를 아내로 주리라 하였더니"(수 15:16).

유다 자손의 분배 목록 중간을 주목해 보십시오. 갈렙이 헤브론과 드빌을 정복하고 자기 딸 악사를 드빌을 점령한 옷니엘에게 주는 대목이 나옵니다(15:13-19). 갈렙은 여호수아로부터 헤브론을 기업으로 받았습니다(14:13). 여기서 다시 갈렙 스토리가 나오는 까닭이 무엇일까요? 그가 실제로 헤브론의 아낙 자손을 몰아내었다는 사실을 유업 쟁취의 본보기로 거듭 확인시켜 주기 위해서입니다. 갈렙은 또 드빌까지 쳤습니다. 그래서 이런 믿음으로 나가면 하나님이 주신 유업의 땅들을 다 차지할 수 있다는 메시지를 담고 있습니다(15:14-15). 갈렙은 가나안 정탐 보고에서 보였던 그의 충성 때문에 하나님께서 그에게 헤브론을 상으로 주신다고 약속하셨습니다(14:12-14). 갈렙은 헤브론의 유업을 쟁취할 때까지 사십 오 년 동안 기다렸습니다(14:10).

그런데 그는 헤브론을 이겨 빼앗았을 뿐만 아니라 드빌까지 공격하는 노익장의 기량을 발휘하였습니다. 이것이 유업 신앙의 기개입니다. 갈렙은 팔십오 세의 노령이었음에도 여호수아에게 가서 자신이 아낙 사람들을 몰아내겠으니 헤브론 산지를 달라고 청구하였습니다. 그때 여호수아는 늙은 갈렙으로부터 큰 도전을 받았을 것입니다. 하나님께서 일찍이 여호수아에게 "너는 나이가 많아 늙었고 얻을 땅이 매우 많이 남아 있도다"(13:1)고 하셨기 때문입니다.

갈렙은 상급의 동기 부여를 사용할 줄 아는 자였습니다.

갈렙의 유업 신앙은 우리에게 큰 도전이 되어야 합니다. 우리에게도 정벌해야 할 유업의 땅들이 남아 있습니다. 우리도 여호수아처럼 늙었을지 모릅니다. 사람은 반드시 육체적으로만 늙는 것이 아닙니다. 젊어도 마음이 늙을 수 있습니다. 어떤 경우이든지 우리 앞에 남은 땅들이 기다립니다. 정복의 비결은 하나님의 약속을 붙들고 주께서 주시는 능력으로 나가 싸우는 것입니다. 우리는 마음과 육신이 약할지라도 "우리를 사랑하시는 이로 말미암아 우리가 넉넉히"(롬 8:37) 이긴다고 하였습니다. 예수님은 이기고 또 이기십니다(계 6:2). 우리가 주님의 기치를 따라가면 승리에 승리를 거둘 것입니다.

헤브론을 유업으로 받았지만 헤브론의 거인들을 거꾸러뜨리고 나면 드빌이 보입니다. 헤브론에서 드빌로 나아가는 것은 이기고 또 이기는 것입니다. 하나님께서는 헤브론의 거인들을 몰아낸 갈렙에게 드빌을 칠 수 있는 능력까지 주셨습니다. 이것은 하나님께서 자신이 약속받은 유업을 귀히 여기고 충성하는 자들에게 주는 엑스트라의 상급입니다.

그런데 갈렙은 자신의 유업을 청구하여 정복할 줄도 알았지만, 다른 사람에게 유업의 동기부여를 사용할 줄도 알았습니다. 그는 드빌을 쳤지만, 완전히 점령하지는 않았습니다. 그는 자신이 시작한 첫 공격을 마무리 지을 자를 찾았습니다. 그는 드빌을 점령하는 자에게 자신의 딸인 악사를 아내로 주겠다고 하였습니다. 이것은 이중적인 목적을 가진 제안이었습니다. 일면으로는 용감한 사위를 구하여 딸을 출가시키는 것이었고 다른 일면은 매력적인 동기를 부여하여 드빌의 정복을 끝내는 것이었습니다. 동기부여는 악용될 수도 있지만(삼상 18:17-22) 인간의 본성에 어필하는 강력한 힘이 있습니다(삼상 17:25-27). 하나님께서는 상을 동기부여의 하나로 사용하십니다.

갈렙으로부터 동기부여를 받은 옷니엘은 드빌을 정복하고 갈렙의 딸인 악사를 아내로 받았습니다. 이것은 상의 주제를 예시합니다. 위험을 무릅쓰고 열심히 싸워 이기는 자에게는 만족한 보상이 주어집니다.

한편, 갈렙의 딸, 악사는 매우 적극적이고 동기 부여가 강한 여자였습니다(15:18-19). 그녀는 드빌을 정복한 옷니엘과 결혼한 후에 남편을 재촉하여 아버지에게 드빌에 얹어 밭을 요청하게 하였습니다. 그녀는 아울러 결혼 선물로서 윗샘과 아랫샘까지 받아 내었습니다. 그들이 받은 네겝 땅은 건조했기 때문에 샘물은 필수적이었습니다. 악사의 요청은 시집을 가면서 친정으로부터 가급적 많은 것을 가져가려는 딸의 욕심처럼 보입니다. 그러나 유업의 문맥에서 보면, 담대하게 청구하고 획득하는 유업 신앙의 적극적인 표출입니다.

> "크리스천들에게 악사는 충만한 유업을 거절당하지 않을 여자들을 대변한다. 악사는 복음서에서 예수님을 찾아왔지만, 무리와 예수님 자신의 제자들에 의해서 거절을 당하고서도 물러서지 않았던 여자들을 상기시키는 모델이다. 그 결과 그들은 자신들과 자신들의 가족을 위해서 구원과 치유의 축복을 발견하였다(마 9:20-22; 15:21-28; 26:7-13; 막 7:24-30; 14:3-9; 눅 2:36-38; 7:11-15, 36-50; 8:45-48; 13:10-17; 18:1-5). (Richard Hess, TOTC 영문 주석 247쪽).

예수님은 갈렙보다 더 후하고 크신 분입니다. 우리가 유업을 청하고 힘쓰면, 유업의 영역을 늘려주시고 생명수를 넘치게 부어주십니다(요 4:14-15). 예수님은 우리가 추구해야 할 최대의 유업의 근원입니다. 그렇다면 그분에게 담대히 나아가서 우리에게 약속된 유업을 달라고 청할 수 있어야 합니다.

유종(有終)의 미(美)를 거두어야 참 승리입니다.

요단 서쪽 기업의 분배는 14장에서 유다 지파에게 준 분배부터 시작되었습니다. 그런데 제일 먼저 갈렙이 헤브론 산지를 달라고 여호수아에게 가서 청구하는 장면이 나옵니다. 그때 갈렙은 이렇게 말했습니다.

> "그 날에 여호와께서 말씀하신 이 산지를 지금 내게 주소서…그 곳에는 아낙 사람이 있고 그 성읍들은 크고 견고할지라도 여호와께서 나와 함께 하시면 내가 여호와께서 말씀하신 대로 그들을 쫓아내리이다"(14:12).

갈렙은 아낙 거인들을 쫓아내겠다고 말했는데 다음 장에서 실제로 쫓아내었다고 진술합니다.

> "갈렙이 거기서 아낙의 소생 그 세 아들 곧 세새와 아히만과 달매를 쫓아내었고"(15:14).

갈렙은 자신의 유업을 확보하기 위해 이스라엘 백성이 두려워하는 아낙 자손들까지 하나님의 약속과 능력을 신뢰하는 믿음으로 내쫓았습니다. 그는 유업 쟁취의 모델입니다. 그런데 유다 지파의 가족들이 받은 수십 개의 성읍과 마을들의 이름이 길게 열거된 후에 전혀 어울리지 않는 꼬리표가 하나 붙어 나옵니다. 그것은 유다 자손이 여부스 족속을 쫓아내지 못하였다는 것입니다.

> "예루살렘 주민 여부스 족속을 유다 자손이 쫓아내지 못

하였으므로 여부스 족속이 오늘까지 유다 자손과 함께 예루살렘에 거주하니라"(수 15:63).

여부스 족속이 유다 자손과 함께 예루살렘에 거주하였다는 말은 불길한 여운을 남깁니다. 이스라엘에는 허리끈을 늦추는 안일한 자세의 적신호가 켜지기 시작하였습니다. 당장 위험한 것은 아닙니다. 그러나 큰 위기를 잘 겪고 용감히 싸운 후에 이상하게도 작은 일에 신실하지 못한 경우가 많습니다.

갈렙이 헤브론 산지의 유업을 청구하고 아낙 자손들을 쫓아내는 것으로 시작된 유다 지파의 분배 목록은 줄줄이 이스라엘의 승리를 거듭 확인하였습니다. 그러나 마지막 절에서 옥에 티가 되고 말았습니다. 더구나 앞으로 이스라엘의 수도가 될 예루살렘의 원주민들이 버젓이 유다 자손과 함께 예루살렘에 거주하였지만, 쫓아내지 못하고 금지된 공존을 하였습니다. 하나님께서는 일찍이 모세를 통해 이스라엘 백성이 가나안에 들어가면 원주민들을 다 몰아내고 그들의 우상들을 파쇄하라고 지시하셨습니다(민 33:52).

유다 지파는 갈렙의 모범을 끝까지 관철하지 못하였습니다. 유종의 미를 거두지 못하는 승리는 참 승리가 아닙니다. 결승점에 닿기 전에는 다 달린 것이 아닙니다. 아무리 잘 달려도 완주하지 않으면 이긴 것이 아닙니다. 유다 지파의 화려한 승리가 끝에 가서 '쫓아내지 못하였다'는 말로 막을 내리는 것은 너무도 아쉽고 안타까운 일입니다. 그런데 이 미완성의 꼬리표가 다른 지파들의 분배 기사에도 여기저기 달려 있습니다.

"그들이 게셀에 거주하는 가나안 족속을 쫓아내지 아니하였으므로 가나안 족속이 오늘까지 에브라임 가운데에 거주하며 노역하는 종이 되니라"(16:10)

"그러나 므낫세 자손이 그 성읍들의 주민을 쫓아내지 못하매 가나안 족속이 결심하고 그 땅에 거주하였으니 이스라엘 자손이 강성한 후에야 가나안 족속에게 노역을 시켰고 다 쫓아내지 아니하였더라"(17:12-13).

에브라임 지파와 므낫세 지파도 가나안 족속을 다 쫓아내지 않고 자신들이 받은 유업의 땅에서 공생하게 하였습니다. 이러한 현상은 요단 서쪽 지파들에만 국한된 것이 아니고 요단 동쪽 지파들에서도 이미 발생하였습니다.

"므낫세 반 지파와 함께 르우벤 족속과 갓 족속은 요단 저편 동쪽에서 그들의 기업을 모세에게 받았는데… 그술 족속과 마아갓 족속은 이스라엘 자손이 쫓아내지 아니하였으므로 그술과 마아갓이 오늘까지 이스라엘 가운데에서 거주하니라"(13:8, 13).

이런 일은 하나님께서 처음부터 모세를 통해 금지하신 일이었습니다.

"오직 네 하나님 여호와께서 네게 기업으로 주시는 이 민족들의 성읍에서는 호흡 있는 자를 하나도 살리지 말지니 곧 헷 족속과 아모리 족속과 가나안 족속과 브리스 족속과 히위 족속과 여부스 족속을 네가 진멸하되 네 하나님 여호와께서 네게 명령하신 대로 하라 이는 그들이 그 신들에게 행하는 모든 가증한 일을 너희에게 가르쳐 본받게 하여 너희가 너희의 하나님 여호와께 범죄하게 할까 함이니라"(신 20:16-18).

하나님께서는 분명하게 지시하고 분명하게 경고하셨습니다. 그럼에도 가나안 족속을 철저하게 내쫓지 않고 함께 공존한 것은 분명하게 하나님의 명령을 불순종한 것이었습니다. 이것은 여호수아가 경고한 대로 두고두고 이스라엘에게 올무가 되고 덫이 되며 눈엣가시가 되어 마침내 이스라엘을 가나안 땅에서 망하게 할 것이었습니다(수 23:13). 이것은 우리에게도 큰 경고가 됩니다. 그래서 이스라엘 백성이 왜 가나안 족속을 남겨 두었는지를 짚어 볼 필요가 있습니다. 세 가지 원인을 댈 수 있습니다.

첫째, 타협이었습니다.
이스라엘 백성은 파괴된 가나안을 재건하고 정착하기 위해 많은 노동력이 필요했습니다. 그래서 짜낸 아이디어가 원주민들을 부려먹는 것이었습니다. 이미 정복된 땅이니까 구태여 원주민들을 다 죽일 필요가 없이 가나안 재건 사업에 투입하여 속히 정착하는 것이 좋다고 여겼습니다. 현실적인 필요성에 비추어 보면 생산적인 아이디어입니다. 그들은 더는 생각하지 않았습니다.

하나님께서 분명하게 금하신 일을 못 들은 척하고 종노릇을 시켰습니다. 현실의 필요를 하나님의 말씀보다 앞세우면 당면한 문제는 풀릴지 몰라도 장기적으로 보면, 반드시 뿌린 씨를 거두게 됩니다. 이스라엘 백성은 가나안 백성을 살려 주고 종으로 부렸지만 끝내 자신들이 그들의 종이 되고 가나안 땅에서 쫓겨나서 타국의 종이 되었습니다. 그들은 타협의 씨를 뿌리고 혼합주의의 쓴 뿌리를 거두었습니다. 타협하지 않으면 불편하고 손해도 볼 수 있습니다. 그러나 하나님의 눈에는 타협하지 않는 것이 이익입니다. 하나님께서는 손실을 불사하고 하나님의 말씀을 지키는 자들을 여러 배로 갚아 주시기 때문입니다.

둘째, 두려움이었습니다.

에브라임과 므낫세 지파는 여호수아에게 와서 말했습니다.

"골짜기 땅에 거주하는 모든 가나안 족속에게는 벧 스안과 그 마을들에 거주하는 자이든지 이스르엘 골짜기에 거주하는 자이든지 다 철 병거가 있나이다"(17:16).

이스라엘 백성에게는 고작해야 칼을 든 보병만 있었습니다. 철병거의 기동력과 파괴력은 보병대가 당할 수 없었습니다. 당시의 철병거는 목제 바퀴에 철판을 입혔기 때문에 불에는 약하였습니다. 그러나 이스라엘의 보병대와는 비교할 수 없는 우수한 장비였습니다. 이스라엘 백성이 겁을 먹은 것은 당연합니다. 그래서 하나님께서 "내가 그들을 이스라엘 자손 앞에서 쫓아내겠다"(13:6)고 하셨습니다. 가나안 전쟁은 처음부터 '여호와의 전쟁'이었습니다. 하나님께서는 이스라엘과 동행하신다고 하셨고 여러 번 그들을 당할 자가 없을 것이라고 힘주어 말씀하시며 두려워하지 말라고 격려하셨습니다(1:5-9). 그러나 철병거 앞에서 하나님의 말씀은 사라지고 공포감이 그들을 사로잡았습니다.

그들은 출애굽 때부터 지금까지 하나님께서 함께하셔서 이룬 수많은 승리를 잊었습니다. 그들은 하나님이 누구이신지를 기억해야 했습니다. 하나님께서는 애굽에서 열 재앙의 기적으로 바로 왕의 속박에서 그들을 구출하셨습니다. 하나님은 건널 수 없는 홍해와 요단 강이 갈라지게 하셨습니다. 난공불락의 여리고 성을 붕괴시킨 것도 하나님의 초자연적인 능력이었습니다. 이러한 하나님의 구원 행위를 기억했다면 철병거로 사기가 죽지 않았을 것입니다.

그들의 문제가 무엇이었습니까? 많은 기적으로 그들을 애굽에서부터 가나안에 이르기까지 섭리하신 하나님을 계속해서 신뢰하지 않은 것이었습니다. 그들은 하나님을 두려워하지 않고 철병거를 두려워하였습니다. 하나님께서는 불가능한 유업을 쟁취하라고 하시지 않았습니다. 하나님이 약속하신 유업은 갈렙의 말처럼 "여호와께서 나와 함께 하시면"(14:12) 불가능하게 보이는 대적들을 물리칠 수 있었습니다. 그런데 하나님께서는 유업의 약속을 신뢰하지 않고 두려워하는 자들과는 함께 하시지 않습니다.

유다 지파의 경우도 마찬가지였습니다. 우리가 유다 자손이 분배받은 지역들을 잘 살펴보면 에그론, 아스돗, 가사와 같은 블레셋 성읍들이 많이 포함된 것을 알 수 있습니다(15:45-47). 그런데 이곳들은 사실상 유다 지파가 처음에 정복하지 못한 땅이었습니다(참고. 삿 1:18, 19). 나중에 다윗이 그들을 제압하고 공물을 바치게 했지만 솔로몬 때에 이미 블레셋은 이스라엘의 멍에에서 벗어났습니다. 유다 지파가 왜 이곳을 점령하지 못했을까요? 철병거를 보았기 때문입니다. 철병거가 있는데 없다고 부정할 수는 없습니다. 그러나 철병거만 보지 말고 철병거를 불태우시는 하나님도 보아야 합니다. 적군의 철병거까지도 통제하시는 하나님을 신뢰하는 것이 철병거를 퇴치하는 길입니다.

셋째, 영적 투신의 약화입니다.

표면적으로 보면, 전쟁에서 오는 누적된 피로가 한 원인이었다고 말할 수 있습니다. 이스라엘은 여러 해 동안의 장기전에 시달렸습니다. 승전군이라고 해서 피곤하지 않은 것이 아닙니다. 피곤하면 누구나 쉬고 싶습니다. 열중해서 하던 일도 몸이 피곤하면 집중이 되지 않습니다. 그런데 피곤과 함께 찾아오는 것이 유혹과 시험입니다. 예수님의 제자들이 겟세마네에서 시험에 넘어간 때가 언제였습니까? 그들이 극도로 지쳐 있었을 때였습니다. 그러나 더 근본적인 원인은 단순히 육신의 피곤을 넘어 십자가를 목첩에 둔 예수님의 영적 싸움에 자신들을 일치시킬 수 없었기 때문이었습니다. 그들은 주님을 삼년 반 동안 열심히 따라다녔지만, 십자가를 통한 하나님의 원대한 구원의 뜻을 깨닫지 못하였습니다. 그들은 영적으로 허약한 상태에 있었습니다.

이스라엘 백성은 전쟁이 완전히 종료되기도 전에 이미 지쳐 버렸습니다. 물론 많은 승리를 거두었지만 철저하지 못하였습니다. 그들은 정복하지 못한 나머지 지역에 가서 계속 싸울 마음이 없었습니다. 그들이 만약 가나안 족속들을 남겨 두었다가 당하게 될 민족적 재앙에 대한 경고를 마음에 깊이 새겨 두었더라면, 원주민들을 두려워하거나 혹은 종으로 부려먹을 생각을 하지 않았을 것입니다. 결국, 그들이 실패한 원인은 영적 문제였습니다.

그들은 하나님께서 가나안 족속을 숙청하는 목적이 악을 제거하고 거룩한 하나님의 나라를 세워 만민을 위한 구원의 발판이 되게 하는 것임을 심각하게 생각하지 않았습니다. 그들은 하나님의 숭대한 구원 계획에 비추어 자신들의 소명을 철저하게 밀고 나갈 뜻이 없었습니다.

우리도 하나님의 나라를 건설하는 역군으로 부름을 받았습니다. 당장 내가 편하게 살 것만 생각한다면 하나님의 장기적인 구원 계획에 자신을 담을 수 없습니다. 하나님께서는 유종의 미를 거두는 자들에게 '착하고 충성스러운 종'이라고 칭찬하십니다. 끝까지 가나안 족속을 몰아내려면 줄기찬 믿음과 오래 참음이 있어야 합니다. 그런데 하나님의 크나큰 구원의 뜻과 충만하게 받아야 할 유업의 상에 자신을 전적으로 투신하지 않으면 조만간 손을 놓게 됩니다. 그 사이에 가나안 족속들이 결심하고(17:12) 재무장을 하여 반격합니다. 이스라엘은 이들의 반격에 시달리다가 마침내 앗수르와 바벨론의 밥이 되었습니다.

하나님께서 원하시는 것은 우리에게 약속으로 주신 유업을 우리가 남김없이 다 차지하는 것입니다. 그래서 가나안의 미정복 영역을 일일이 열거하시면서 모두 점령하라고 하셨습니다(13:2-7). 이 정도면 충분하니까 적당히 넘어가라고 하시지 않았습니다. 하나님께서는 우리가 유업을 획득할 수 있는 능력을 그리스도 안에서 모두 받을 수 있게 하시고 마지막까지 승리의 삶을 살기를 원하십니다.

유업은 받아도 좋고 안 받아도 좋은 것이 아닙니다. 하나님의 자녀들은 유업을 받지 못하면 믿음이 자라지 않고 삶에 생기가 없습니다. 근육을 사용하지 않으면 줄어들고 약해지듯이, 믿음도 사용하지 않으면 줄어듭니다. 유업 획득에 관심이 없이 살면 하나님의 임재와 능력을 체험하는데 제한을 받습니다. 이스라엘 백성이 가나안을 정복하기 위해서 싸웠을 때는 하나님의 놀라운 기적과 섭리를 체험하였습니다. 그들은 요단 강이 갈라지고 여리고 성이 무너지며 우박이 적군의 머리에 쏟아지는 것을 목격하였습니다. 그리고 가나안의 대군을 한 장소에서 삽시간에 격파하는 체험도 하였습니다. 만약 이스라엘 백성이 가나안 땅을 빼앗기 위해서 힘써 투쟁하지 않았다면 이러한 하나님의 능력과 승리가 주는 의미를 알지 못했을 것입니다. 만약 갈렙이 헤브론 산지를 청구하고 싸우지 않았다면, 아낙 거인들을 거꾸러트리는 대승을 맛보지 못했을 것입니다. 승리의 체험이 있으면 힘이 솟습니다. 그러나 가만히 앉아 있으면 활기가 없고 게으름만 늘어납니다.

하나님이 주시는 유업은 매우 후한 선물입니다. 한둘이 아니고 여러 가지이며 한 번으로 끝나는 것이 아니고 계속해서 받을 수 있습니다. 하나님께서는 이스라엘 백성에게 가나안 땅 전체를 유업으로 주셨습니다. 일부만 떼어서 주신 것이 아니고 모든 구석까지 다 주셨습니다. 한 군데도 빼놓지 않고 다 소유하라는 것입니다. 하나님의 선물은 무시하거나 낭비하기에는 너무도 귀한 것입니다. 그런데 이스라엘 백성이 어떻게 했습니까? 그들은 일단 가나안 땅에 들어왔고 가나안 족속을 이겼으니까 이제부터 좀 느긋하게 살아도 되지 않겠느냐고 생각했습니다. 이미 정복한 땅인데 서둘 것이 무엇이냐는 것입니다. 적어도 5년에서 7년간이나 쉬지 않고 전쟁을 했는데 구석구석까지 소탕전을 벌린들 무슨 유익이 되겠느냐는 것입니다. 다 잡아놓은 땅이니까 천천히 나중에 가서 차지해도 충분하다고 생각했습니다.

이스라엘 백성은 점차 정복의 열기가 식었고 전쟁의 수고가 없이 편안히 살고 싶었습니다. 그들은 현 상태로 만족하였습니다. 이것이 그리 잘못된 것이었을까요? 문제는 하나님께서 만족하시지 않은 것입니다. 그래서 여호수아서 후반부에서 이스라엘 백성이 차지하지 않은 땅과 내쫓지 못한 가나안 사람들을 특별히 반복해서 지적하였습니다. 이스라엘 백성이 유업의 땅을 철저하게 차지하지 않다가 어떤 결과가 왔는지를 사사기에서 뼈아프게 기록하고 있습니다. 이스라엘 백성은 서서히 가나안 백성의 타락한 종교 문화의 침투를 받았고 그들의 부패한 바알 종교에 잠식되었습니다.

우리도 이런 상태에 빠질 수 있습니다. 그리스도의 이름으로 싸워야 할 때 피하거나 포기한 적이 있을 것입니다. 내가 예수 그리스도를 믿고 구원을 받았으니까 이제부터 적당히 살아도 된다고 여기면 안 됩니다. 교회에 매주 다니는 것으로는 유업을 차지하지 못합니다. 교회 다니는 것을 일종의 고상한 문화 활동으로 여기거나 열심히 주를 섬기는 것을 하나의 옵션으로 보지 말아야 합니다. 주님과의 친밀한 교제가 없이 형식적인 신앙생활을 하면 유업을 못 받는 것은 고사하고 악한 세력에 오히려 눌림을 받습니다.

맺는말

하나님께서는 모세가 죽기 전에 여리고 맞은 쪽에 있는 느보 산의 비스가 산정에 오르게 하시고 이스라엘 백성에게 약속하셨던 유업의 땅을 모두 보여 주셨습니다(신 34:1-7). 그는 120세가 되었어도 눈이 흐리지 않았습니다(신 34:7). 신체적인 시력만이 아니고, 하나님의 유업을 바라보는 영적 시각이 맑게 비치고 있었습니다. 그는 기력도 쇠하지 않았습니다. 그는 하나님의 유업을 바라볼 수 있는 비스가 봉우리까지 꾸준한 믿음과 줄기찬 인내로 끝까지 올라갔습니다. 그는 연로한 인생의 마지막 순간에 최대의 유업의 파노라마를 바라보며 일생을 마쳤습니다.

바울은 주 예수를 믿던 날로부터 쉬지 않고 선한 싸움을 싸웠다고 고백했습니다. 그는 자신의 유업을 차지하기 위해 최선의 노력을 쏟은 후에 그를 위해 예비된 기쁨의 상을 바라보았습니다.

"전제와 같이 내가 벌써 부어지고 나의 떠날 시각이 가까웠도다 나는 선한 싸움을 싸우고 나의 달려갈 길을 마치고 믿음을 지켰으니 이제 후로는 나를 위하여 의의 면류관이 예비되었으므로 주 곧 의로우신 재판장이 그 날에 내게 주실 것이며 내게만 아니라 주의 나타나심을 사모하는 모든 자에게도니라"(딤후 4:6-8).

주님이 주신 유업을 모두 차지하는 것은 위대한 일입니다. 주님은 십자가에서 승리를 거두셨습니다. 정복은 이미 끝났습니다. 그러나 우리에게는 아직도 차지해야 할 땅이 많이 남아 있습니다(수 13:1).

우리의 영적 형편은 어떠합니까? 타협과 두려움과 투신의 결핍으로 위험하지는 않습니까? 거의 다 이겨놓고 다시 빼앗기는 것처럼 억울한 일이 없습니다. 이스라엘은 가나안 땅을 정복하였습니다. 그러나 끝까지 하나님의 지시에 충성하지 않았기 때문에 젖과 꿀이 흐르는 유업을 잠시 맛만 보고 말았습니다. 이것은 국가적인 차원에서 볼 때도 대손실이었습니다. 이스라엘은 지금까지도 가나안 땅을 회복하지 못하였습니다. 그러나 이제는 그들에게 다른 길이 열려 있습니다. 주 예수 그리스도께서 가나안 땅에 오셔서 하나님의 나라를 출범시키고 새 언약 백성을 부르셨습니다.

지금은 여호수아 시대의 영토적인 정복이 바라보았던 궁극적인 하나님 나라의 실체가 드러난 때입니다. 우리의 싸움은 이제는 유대인이든지 비유대인이든지 칼로 하는 것이 아니고, 주 예수를 구주로 믿고 그분의 나라를 위해 악과 싸우는 것입니다. 우리의 무기는 하나님의 말씀과 성령이며 우리가 차지해야 하는 유업도 가나안 땅이 아니고, 예수 그리스도 안에 있는 신령한 축복들입니다. 이 유업의 상을 받기 위해 우리는 하나님의 구원의 참뜻을 깨달아야 하고 육신의 소욕을 죽이고 하나님을 위해 모든 것을 쏟아야 합니다.

우리의 영적 상태는 과연 어느 정도입니까? 우리도 옛날 이스라엘 백성이 범했던 과오와 실패에서 벗어나지 못했는지 모릅니다. 그렇다면 우리 모두에게 하나님의 용서와 자비가 필요합니다. 하나님은 겸비와 회개로 주를 가까이하는 자에게 "더욱 큰 은혜"(약 4:6)를 주신다고 약속하셨습니다. 우리의 각 삶 속에 아직 정복되지 않은 유업의 땅이 무엇인지를 주 앞에서 살펴보고 주의 이름을 부르며 은혜의 하나님을 새롭게 만나도록 합시다.

9장

공주병 지파들
여호수아 17:14-18

"요셉 자손이 여호수아에게 말하여 이르되 여호와께서 지금까지 내게 복을 주시므로 내가 큰 민족이 되었거늘 당신이 나의 기업을 위하여 한 제비, 한 분깃으로만 내게 주심은 어찌함이니이까 하니"(수 17:14).

'요셉 자손'은 므낫세와 에브라임 자파를 가리킵니다(16:4). 이들은 가나안 족속에게 노역을 시킬 만큼 강성했음에도 쫓아내지 않고 부려 먹었습니다(16:10; 17:13). 이것은 하나님이 주셨던 엄중한 명령과 정면충돌을 하는 것인데도 상관하지 않았습니다(신 7:1-5). 그런데 하나님께서 왜 가나안 족속들을 불쌍히 여기지 말고 다 죽이라고 하셨습니까? 그들의 가증한 우상 문화가 이스라엘 백성을 크게 오염시켜 하나님의 진노를 받게 할 것이기 때문이었습니다.

요셉 자손은 인구가 많다고 자랑하며 오만하였습니다. 아마 그들은 요셉의 자손이라고 우월감을 가졌을 것입니다. 그래서 다른 지파들이 엄두도 내지 않는 무엄한 요구를 하였습니다. 땅이 좁으니까 더 내놓으라는 것이었습니다. 땅의 분배는 하나님이 제비뽑기를 통해서 주권적으로 결정하신 일인데 뻔뻔스러운 항의를 한 것입니다. 그들의 조상인 요셉은 감히 이런 불경스런 요구를 하지 않았을 것입니다. 훌륭한 조상을 둔 후손이 타락하여 조상의 이름에 먹칠을 하는 일은 세상에 종종 있는 일입니다.

이스라엘 지파들은 하나님의 결정에 따라 자신들의 유업을 충분히 받았습니다. 신약 성도들에게도 하나님께서 정해 주신 유업이 있습니다. 하나님이 정하신 분량의 유업이라면 불평하지 말아야 합니다. 남의 떡은 항상 더 커 보입니다. 설혹 실제로 더 크더라도 나와는 상관이 없습니다. 나는 내가 받은 유업을 온전히 차지하고 그 안에서 하나님이 늘려 주시는 복을 충분히 소유하려고 힘써야 합니다. 자신의 능력을 과신하거나 더 받을 자격이 있다고 생각하여 다른 사람의 영역을 탐내는 것은 과욕입니다. 그런 자태를 가진 자는 자족할 줄을 모릅니다. 그래서 마음에 평안함이 없고 불평과 시기심으로 자신의 영혼을 피곤하게 합니다.

유업의 땅은 스스로 개척해야 합니다.

우리는 갈렙의 스토리에서 유업이란 청구해야 한다는 것을 배웠습니다(14:6-15). 그럼 에브라임과 므낫세가 여호수아에게 와서 한 몫을 더 달라고 요구한 것과 갈렙의 요구가 무엇이 다른 것일까요? 표면적으로 보면 유사합니다. 그러나 그들 사이의 동기와 자세는 대조적입니다.

갈렙의 요구는 하나님이 그에게 주셨던 맹세의 약속에 근거한 믿음의 표현이었습니다. 하지만 요셉 자손의 요구는 이미 받은 유업이 적다는 이기적인 동기에서 나온 불만이었습니다. 그들은 삼림 지대를 개척하기가 싫었고 철 병거와 싸우기를 두려워했습니다. 그들은 가만히 앉아서 편한 땅만 더 요구하였습니다. 요셉의 자손은 수효가 많으므로 땅이 더 필요하다는 주장을 내세웠습니다(17:14). 그러나 그들은 열심이 부족하였고 비전을 잃기 시작하였습니다. 반면, 갈렙은 나이가 많았지만, 홀로서기의 대결 준비가 되어 있었습니다(14:10-11). 가나안 족속의 우세한 군사력은 요셉 자손에게 겁을 주었지만(17:16), 갈렙에게는 싸움을 돋구는 동기부여가 되었습니다(14:12).

갈렙은 요셉 자손처럼 더 많은 유업을 요청했지만 약속받은 것 이상을 요구한 것이 아니었습니다. 그는 정직하고 충성스러운 정탐 보고를 한 대가로 모세로부터 받은 맹세의 유업을 가슴에 품고 살았습니다. 그러다가 기회가 왔을 때 여호수아에게 요청하였습니다(수 14:12). 그는 자기가 받은 헤브론 산지가 악조건임에도 불평하지 않았습니다. 오히려 하나님께서 함께하시면 아낙 자손들을 몰아내겠다고 하였습니다(14:12). 그는 과연 아낙 거인들을 쫓아내고 헤브론 산지를 유산으로 차지하였습니다.

    유업의 상에 대해 오해하거나 편견을 가진 분들은 갈렙의 경우를 생각해 보아야 합니다. 갈렙이 자신의 유산을 요청하고 싸워서 차지한 것을 놓고 하나님과 상거래를 했다고 말할 수 있겠습니까? 그런 자세를 가진 갈렙을 위해서 여호수아가 하나님의 이름으로 축복하지 않았습니까?(14:13). 하나님께서는 분명 갈렙과 같은 믿음으로 유산을 청구하고 "유산을 상으로"(골 3:24, 새번역) 받기 위해 적극적으로 추구하여 소유하는 자를 기뻐하심이 틀림없습니다. 갈렙의 유산 획득은 하나님의 약속을 신뢰하고 "스스로 개척하라"(17:15)는 말씀을 실천한 표본입니다. 여호수아는 유산의 몫을 더 달라는 에브라임과 므낫세에게 두 번씩 반복해서 산간지방을 '개척하라'고 말했습니다(17:15, 18). 철 병거를 두려워하지 말고 나무를 자르고 땅을 개간하여 차지하라는 것이었습니다.

> "그 산지도 네 것이 되리니 비록 삼림이라도 네가 개척하라 그 끝까지 네 것이 되리라 가나안 족속이 비록 철 병거를 가졌고 강할지라도 네가 능히 그를 쫓아내리라 하였더라" (수 17:17).

    "네가 개척하라"는 말은 갈렙처럼 행하는 것입니다. 그런데 요셉 자손은 그럴 마음이 없었습니다. '개척하라'는 말을 오해하면 본문을 잘못 해석하게 됩니다. "스스로 개척하라"(17:15)거나 혹은 "네가 개척하라"(17:18)는 말을 마치 자기 운명을 자기가 해결해야 한다는 뜻으로 보면 안 됩니다. 다시 말해서 적극적으로 일을 처리하면 무엇이든지 해결된다는 식으로 적용하지 말아야 합니다.

예를 들어, 배우자를 찾는 문제, 사업 문제, 자녀 문제, 건강 문제 기타 신변의 유익을 위한 소원 성취에 잘못 적용하지 않도록 해야 합니다. '개척하라'는 말은 내가 적극적으로 나서면 철병거 같은 난관도 극복될 수 있다는 의미가 아닙니다. 본문은 적극적 사고방식이나 긍정주의 인생관을 가르치는 것이 아니기 때문입니다. 복음적 긍정주의와 세속적 긍정주의는 구별해야 합니다.

복음적 긍정주의는 '나' 자신으로부터 출발하는 것이 아니고 '하나님' 자신으로부터 출발합니다. '나의 소원'이 동기가 되는 것이 아니고 '하나님의 소원'이 동기가 됩니다. '나의 능력으로' 해내는 것이 아니고 '하나님의 능력으로' 해내는 것입니다. 내가 원하는 것을 정해 놓고 적극적으로 밀고 나가는 것이 아니고 하나님이 원하셔서 정해 주신 것을 향해 나아가는 것입니다. 이것이 유업 신앙의 특징입니다.

본문은 하나님이 약속하신 유업을 어떤 자세로 성취해야 하는지를 말하는 것이지 내가 스스로 목표한 것을 이루기 위해 자력으로 힘쓰는 성공 비법을 가르쳐 주는 것이 아닙니다. '스스로 개척하라'거나 '네가 개척하라'는 말은 하나님이 주신 약속의 문맥 안에서 적용되어야 합니다. 많은 신자가 하나님이 유업으로 주시지도 않은 것들을 놓고 힘쓰다가 일이 안 되면 낙심합니다. 혹은 하나님이 싫어하시는 일을 자기 힘으로 성취해 놓고서 하나님이 주셨다고 기뻐하기도 합니다.

이스라엘 백성이 가나안 땅을 소유하게 된 것은 무엇보다도 하나님께서 원하시는 일이었습니다. 그들에게 가나안 땅의 획득은 스스로 원해서 정복하는 것이 아니고, 하나님의 구원 계획의 일부로서 성취해야 하는 일이었습니다. 그래서 하나님께서 먼저 이스라엘의 신정국가를 어느 곳에 세울 것인지를 결정하셨습니다. 하나님께서 아브라함을 부르셨을 때 "내가 네게 보여 줄 땅으로 가라"(창 12:1)고 하셨습니다. 그 땅이 곧 가나안 땅이었습니다. 그다음 가나안 땅의 분할도 하나님의 뜻에 따라 지파와 가문별로 할당되었습니다(13:15; 24, 29; 15:1; 18:10). 그 후에 이스라엘 백성이 모두 싸워서 가나안 땅을 점령하였습니다.

에브라임과 므낫세 지파의 에피소드가 삽입된 것은 유업이란 하나님께서 약속하신 것이라도 스스로 개척해야 할 책임이 있다는 것입니다. 이것은 하나님의 선한 뜻을 존중하고 하나님의 능력에 의지하여 갈렙처럼 아낙 거인들이라도 두려워하지 말고 싸워 이겨야 한다는 말입니다. 환언하면 요셉 자손처럼 철 병거를 무서워하거나 싸우지 않고 편한 땅을 얻으려고 해서는 안 된다는 교훈입니다. 유업의 상은 투쟁을 통해서 획득되는 것이 원칙입니다.

그런데 유업의 할당을 받고서 보인 백성의 반응은 일률적이지 않았습니다. 이스라엘 백성이 모두 전쟁에 참전했지만, 구체적인 측면에서는 지파들 사이에 차이가 있었습니다. 예를 들어, 요단 동쪽에 정착한 르우벤, 갓, 므낫세 반 지파는 모세의 영도 아래에서 전쟁하여 동편 땅을 차지하였고 가족들을 떠나 요단 강 서쪽에서도 여호수아의 지도로 다른 지파들과 함께 싸웠습니다. 그러나 그들은 전쟁이 끝난 후에 다시 요단 동편으로 돌아갔습니다 (22:1-4, 6). 그들은 하나님께서 원래 의도하셨던 요단 서쪽의 가나안 본토로 들어가서 살지 않았습니다.

또한, 유다 지파와 요셉 자손을 제외한 나머지 일곱 지파는 정복이 끝났는데도 유업의 분배를 받는 일을 지체하였습니다(18:1-3). 그런가 하면 요셉 자손은 유업의 일부만 차지하고 나머지는 방치하면서 다른 유업을 더 달라고 요구하였습니다. 그러니까 유업은 하나님의 약속으로 주어졌을지라도 즉각적으로 취득되거나 혹은 자동으로 넘어오는 것이 아님을 알 수 있습니다. 한 가지 분명한 것은 할당된 유업은 적극적인 투쟁의 삶을 통해서 쟁취해야 한다는 것입니다. 이런 의미에서 성도의 삶은 전투적입니다. 바울은 디모데에게 "너는 그리스도 예수의 좋은 병사로 나와 함께 고난을 받으라"(딤후 2:3)고 하였습니다.

요셉 자손은 공주병 지파들이었습니다.

에브라임 지파는 게셀에 거주하는 가나안 족속들을 몰아내지 않고 종으로 부려먹었습니다(16:10). 므낫세 지파는 성읍에 거주하는 가나안 족속들을 쫓아내지 않았습니다. 성읍은 일반 마을보다 방어가 잘된 곳이었기 때문입니다(17:12-13).

요셉 자손이 가나안 족속을 몰아내지 않고 노역을 시킨 것은 유업의 땅을 바르게 사용한 것이 아니었습니다. 유업은 내가 아무것도 하지 않아도 현금, 유가증권, 부동산 등이 나의 권리나 재산으로 들어오는 현대적 의미의 상속과는 다른 것입니다. 하나님이 주시는 유업은 받을 사람이 수고해야 합니다. 약속의 땅은 앉아서 종을 부리며 편안하게 먹고 사는 곳이 아닙니다. 새로운 삶의 기술을 배우고 힘든 일을 스스로 일궈나가야 하는 곳입니다. 젖과 꿀이 흐른다고 해서 아무 일도 하지 않아도 저절로 농작물이 나오고 과일이 맺히는 것이 아닙니다. 이스라엘은 광야에서 살다가 농경 사회로 들어왔으므로 작물 재배법을 배우고 새로운 환경에 적응하는 과정이 필요했습니다.

주님이 주시는 안식까지도 멍에와 연결되었다는 사실을 기억하십시오(마 11:28-30). 주님의 멍에를 메고 배우라고 했습니다. 주님의 멍에는 쉽고 가볍지만, 온유와 겸손의 멍에입니다. 온유와 겸손은 저절로 생기는 것이 아닙니다. 이스라엘 백성은 가나안 땅에 들어갔지만, 안식을 누리는 일을 실행해야 했습니다. 그들은 가나안 땅을 약속된 선물로 받았습니다. 그러나 하나님이 주시는 은사를 받았음에도 이를 사용하지 않거나 발전시키지 않으면 축복의 도구가 될 수 없습니다. 주님은 그런 사람을 "악하고 게으른 종"(마 25:26)이라고 하셨습니다. 우리 각자는 하나님으로부터 무엇인가 받은 것이 있습니다. 하나님께서는 우리가 받은 것을 잘 사용하여 주님을 더욱더 잘 섬기기를 원하십니다.

요셉 자손은 자기들 입으로 하나님이 축복하셔서 "큰 민족이 되었다"(17:14)고 내세우면서 유업을 더 달라고 요청했습니다. 이 것은 어찌 보면 매우 적극적인 믿음의 요청처럼 들립니다.

"여호와께서 지금까지 내게 복을 주시므로 내가 큰 민족
이 되었거늘 당신이 나의 유업을 위하여 한 제비, 한 분깃
으로만 내게 주심은 어찌함이니이까?"(17:14).

구하면 얻는다고 하지 않았습니까?(마 7:7). 예수님은 "너희가 내 이름으로 무엇이든지 내게 구하면 내가 행하리라"(요 14:14)고 하셨습니다. 또 과부와 재판관의 비유에서처럼 매달리면 응답받 는다고 하셨습니다(눅 18장). 그렇다면 요셉 자손의 엑스트라 몫의 요청은 믿음의 간청이라고 보아야 하지 않을까요? 그런데 문제는 그들이 요구한 것을 받았느냐는 것입니다. 그들은 아무것도 받지 못했습니다!

여호수아가 어떻게 대답했습니까? 스스로 가서 산지와 삼림 을 개간하라고 했습니다. 앞서 배정받은 땅 중에서 아직 차지하 지 못한 부분들을 정복하라는 말이었습니다. 바꿔 말하면, 하나 님이 이미 유업의 땅으로 분배하신 땅을 철저하게 차지하라는 것 이었습니다. '네가 개척하라'는 말은 받은 땅을 두고서 이런저런 핑계를 대면서 다른 몫을 달라고 청하는 것을 일체 받아줄 수 없 다는 의미였습니다.

에브라임 지파는 힘이 모자란 것도 아니었습니다. 그들은 가

나안 백성에게 노역을 시킬 만큼 강력하였습니다(17:13). 그러나 공물과 노역의 경제적 이득에 현혹되어 가나안 족속들을 철저하게 몰아내지 않았습니다. 그들은 남은 땅은 거칠고 힘이 드니까 포기하고 다른 평지를 원하였습니다. 누구나 쉽게 살길을 찾습니다. 그러나 교인이 된 후부터는 복음의 원리와 가르침에 따라 살아야 합니다.

유업에 대한 가르침이 무엇입니까? 일단 구원을 받았으면 하나님의 자녀가 되었으므로 상속의 대열에 서게 된 것입니다(롬 8:17). 그런데 이 상속은 가만히 앉아서 받는 것이 아닙니다. 꾸준한 믿음과 줄기찬 인내와 순종으로 받습니다. 유업의 길은 평지가 아니고 산지입니다. 아낙 거인들이 있고 철 병거가 있습니다. "거주민은 강하고"(민 13:28), "성읍들은 크고 견고"(수 14:12)합니다.

하나님께서는 승리를 약속하셨습니다. 그러나 조건부 약속입니다. 하나님을 항상 신뢰하고 그분의 말씀을 주야로 묵상하며 두려워하지 말고 담대해야 합니다(1:1-9). 공주병에 걸려서 가문 자랑이나 하고 수효가 많다고 더 많은 것을 누려야 한다고 생각하는 것은 세속적인 사고방식입니다. 자기는 손에 흙을 대지 않고 다른 사람들이 대신 섬겨 주기를 바라는 영적 명품족들은 하나님이 물리치십니다. 유업의 축복에는 책임 면제가 없습니다. 자기가 개척해야 할 일을 게을리하거나 특별 대우를 받으려는 시도는 하나님께서 단호하게 거절하십니다.

유업은 각자의 투쟁을 통해 확보됩니다. 바울은 자신이 선한 싸움을 싸우고 달려갈 길을 마치고 믿음을 지켰기 때문에 하나님께서 의의 면류관으로 갚아주신다고 확신하였습니다(딤후 4:7-8). 이것은 유업을 상으로 받는 원칙입니다. 우리는 하나님의 뜻으로 자기에게 할당된 유업에 만족해야 하고 그 유업을 충실히 소유하도록 힘써야 합니다. 에브라임과 므낫세처럼 자기들이 잘났다고 생각하고서 특별 대우를 기대하는 것은 인정될 수 없습니다. 어떤 변명도 통하지 않습니다. 나는 '큰 민족'이니까 이것저것을 주셔야 합니다는 식의 기도는 아예 할 생각을 말아야 합니다. 요셉 자손은 자신들의 분수를 모르는 욕심쟁이들이었습니다.

야곱의 장자인 르우벤이 아버지의 침상을 더럽혔기 때문에 그의 장자권이 요셉의 아들들에게로 넘어갔습니다(대상 5:1-2). 그래서 사실상 므낫세와 에브라임이 장자에게 돌아가는 두 배의 몫을 이미 받았습니다. 요셉이 한 지파가 되어야 할 것을 두 아들로 인해 두 지파로 늘어났으므로 두 배의 몫을 차지한 셈이었습니다. 그뿐만 아니라 므낫세 지파는 요단 동쪽과 서쪽 양편에서 각기 유업을 받았습니다. 면적으로 따지면 유다 지파가 가장 넓은 땅을 차지했지만, 남쪽은 거의 사용할 수 없는 사막 지대였습니다. 그래서 가용 면적으로 보면 요셉 자손의 땅이 훨씬 더 비옥하고 컸습니다. 그럼에도 이들은 여호수아 앞에서 욕심을 부리고 더 받아야 한다고 당돌하게 요구하였습니다. 하나님께서는 받은 은혜를 감사할 줄 모르고 바르게 사용하지도 않으면서 더 달라고 매달리는 기도를 가장 싫어하십니다.

공주병 지파들이 잘 쓰는 말이 있습니다.

첫째는 "넉넉하지 않다"는 것입니다(17:16). 공주병 지파들은 아무리 많이 가졌어도 만족을 모릅니다. 여호수아는 요셉 자손에게 브리스 족속과 르바임 족속의 삼림을 가서 개간하라고 하였습니다. 그들의 대답이 무엇이었습니까? 그 산지는 좁다고 했습니다. 개간하면 좁은 땅도 넓힐 수 있었지만 힘들다고 대는 핑계였습니다.

둘째는 "철 병거"를 두려워하는 것입니다(17:16). 공주병 지파들은 항상 몸을 아낍니다. 궂은일은 피하고 위험한 일이라면 아예 근처에도 가지 않습니다. 전쟁에 이겼는데 구태여 소탕전까지 해서 몸이라도 다치면 어떻게 하느냐고 무서워합니다. 산지도 싫고 골짜기도 싫다면 무엇을 달라는 말일까요? 그저 개척할 필요가 없는 평지를 달라는 것이었습니다! 공주병에 걸리면 스스로 개척하는 일을 제일 싫어합니다. 그들은 다른 사람들이 항상 받들어 주기를 기대하는 습성이 있습니다. 언제는 큰 민족이 되었다고 자랑하고서 이제는 철 병거가 있어서 남은 땅을 점령할 수 없다고 말합니다. 그래서 여호수아는 그들의 말을 그대로 인용하여 말했습니다.

"너는 큰 민족이요 큰 권능이 있은즉… 네가 개척하라 그 끝까지 네 것이 되리라 가나안 족속이 비록 철 병거를 가졌고 강할지라도 네가 능히 그를 쫓아내리라"(17:17-18).

유업이란 하나님이 우리 각자에게 할당해서 주신 땅입니다. 그런데 이 유업의 땅은 분배를 받은 우리가 직접 나가서 싸우고 차지해야 합니다. 누구도 내가 받은 유업을 나 대신 싸워서 내 손에 갖다 바치지 않습니다. 하나님은 우리가 차지해야 할 유업의 땅을 두고서 다른 땅을 달라고 하면 아무리 강청을 해도 주시지 않습니다.

유업은 공동체적이면서도 개인적입니다. 하나님께서는 이스라엘 언약 공동체에 가나안 땅의 유업을 주셨습니다. 이스라엘 백성은 언약 공동체로서 각 지파가 참전하여 가나안을 정복하였습니다. 그러나 각 지파의 가문과 가족들이 모두 자신들에게 할당된 지역을 유업으로 차지해야 했습니다. 또한, 갈렙과 여호수아처럼 개인이 별도로 받은 유업도 자신들이 직접 점령해야 했습니다.

교회의 경우에도 마찬가지입니다. 하나님께서는 새 언약 백성인 교회 공동체에 유업을 약속하셨습니다. 교회는 공동체적으로 하나님이 할당하신 유업의 몫을 차지해야 합니다. 그러나 각 신자는 자신의 책임을 져야 하고 자신에게 지정된 유업을 획득하기 위해 자신의 몫을 지키는 싸움을 해야 합니다. 개인 상급을 바란다고 하면 안 좋게 생각하는 분들이 있습니다. 그러나 하나님께서 개인에게 분배하시는 유업의 내용은 주로 우리 자신들에 대한 하나님의 뜻과 관계된 것들입니다. 그렇다면 개별 신자가 상을 바라고 사는 것은 결코 이기적이거나 상거래적인 것이 아니고 하나님의 뜻을 따르는 정상적인 성도의 삶입니다. 이러한 삶에는 희생이 따릅니다. 때로는 장기간의 고난을 거쳐야 하는 진통을 겪기도 합니다. 그럼에도 우리는 요셉의 자손처럼 유업을 그릇된 생각으로 대하는 경향이 있습니다.

「하나님 저는 지금까지 고생하지 않고 자랐습니다. 지금 가진 땅 이외에 산지와 골짜기도 주셨지만, 개척은 제가 할 성격의 일이 아니오니 사양하겠습니다. 그 대신 널찍하고 평평한 땅을 주십시오.」

「하나님 저는 철 병거는 딱 질색입니다. 저는 멀리서 철 병거 지나가는 소리만 들어도 가슴이 뜁니다. 제발 철 병거 땅을 싸워서 가지라고 하지 마십시오. 저의 연약함을 통촉하시어 그저 편안하게 양반걸음으로 다녀도 안전할 땅을 주십시오.」

하나님은 이런 공주병 기도에 귀를 주시지 않습니다. 유업으로 할당해 주신 땅은 우리가 받은 능력에 따라 우리가 개척하고 우리가 차지해야 합니다. 유업의 땅은 정복하고 개간하는 땅이지 다 된 밥을 먹듯이 입만 벌리는 곳이 아닙니다. 출애굽 이후 시내산에서 하나님이 가나안 정복과 관련해서 주신 말씀이 있었습니다.

"내가 왕벌을 네 앞에 보내리니 그 벌이 히위 족속과 가나안 족속과 헷 족속을 네 앞에서 쫓아 내리라"(출 23:28).

그런데 조금 후에는 "내가 …그 땅의 주민을 네 손에 넘기리니 네가 그들을 네 앞에서 쫓아낼지라"(출 23:31)고 했습니다. 이것은 모순처럼 들립니다. 그러나 하나님이 왕벌을 가나안에 보내시는 것은 가나안 족속을 쫓아내시기로 이미 주권적인 계획을 세우고 결정하셨다는 뜻입니다. 이스라엘이 받을 땅의 경계를 정하고 가나안 족속을 이스라엘 민족에게 넘기시는 분은 하나님이십니다(출 23:31). 하나님에게는 사전 계획과 사전 전략이 있었습니다. 그 계획과 전략은 어떤 것이었을까요? 그것은 이스라엘 백성이 손수 가나안 족속을 내쫓게 하는 것이었습니다!

때로는 하나님이 적국의 머리에 우박도 쏟으시고 해와 달을 멈추게도 하십니다. 그러나 이스라엘 백성을 집에 앉아 있게 하시고 하나님 혼자 나가서 대신 싸워주신 것이 아닙니다. 하나님께서는 우리의 손발을 도구로 사용하여 '여호와의 전쟁'에 참여하게 하십니다. 이것이 하나님의 사전 결정이며 전략입니다.

우리는 "전쟁은 여호와께 속한 것"(삼상 17:47)이라는 말을 좋아합니다. 이 말은 다윗이 골리앗과 싸울 때 한 말입니다. 그런데 다윗이 전쟁의 승부가 여호와께 달렸으니까 하나님이 블레셋을 패하게 하실 것이라고 앉아서 믿기만 하였을까요? 다윗이 어떻게 하였습니까? 이 말을 하고 골리앗을 향해 달려가면서 물매를 던져 그의 이마를 쳤습니다. 다윗은 하나님께서 자기를 사용하여 골리앗을 죽이고 블레셋을 물리치게 하신다는 것을 믿었습니다. 그럼에도 그는 실제로 골리앗을 죽이고 그의 목을 자르고 그의 갑주를 그의 장막으로 가져왔습니다. 이것은 유업 쟁취의 한 예시입니다. 하나님이 넘겨주셨지만 내가 나가서 싸우고 차지해야 합니다.

므낫세 지파와 에브라임 지파는 이러한 유업 쟁취의 원리를 무시하고 스스로 싸울 생각은 하지 않고 쉬운 땅을 더 받을 생각만 하였습니다. 여호수아는 그들의 요구를 즉석에서 거절하였습니다. 공주병 지파가 되면 하나님의 인정을 받지 못합니다.

맺는말

므낫세 지파와 에브라함 지파의 에피소드는 경고를 위한 것입니다. 저자의 의도는 그들의 스토리를 통해 우리가 적을 두려워하거나 무사안일주의로 살려고 하지 말고 유업의 성취를 위해 올바른 자세를 가지라는 것입니다. 요셉 자손의 안일한 자세는 어떤 결과를 낳았습니까? 숫자는 많아도 결단력이 없었고 겁이 많아 덩칫값을 못하였습니다. 이런 자세는 사사기에서 보듯이, 조만간 가나안 족속의 역공을 받고 우상 숭배에 빠지기 좋은 분위기를 조성할 뿐입니다.

갈렙과 요셉 자손의 대조는 다음 세대의 이스라엘을 위한 모델과 경고입니다. 이들에 대한 스토리가 특기된 까닭은 요셉 자손의 나쁜 본을 받지 않고 갈렙의 개척 정신을 따르는 유업 신앙의 후손들을 일으키려는 것이었습니다. 우리가 유업 신앙의 멘토로 삼아야 할 인물이 있다면 누구이겠습니까?

10장

분배 목록이 주는 교훈
여호수아 18:1-19:51

"여호수아가 그들을 위하여 실로의 여호와 앞에서 제비를
뽑고 그가 거기서 이스라엘 자손의 분파대로 그 땅을 분
배하였더라"(수 18:10).

이스라엘 백성은 마침내 가나안을 정복하고 젖과 꿀이 흐르는
땅을 유업으로 받았습니다. 그런데 그들이 어떤 방식으로 가나안
의 유업을 받았는지를 살필 필요가 있습니다. 분배 목록이 주는
교훈으로 들어가기 전에 구원을 받는 것과 유업을 받는 것의 차
이와 유업의 양면적 성격을 먼저 설명하겠습니다.

구원을 받는 것과 유업을 받는 것은 다릅니다.

유업은 하나님이 주시는 은혜의 선물입니다. 하나님께서는 자
기 백성이 그리스도 안에서 넘치는 유업을 받도록 계획하셨습니

다. 이 유업은 근원적으로 하나님이 미리 계획하시고 거저 주시는 은혜의 선물입니다. 하나님께서는 이스라엘에 가나안 땅을 주셨다는 사실을 처음부터 강조하셨습니다(1:3). 그런데 이 선물은 무조건적이거나 일방적인 것이 아닙니다. 유업의 선물은 하나님이 주권적으로 주시는 것이지만, 꾸준한 믿음과 부단한 순종의 인내를 전제한 것입니다. 그래서 유업을 주었다고 하면서 또한 유업을 취하라고 말합니다.

그럼 구원은 어떻게 받는 것일까요? 주고받는 것은 구원의 기본 원리입니다. 하나님께서는 예수 그리스도를 우리의 구원을 위해 세상에 보내셨고 십자가에서 대속의 죽음을 치르게 하셨습니다. 그래서 구원을 받으려면 예수님을 자신의 구주로 믿으면 됩니다. 구원을 받기 위해서 율법을 순종할 필요도 없고 나가서 싸울 일도 없습니다. 혹은 오래 참으면서 기다리지 않아도 됩니다. 구원은 즉각적이며 믿고 받아들이는 것 이외에는 다른 조건이 없습니다. 구원을 받기 위해서 투쟁하거나 개척할 일이 없습니다.

첫 구원을 받는 것은 그리스도를 대속주로 신뢰하는 단순한 믿음에 의한 것입니다. 하나님으로부터 의롭다는 선언을 듣거나 천국 입성을 확보하기 위해서는 별다른 투쟁이 필요하지 않습니다. 반면, 유업은 나의 지속적인 믿음과 꾸준한 노력으로 쟁취하는 것입니다.

첫 구원은 일회적이지만, 유업은 반복적입니다. 주님의 약속을 꾸준히 신뢰하는 믿음으로 인내하며 개척하고 정복해 나가야 합니다. 원수들을 쳐서 이길 때 유업은 비로소 나의 소유가 됩니다. 그래서 유업을 말할 때는 항상 이 두 측면이 언급됩니다. 일면으로는 하나님이 가나안의 유업을 주셨다고 하시고, 다른 일면으로는 백성이 가나안 족속을 내몰아야 한다고 말합니다. 일면으로는 가나안 전쟁이 끝났다고 말하고(수 11:23; 12장), 다른 일면으로는 아직도 점령하고 소유해야 할 땅이 많이 남았다고 말합니다(수 13:1; 15:63; 17:12-13).

여호수아서의 저자는 각 지파에 유업의 땅을 분배한 후에 땅에 대한 하나님의 약속이 다 성취되었다고 강조합니다(21:43-45). 그다음, 여호수아가 지도자들에게 주는 메시지에서는 아직도 차지하지 못한 땅들을 속히 점령하라고 지시하였습니다(수 23:4-5). 이 두 갈래의 진술은 상반된 것처럼 들립니다. 그러나 모순이나 상반이 아니고 유업이 가진 두 측면입니다.

유업은 양면성이 있습니다.

가나안은 이스라엘의 침공을 받고 방어에 실패하였습니다. 이제 가나안 땅은 이스라엘의 수중에 들어갔습니다. 그러나 이스라엘 백성은 지역적으로 이겼을 때마다 땅을 분배받고 곧바로 정착하지 않았습니다. 전체적으로 땅이 장악된 후에 측량하고 지도를 그렸습니다. 그다음 제비를 뽑아 각 지파가 받을 유업의 땅이 분할되었습니다. 그러나 가나안 변방과 일부 지역들은 아직도 다 점령되지 않은 상태였습니다. 전쟁에서는 확실하게 이스라엘이 이겼습니다. 그러나 모든 구석을 다 점령한 것은 아니었습니다.

이 점에서 미완성 정복이었지만, 더는 적군의 위협이 없었으므로 승전으로 간주하고 지파들이 땅의 분배를 받기 시작하였습니다(수 11:23).

그런데 분배받은 땅은 실제로 차지해야 했고, 미처 점령되지 않은 지역은 빼앗아야 했습니다. 그래서 하나님께서는 남은 땅들의 가나안 족속들도 쫓아내어 주실 테니까 속히 땅을 차지하라고 격려하셨습니다(13:6). 하나님께서 가나안 족속들을 몰아내고 이스라엘 백성을 위해서 싸워주신다는 말씀은 여호수아서의 전반부에서도 여러 차례 언급되었습니다(3:10; 10:42; 11:6). 이것은 약속된 유업을 획득하는 원리를 가르쳐 줍니다. 유업은 약속을 받았다고 해서 자동으로 취득되는 것은 아닙니다. 하나님께서 이스라엘 백성을 위해서 싸워주신다고 하셨지만, 이것은 이스라엘 백성의 믿음과 실전(實戰)의 참여를 전제한 것이었습니다.

가나안 전쟁에서 이스라엘은 승리하였습니다(수 11:23). 이 승리는 12장에 열거된 가나안 왕들의 처형으로 확실한 종지부를 찍습니다. 그런데 13장 이후로는 정복하지 못한 땅들이 있으며 가나안 사람들이 여전히 살고 있다는 점을 특기합니다. 여호수아는 땅을 지파별로 분배하였습니다. 남은 일은 이스라엘 백성이 실제로 분배받은 땅을 소유하는 것이었습니다. 그런데 19장에서 땅의 분배가 다 끝난 시점에서 이스라엘의 지도자인 여호수아에게 유업이 주어지는 대목으로 마친다는 점을 유의할 필요가 있습니다.

"이스라엘 자손이 그들의 경계를 따라서 기업의 땅 나누

기를 마치고 자기들 중에서 눈의 아들 여호수아에게 기업
을 주었으니 곧 여호와의 명령대로 여호수아가 요구한 성
읍 에브라임 산지 딤낫 세라를 주매 여호수아가 그 성읍
을 건설하고 거기 거주하였더라"(19:49-50).

이스라엘 백성이 요단 강을 건너 가나안을 정복하고 땅을 분
배하는 스토리의 첫 부분에서 갈렙이 받은 유업이 먼저 등장합니
다(14:6-15). 이제 여호수아가 자신의 유업을 받는 것으로 유업 분
배가 종결됩니다. 이것은 의도적인 구조로서 중요한 메시지를 담
고 있습니다. 즉, 갈렙과 여호수아가 땅의 분배 스토리를 여닫는
다는 것입니다. 이 두 사람은 모두 꾸준한 믿음으로 자신들의 유
업을 차지한 모델입니다. 이스라엘의 여러 지파는 처음에는 믿음
으로 시작했다가 도중에 지체하기도 하고, 받은 유업을 끝까지
정복하지 않기도 했으며, 혹은 가나안 족속을 다 내쫓지 않고 종
으로 부리기도 했습니다. 그러나 갈렙과 여호수아는 유업의 쟁취
에 초지일관하였습니다. 그래서 이들이 유업 분배의 시작을 열고
끝을 닫는 것은 그들의 믿음의 자세가 유업 신앙의 본보기가 되
어야 한다는 교훈을 줍니다.

분배 목록이 주는 교훈

"제사장 엘르아살과 눈의 아들 여호수아와 이스라엘 자손
의 지파의 족장들이 실로에 있는 회막 문 여호와 앞에서
제비 뽑아 나눈 기업이 이러하니라 이에 땅 나누는 일을

마쳤더라"(19:20).

드디어 땅의 분배 작업이 하나님의 방식대로 준행되었습니다. 가나안의 정복 스토리와 분배 목록은 대단히 중요한 가르침을 내포하고 있어서 한 가지씩 짚어 보도록 하겠습니다.

첫째, 하나님은 약속을 지키시는 분입니다.

가나안 유업에 대한 하나님의 약속은 아브라함 때부터 주신 것이었습니다. 그 후 많은 세월이 흘렀습니다. 그러나 하나님의 주권적인 계획은 긴 세월과 광야 세대의 불순종을 극복하고 마침내 성취되었습니다. 그 명백한 증거가 분배 목록에 실린 가나안 땅의 지명들입니다. 백성과 땅이 가나안에서 안식을 누릴 것이라는 하나님의 약속도 성취되었습니다(신 12:10; 25:19; 수 14:15). 여호수아와 이스라엘을 맞설 자가 없을 것이라고 하신 약속도 성취되었습니다(수 1:5; 21:44). 개인 차원의 유업의 약속도 성취되었습니다. 갈렙(14:6-15)과 슬로브핫의 딸들(17:3-6; 민 27:1-11)과 여호수아에 대한 특별한 약속들이 모두 성취되었습니다(19:49-50). 그래서 "여호와께서 이스라엘 족속에게 말씀하신 선한 말씀이 하나도 남음이 없이 다 응하였더라"(21:45)고 증언하였습니다.

둘째, 땅의 수여자는 하나님이십니다(1:2-3, 6; 18:3; 21:43).

땅은 창조주 하나님의 것입니다. 하나님은 땅의 주인이시므로 언제라도 주권적으로 땅을 회수하기도 하시고, 원하는 자들에게 상으로 주실 수도 있습니다.

"이는 순찰자들의 명령대로요 거룩한 자들의 말대로이니 지극히 높으신 이가 사람의 나라를 다스리시며 자기의 뜻대로 그것을 누구에게든지 주시며 또 지극히 천한 자를 그 위에 세우시는 줄을 사람들이 알게 하려 함이라 하였느니라"(단 4:17).

이러한 하나님의 절대적 권한은 제비뽑기에서 하나님의 주권적인 통제와 결정으로 드러났습니다(14:2; 18:6, 8, 10; 19:51). 가나안이라는 유업의 장소도 하나님이 지정하셨고, 땅의 분배에 관한 결정도 하나님이 내리셨습니다.

셋째, 유업의 분배는 언약 공동체적입니다.

지파와 가문별로 유업이 배정된 것은 하나님의 계획 속에 언약 백성의 멤버들이 다 포함된다는 뜻입니다. 레위 지파에게는 땅의 유업이 없었지만 그들의 특수성을 고려하여 약간의 목초지와 거주용 성읍과 십일조를 주었습니다.

넷째, 땅의 분배에는 다방면의 지도자들이 관련되었습니다.

여호수아와 대제사장인 엘르아살과 각 지파의 족장들은 하나님의 대리인들로서 제비뽑기를 관리하였습니다(14:1; 19:51). 이들이 회막이 있는 실로에 모여 하나님의 임재 앞에서 제비를 뽑은 것은(18:1, 6, 8, 10) 가나안의 유업이 단순한 군사 행위가 아니고 하나님의 명령과 방식을 따른 종교적인 이벤트였음을 시사합니다.

다섯째, 분배 목록은 이스라엘 공동체의 연합과 특수성을 상기시킵니다. 지파마다 가나안 전역에 경계선으로 구분되는 유업의 몫이 있었고 세세하게 샘과 산과 성읍과 마을과 산지와 계곡 등의 지명이 기록되었습니다. 지파마다 모두 유업을 배분받았습니다. 레위 지파는 땅의 분배를 받지 못한 지파였지만, 각 지파의 성읍에 골고루 흩어져 지역 공동체를 섬기게 하였습니다. 이로써 그들은 지파 사이의 연합을 도모하는 교량 역할을 하였습니다. 분배 목록에는 여기저기 가나안 족속을 다 쫓아내지 못했다는 언급이 나옵니다. 그러나 이스라엘은 가나안에서 압도적인 승리를 거두었고 여호와의 언약 공동체로서 하나님이 약속하신 유업의 땅을 공동으로 나누어 가졌다는 점에서 연합 공동체로서의 특성이 뚜렷하였습니다.

여섯째, 본 목록은 유업의 동기부여를 일으킵니다.

이스라엘 백성은 단번에 모든 땅을 정복하지 못하였습니다. 어떤 지역들은 여러 해, 여러 세기 동안 완전히 점령하지 못하였습니다. 분배 목록이 주는 도전은 후세대의 이스라엘 백성에게 주는 동기부여입니다. 유업이란 약속으로만 가지고 있을 것이 아니라 실제로 약속이 실현되게 해야 한다는 것입니다. 사도 바울이 디모데에게 "영생을 취하라"(딤전 6:12)고 했듯이, 약속을 취해야 합니다. 영생의 맛을 체험적으로 알아야 하듯이, 유업의 약속도 체험적으로 맛보아야 합니다. 유업의 목록들은 투쟁으로 쟁취해야 할 약속들이었습니다. 후세대는 이 목록들을 살펴보고 왜 가나안 정복에 참여했던 이스라엘 백성이 모든 유업을 확보하지 못하였으며, 그 결과가 어떤 것이었는지를 자신들의 삶 속에서 반성해 보고 분발해야 했습니다. 이것은 물론 우리 자신들에게도 적용되는 말씀입니다.

일곱째, 가나안의 자원은 정착을 위해 사용되었습니다.

가나안은 극심한 죄악의 땅이었습니다. 그런데도 하나님께서는 이 땅을 이스라엘 백성에게 유업으로 주셨습니다. 바울은 "만물이 다 너희 것임이라"(고전 3:21)고 하였습니다. 그렇다고 해서 세상에 있는 것들을 가리지 않고 다 수용할 수는 없습니다. 악은 당연히 버려야 합니다. 그러나 세상이 썩고 부패했다고 해서 세상에 있는 것들을 모두 거부하거나 속세를 떠나 산속으로 들어갈 수는 없습니다. 그런 자세는 극단이고 일종의 도피입니다. 우리는 타락한 세상에서 태어났고 이 땅에서 하나님의 부르심을 받았습니다. 예수님의 기도를 상기해 보십시오.

"내가 비옵는 것은 그들을 세상에서 데려가시기를 위함이 아니요 다만 악에 빠지지 않게 보전하시기를 위함이니이다"(요 17:15).

우리는 이 세상의 악의 현장에서 싸우면서 우리의 유업을 차지해야 합니다. 바울도 악행자들로부터 자신을 분리하는 것이 세상 밖으로 나가는 것이 아님을 밝혔습니다(고전 5:9-10). 우리는 "세상 물건을 쓰는 자들"(고전 7:31)입니다. 신자라고 해서 세상에 있는 것들을 무조건 다 버리거나 정죄할 필요가 없습니다. 이스라엘은 가나안 성읍들을 모두 파괴하지 않았습니다. 그들은 가나안 주민들은 거의 다 죽였지만, 성읍들은 주로 군사적 위협이 되는 곳들만 파괴하고 나머지는 주거지로 재활용하였습니다. 그리고 탈취물과 가축은 여리고 성과 같은 특별한 경우가 아니면(6:21) 모두 소유할 수 있었습니다(8:2).

우리는 하나님을 배척하고 복음을 멸시하는 거짓된 사상과 폐습들을 차단해야 합니다. 그러나 세상의 여러 자원은 하나님 나라를 위해 유용할 수 있습니다. 그래서 성읍을 포위하고 점령할 때도 열매 맺는 과목은 자르지 말고 일반 나무만 함락 장비용으로 사용하라고 했습니다(신 20:19-20).

유다 지파의 분배 목록에 '아골 골짜기'가 나오는 것은 시사적입니다. (15:7). 여기는 아간의 돌무더기가 있는 곳이었습니다(7:25-26). 그래서 불경한 금지구역으로 정하고 목록에서 제외했을 법하지만 삭제시키지 않았습니다. 과거의 죄악을 생각하고 교훈을 받아야 하기 때문입니다. 동시에 아무리 나쁜 과거가 있어도 하나님 나라를 위해 선용될 수 있다는 것을 가리킵니다. 내 속의 아골 골짜기를 더 이상 폐쇄 지역으로 삼지 말고 하나님을 위한 새 출발의 전진 기지가 되게 하십시오.

여덟째, 미완성 정복에 대한 경고는 균형 있게 받아들여야 합니다.

가나안 정복은 여러 해가 걸렸습니다. 여호수아가 죽을 때까지도 정복되지 않은 지역이 있었습니다. 그러나 가나안 전쟁이 이스라엘의 압도적인 승리였음은 의심의 여지가 없습니다. 더욱 더 철저했어야 할 정복이 깔끔하게 마무리되지 않은 관계로 심각한 후환(後患)의 여지를 남긴 것은 유감된 일이었습니다. 이스라엘 백성은 완벽하지 않았습니다. 우리도 마찬가지입니다. 하나님의 자녀들은 완전하라는 부름을 받았지만, 완전한 삶과 불완전한 삶 사이에는 언제나 멀고 가까운 원근이 교차합니다. 신자들은 성숙과 미성숙을 오르내리며 삽니다.

> "그들은 지금 현재 성령 안에서 가능한 충만한 삶에 대한 상급과 유업의 선물들을 누리는 것을 막는 자신들의 실패 사이의 긴장 속에서 살고 있다. 이 역설은 현 세상에서는 해결책이 없다. 그러나 신자들이 용서를 받고 순종의 삶을 살 수 있게 하는 하나님의 계속적인 임재의 약속이 있다(요일 1:5-10)". (Richard Hess. Joshua TOTC 영문 주석 P. 233).

맺는말

가나안 정복은 미완성입니다. 그러나 그들의 실패에도 불구하고 분배 목록의 결언은 여호와 앞에서 제비 뽑아 나눈 유업의 땅 나누는 일을 "마쳤더라"(19:51)는 긍정적인 진술로 끝납니다. 여호수아 시대가 지나고 사사기 시대로 들어가면, 가나안 정복을 철저하게 이행하지 못한 무서운 결과가 드러날 것입니다. 그러나 다윗과 솔로몬 때에 그동안 상실된 유업의 땅을 다시 회복하고,

원래 하나님이 아브라함에게 약속하셨던 넓은 지역들을 대체로 장악하게 됩니다. 하지만 이스라엘의 거듭된 우상 숭배는 가나안 땅으로부터의 축출을 가져왔고 망국의 비극을 초래하였습니다. 그런데도 하나님께서는 포기하지 않으시고 다시 이스라엘 백성을 가나안 땅으로 귀국시켰습니다. 그런 후에도 이스라엘 백성은 계속해서 이방 민족의 압제를 받았습니다. 그들이 로마의 속국으로 있을 때 드디어 모든 믿음의 백성을 온전한 유업의 상으로 인도하실 메시아의 탄생에 대한 약속이 성취되었습니다. 예수님은 우리의 참 여호수아로서 이 세상에 오셔서 유업의 절대 모델이 되셨습니다.

여호수아서의 유업 분배가 여호수아 자신의 유업 할당으로 끝나는 것은 주목할 만합니다(수 19:49-50). 이스라엘 백성이 취해야 할 땅의 분할을 총지휘했던 여호수아가 마지막에는 자신도 유업의 몫을 받았습니다(수 19:50). 이처럼 예수님도 우리의 여호수아로서 우리가 받아야 할 유업의 길을 인도하시고 예수님 자신도 우리의 최선의 모범으로서 자신의 유업을 취하셨습니다. 예수님은 부활 후에 자신이 받은 유업의 상에 대해 "하늘과 땅의 모든 권세를 내게 주셨다"(마 28:18)고 하셨고, 히브리서에서는 하나님께서 "이 아들을 만유의 상속자로 세우셨다"(히 1:2)고 하였으며, 예수님은 자신 앞에 놓인 이러한 기쁨의 상을 위해 사셨다고 증언합니다.

"믿음의 주요 또 온전하게 하시는 이인 예수를 바라보자 그는 그 앞에 있는 기쁨을 위하여 십자가를 참으사 부끄

러움을 개의치 아니하시더니 하나님 보좌 우편에 앉으셨
느니라"(히 12:2).

예수님은 우리를 약속의 땅으로 인도하실 뿐만 아니라 우리가
하나님을 위해 정복해야 할 삶의 영역들을 정해 주시고 이를 취
할 수 있는 능력도 주십니다. 그리하여 믿음과 충성으로 고난을
견디며 끝까지 주님을 따르는 자들에게 자신이 받은 유업을 공유
하는 공동 상속자가 되게 하십니다.

"자녀이면 상속자이기도 합니다. 우리가 그리스도와 함께
영광을 받으려고 그와 함께 고난을 받으면, 우리는 하나
님이 정하신 상속자요, 그리스도와 더불어 공동 상속자입
니다"(롬 8:17, 새번역).

11장
유업 획득의 원리와 교훈
여호수아 19:49-51

"회막문 여호와 앞에서 제비 뽑아 나눈 기업이 이러하니
라 이에 땅 나누는 일을 마쳤더라"(수 19:51).

여러 장에 걸친 땅의 분배는 19장의 마지막 절에서 대단원의
막을 내립니다. "땅 나누는 일을 마쳤더라"고 한 것은 무엇보다
도 가나안 땅에 대한 하나님의 유업의 약속이 성취되었음을 증명
합니다. 그래서 이제 우리는 가나안의 유업 획득에 대한 원리와
교훈을 우리 자신들에게 적용할 때가 되었습니다. 출애굽 구원과
함께 이스라엘 백성에게 주셨던 가나안 땅에 대한 하나님의 약속
은 신약 교인에게는 제2의 출애굽인 십자가 구원과 함께 따라오
는 유업의 약속과 병행합니다.

예수님은 십자가에서 '다 이루었다'고 하셨습니다. 예수님은
죄와 죽음과 사탄을 이기셨습니다. 악한 세력들과의 전쟁은 예수
님의 결정적인 승리로 끝났습니다.

"통치자들과 권세들을 무력화하여 드러내어 구경거리로 삼으시고 십자가로 그들을 이기셨느니라"(골 2:15).

예수님은 부활하셨고 승천하셨으며 지금 하나님 우편 보좌에 좌정해 계십니다. 이것은 예수님이 온 세상의 통치자며 심판주이심을 가리킵니다. 예수님의 승리는 확실하게 거두어졌습니다. 예수 그리스도를 주님으로 믿으면 이 승리가 즉시 효과를 발생합니다. 우리는 믿는 순간에 하나님의 용서를 받고 그분의 의로운 자녀가 됩니다. 그뿐만 아니라 하나님께서는 우리에게 그리스도 안에 있는 유업의 선물을 가리키면서 받으라고 하십니다.

예수님은 십자가에서 우리를 위해 모든 어둠의 세력에 대한 결정적인 승리를 거두셨습니다. 이제 우리는 패배한 악의 잔당들을 소탕하며 우리의 유업을 차지하면 됩니다. 그리스도 안에 있는 유업은 하나님께서 구속받은 백성에게 주시는 최선의 은혜로운 선물입니다. 그런데 하나님의 최선의 유업은 우리의 최선의 투쟁을 요구합니다. 이스라엘 백성은 하나님이 주신 유업을 차지하기 위해서 끝까지 신실해야 했습니다. 여기서 이스라엘 백성의 약점이 드러났습니다. 그들은 유업을 온전히 차지하는 일에서 실패하였습니다. 그 까닭이 무엇이었습니까?

그들은 내쫓아야 할 가나안 족속들을 자기 집안에 두고 종으로 부려 먹고 싶었습니다(17:13). 그들은 가나안의 철 병거가 두려워서 남은 지역을 소탕하지 못하였습니다. 그 결과는 유업도 잃고 안전도 날리고 결국은 그들의 후손이 이방 나라의 종으로 끌려가는 비극을 초래하였습니다. 우리도 하나님이 은혜의 선물로 주시는 유업을 꾸준한 믿음으로 날마다 투쟁해서 획득하지 않거나 보존하지 못하면 누려야 할 상을 상실하게 됩니다.

구원은 주 예수를 단순한 믿음으로 영접하면 받습니다. 한번 받은 구원은 우리가 질적으로 개선하거나 양적으로 늘릴 수 없습니다. 주 예수를 구주 하나님으로 믿고 한번 의롭다는 선언을 받았으면 그 자체로서 일단 하나님의 자녀가 된 것입니다. 한번 받은 칭의의 선언은 재심을 요구하지 않습니다. 이 새로운 신분은 영구적입니다. 그러나 크리스천의 구원의 삶은 여기서 그치는 것이 아니고 유업의 상을 향해 나아가는 전투적이고 목표 지향적인 삶으로 연결되어야 합니다. 유업은 꾸준히 하나님을 신뢰하면서 받은 약속과 소명을 성취하기 위해 하나님을 일심으로 순종하는 자들에게 주어지는 상입니다.

예를 들어, 아브라함이 하나님으로부터 "큰 복"의 맹세를 받은 것은(창 22:17) "이는 네가 나의 말을 준행"(창 22:18)했기 때문이라고 했습니다. 갈렙이 큰 유업을 받게 된 것도 그가 하나님을 충성으로 따랐기 때문이었습니다(수 14:9). 라합도 담대한 믿음으로 이스라엘의 정탐병들을 숨겨주었기 때문에 보상을 받았습니다(수 6:22-25). 유업은 적극적인 믿음으로 하나님이 약속하신 것을 붙잡기 위해 힘쓰는 순종에 대한 상입니다.

유업의 땅을 소유하는 데 필요한 것은 우리의 꾸준한 믿음과 하나님의 약속에 대한 신뢰입니다. 유업의 땅은 방치할 수 없습니다. 하나님의 약속으로 정해진 땅을 얻기 위해서는 날마다 세상의 유혹을 물리치고 유업의 상을 향해 달리는 인내가 있어야 합니다. 이러한 자세는 '착하고 충성된 종'이라는 주님의 칭찬을 받음으로써 주님을 기쁘게 해 드리려는 강렬한 열망의 표출입니다. 내게 이러한 꾸준한 믿음의 인내와 주님의 칭찬을 받으려는 강한 소원이 있습니까? 우리는 하나님의 축복을 받고 싶어 합니다. 그런데 이미 약속으로 정해 주신 유업의 땅에는 관심이 없고, 순전히 세상적으로 내게 필요한 것들만 원한다면 믿음으로 받은 구원이 다음 단계의 유업 신앙으로 이어질 수 없습니다. 우리는 무엇보다도 착하고 충성스러운 종이라는 주님의 칭찬을 받을 수 있는 일들을 행해야 합니다. 그것은 하나님이 주기를 원하시는 유업의 상을 향해 달리는 것입니다.

구약 시대의 유업과 신약 시대의 유업은 다른 것인가요?

신약 성도의 유업은 원리적인 면에서는 구약 시대의 가나안 유업과 같습니다. 그러나 유업의 성격은 차이가 큽니다. 고대 이스라엘의 경우에는 가나안 땅을 위시하여 성읍과 소산물 등을 차지하는 것이 유업을 얻는 것이었습니다. 이것은 실체적이면서도 다분히 상징적이었습니다. 그러나 신약에서는 유업이 구약에서처럼 물질적이거나 상징적인 것이 아닙니다. 유업의 획득 방법도 남의 나라로 쳐들어가서 무력으로 탈취하는 것이 아니고 영적 투쟁을 하는 것입니다.

"우리의 씨름은 혈과 육을 상대하는 것이 아니요 통치자
들과 권세들과 이 어둠의 세상 주관자들과 하늘에 있는
악의 영들을 상대함이라"(엡 6:12).

신약의 유업은 믿음으로 의롭게 된 칭의 구원 이후로 하나님
께서 우리에게 약속으로 주시는 여러 종류의 영적 축복입니다.
유업은 부분적으로 물질과 같은 가시적인 형태로 현세에서 받을
수도 있습니다. 그러나 이것은 그 자체가 목적이 아니며 궁극적
인 영적 축복에 대한 하나의 예시적 격려입니다. 그런데 신약 시
대의 유업은 지상적인 측면이 있으면서도 대부분은 천상적이며
내세 지향적입니다. 흥미로운 것은 이스라엘이 받은 영토적인 지
상의 유업은 마지막 단계에서 다시 영광스럽게 변화된 영토적 유
업으로 연결됩니다. 바울은 하나님께서 이스라엘에게 준 땅의 약
속을 이 세상 전체를 상속받는다는 약속으로 확대하였습니다. 사
도 요한도 새 예루살렘이 땅으로 내려온다고 하였습니다. 예수님
이 약속하신 '땅'의 유업도 현재의 모습대로 받는 땅이 아니고 갱
신된 새 땅입니다.

"우리는 그의 약속대로 의가 있는 곳인 새 하늘과 새 땅을
바라보도다"(벧후 3:13).

"아브라함이나 그 후손에게 세상의 상속자가 되리라고 하
신 언약은 율법으로 말미암은 것이 아니요 오직 믿음의
의로 말미암은 것이니라"(롬 4:13).

"또 내가 새 하늘과 새 땅을 보니 처음 하늘과 처음 땅이 없어졌고 바다도 다시 있지 않더라 또 내가 보니 거룩한 성 새 예루살렘이 하나님으로부터 하늘에서 내려오니 그 준비한 것이 신부가 남편을 위하여 단장한 것 같더라"(계 21:1-2).

우리는 지상에서 유업의 상을 부분적으로 받습니다. 여기에는 물질적인 것과 영적인 것이 포함됩니다. 예를 들어, 예수님은 산상 설교에서 "온유한 자는 복이 있나니 그들이 땅을 기업으로 받을 것임이요"(마 5:5)라고 하셨습니다. 여기서 유업을 받는 것은 무차별적인 것이 아니고 온유한 자가 받는 보상입니다. 온유한 자가 누구입니까? 자기방어나 자신을 내세우기보다는 하나님의 변호와 공의로운 판단에 맡기는 사람입니다. 이들에게 땅을 기업으로 받는다는 하나님의 보상이 약속되었습니다.

그렇다면 땅을 기업으로 받는다는 말씀은 무슨 뜻일까요? 부동산을 많이 갖게 된다는 말일까요? 이스라엘 백성이 가나안 땅을 기업으로 받은 것을 생각해 보십시오. 그 땅에는 각양 산물이 있었고 하나님의 보호와 임재가 있었습니다. 이처럼 그리스도 안에서 온유한 자는 이 세상에서 하나님의 특별한 보호와 공급을 받으며 하나님의 임재를 체험합니다. 그러나 이것들은 미래에 받게 될 영구적인 유업에 대한 맛보기에 불과합니다. 마지막 단계의 성도의 유업은 영화롭게 된 몸으로 영광스럽게 된 새 땅에서 영원히 주님과 함께 다스리며 사는 것입니다. 이것이 이스라엘 백성에게 준 영토적인 유업의 분배가 내다본 최종 단계의 유업이었습니다. 이런 의미에서 신약 성도들에게도 승화된 레벨의 영적이고 갱신된 새 땅의 영토적 유업이 있습니다.

지상에서 받는 유업은 어떤 것일까요?

그리스도 안에서 새 언약 백성이 지상에서 유업으로 맛볼 수 있는 것들은 한두 가지가 아닙니다. 일일이 다 열거할 수 없지만 대체로 말하면, 성령의 인도와 도우심을 체험하는 것입니다. 이때 우리는 하나님의 별다른 임재와 우리에 대한 하나님의 따뜻한 사랑의 관심을 체험합니다.

또한, 예수님의 성품을 닮고 사랑의 삶을 실천할 때 심령의 평안과 기쁨을 누립니다. 하나님께서는 구원받은 자녀들에게 하나님의 뜻에 따른 소명을 이루어 나가도록 필요한 능력과 지혜를 주십니다. 그러나 이것은 자동적인 공급이 아니고 유업의 소명을 달성하기 위해서 꾸준한 믿음과 인내로 달리는 성도들이 받는 상입니다.

다르게 표현한다면, 신약 성도의 유업은 산상보훈의 삶을 실천함으로써 모세 율법의 축복을 웃도는 영적 복을 누리는 것입니다. 우리가 유업으로 차지해야 할 영역들은 얼마든지 있습니다. 하나님의 나라를 위해 자신이 받은 소명과 은사와 능력에 따라 무엇인가 이바지하면 그만큼 유업의 영역이 채워집니다. 하나님이 기뻐하시는 선하고 가치 있는 일을 꾸준히 행하면서 살면 그만큼 유업의 땅이 정복됩니다. 날마다 세상의 유혹을 멀리하며 마귀를 대항하고 죄와 싸우는 거룩한 삶은 그만큼 유업의 땅을 깨끗하게 하고 기름지게 합니다. 주님과 복음의 진리를 위해서 내 것을 희생하고 고난을 참고 살면 그만큼 유업의 영역에서 거두는 열매가 풍성하게 됩니다. 새 언약 백성의 유업은 이 세상에서부터 예수님의 부활 생명과 하나님의 임재와 공급을 체험하는 것입니다.

신약 교인은 구약 시대처럼 율법에 대한 순종으로 유업을 거두지 않습니다. 우리는 성령에 순종하는 삶으로 유업을 수확합니다. 우리는 버리고 새로 거두는 것이 있어야 합니다. 하나님의 나라에 해(害)가 되는 것들과 우리를 부패시키는 영적, 도덕적, 정신적 독초들을 제거하기 위해 성령의 음성을 들어야 하고 성경을 바르게 깨닫도록 간절한 마음으로 배워야 합니다.

우리는 무엇보다도 사랑의 삶을 살아야 합니다. 주님과 주의 백성을 사랑하지 않는 자들에게는 유업의 상이 돌아가지 않습니다. 사랑이 많으면 희락과 화평과 오래 참음과 자비와 양선과 충성과 온유와 절제에서 오는 하나님 나라의 신령한 축복들을 체험하고 예수님의 칭찬과 격려를 받습니다(갈 5:22-23). 이것이 성령으로부터 영생을 취하고 거두는 것입니다(딤전 6:12; 갈 6:8). 환언하면, 믿음과 인내와 사랑의 삶으로 생산되는 성령의 열매들을 유업으로 받아 누리는 것입니다. 우리는 이러한 하나님 나라의 왕권적인 새 생명을 성령에 뿌리고 심어서 유업의 상으로 거둡니다.

신약 교인이 받는 유업의 또 다른 영역은 사역과 봉사의 소명입니다. 여호수아 시대의 이스라엘 지파에 정복할 땅이 많이 남아 있었듯이, 우리에게도 주 예수의 이름으로 정복해야 할 더 넓은 영역이 남아 있습니다. 이 유업의 대상이 어떤 것들인지를 아는 것은 유업의 획득을 위한 필수적인 첫걸음입니다. 하나님께서는 우리 각자에게 은사를 주시고 하나님의 나라를 위해서 이바지하게 하십니다.

신약 성도들은 하나님의 뜻에 따라 각자 유업으로 취해야 할 영토의 할당을 받습니다. 그래서 하나님이 주시는 소명의 영역이 어디인지를 알아야 합니다. 그리고 자신이 받은 은사를 확인하고 하나님 나라를 위해서 기여할 수 있는 것이 어떤 것일지를 놓고 기도하며 성령의 인도를 받아야 합니다.

이러한 삶에는 하나님의 칭찬과 상과 영예가 따릅니다. 그렇다면 이러한 유업의 상급들을 바라고 달려가는 삶은 구원받은 성도들의 마땅한 목표가 되어야 합니다. 그런데도 '상'에 대한 잘못된 편견과 그릇된 인식 때문에 유업에 대한 성경의 중요한 가르침을 외면하거나 무시하는 경향이 있습니다. 하나님께서 주기를 원하시는 것을 받기 위해 힘쓰는 것은 이기적인 욕심이 아니고 하나님의 뜻을 행하는 것이며 하나님을 기쁘게 해 드리는 일입니다. 이러한 유업의 복들을 찾아 누릴 때 우리는 주님으로부터 "잘하였도다 착하고 충성된 종아 주인의 즐거움에 참여할지어다"(마 25:21, 23)라는 초대를 받습니다. 주님께서 만족하신 음성으로 우리를 이렇게 칭찬하시고 주님의 즐거움에 동참하게 하시는 것보다 더 영광스럽고 기쁜 일이 어디에 있겠습니까?

유업의 상을 받기 위한 구원 이후의 신자의 삶은 우리가 주님의 마지막 평가를 받을 때 칭찬의 여부를 결정짓는 근거가 됩니

다. 그러므로 유업은 결코 무시하거나 무관심한 일로 여겨서는
안 됩니다.

유업 신앙과 희생의 삶은 어떤 관계가 있을까요?

유업을 위해 사는 삶에는 고통과 불편이 따릅니다. 상은 우리
의 꾸준한 믿음과 인내와 노력을 전제한 것이기에 여러 가지 힘
든 과정을 거쳐야 합니다. 나의 믿음이 공격을 받는 상황이 일어
나기도 하고, 나의 인내가 지속할 수 없는 난관도 만날 수 있습니
다. 내가 영적으로 무기력하여 힘을 다해 달릴 수 없는 경우도 많
습니다. 유업의 목표에 닿는 일은 한 번의 작심이나 한걸음의 출
발로 이루어지지 않습니다. 이스라엘 백성은 출애굽의 구원과 함
께 가나안 복지를 목표로 전진하는 마음을 지니고 첫걸음을 내디
뎠습니다. 그런데 그들이 디딘 땅이 어디였습니까? 광야였습니
다. 평탄 대로가 아니고 거칠고 메마른 땅이었습니다. 애굽과 가
나안 사이에는 광야가 놓여 있음을 기억해야 합니다. 이것이 유
업의 길이 지닌 특징입니다. 그래서 지속적인 믿음과 꾸준한 노
력이 필요하고 하나님의 칭찬을 받으려는 간절한 열망이 있어야
합니다. 가나안 복지를 유업으로 받는 자들은 모두 끊임없는 믿
음과 순종으로 힘써 견딘 자들이었습니다. 히브리서의 저자는 이
러한 유업 신앙의 자세를 가졌던 믿음의 선열들을 본받으라고 교
훈합니다.

"우리가 간절히 원하는 것은 너희 각 사람이 동일한 부지

런함을 나타내어 끝까지 소망의 풍성함에 이르러 게으르지 아니하고 믿음과 오래 참음으로 말미암아 약속들을 기업으로 받는 자들을 본받는 자 되게 하려는 것이니라"(히 6:11-12).

유업의 상은 구원 이후에 받을 수 있고 또 받아야 하는 하나님의 갖가지 후한 복들입니다. 그러나 유업을 단순히 사후 천국과 동등한 것으로 간주하는 사람들이 많습니다. 혹은 모든 신자가 다 같은 유업의 상을 받는다고 보기도 합니다. 이것은 잘못된 생각입니다.

비근한 예로써, 예수님의 산상설교에 나오는 팔복은 모든 신자에게 보편적으로 평등하게 주어지는 약속이 아닙니다. 누가 천국을 소유하고, 누가 하나님의 위로를 받고, 누가 땅을 기업으로 받으며, 누가 배부르고 긍휼히 여김을 받으며 누가 하나님을 봅니까? 과연 누가 하나님의 아들이라 일컬음을 받으며 천국의 상을 받는다고 했습니까? 모두 조건부로 주어진 약속이지 않습니까? 천국을 지상에서부터 체험하고, 하나님의 위로를 받으며, 하나님의 임재가 있는 땅을 기업으로 받고 배부르게 되는 사람들이 누구입니까? 심령이 가난하지도 않고, 애통하지도 않고, 온유하지도 않으며, 의에 주리고 목마르지도 않은 자들이 그렇게 된다고 하였습니까? 마음이 청결하지도 않고 화평하게 하지도 않으며 의를 위하여 박해를 받지도 않는데 하늘의 상이 크다고 하였습니까? (마 5:3-12).

신자라고 해서 무조건 이런 복을 받는다고 하지 않았습니다.

하나님의 다스림을 받으면서 산상 보훈의 삶을 사는 자들이 아니면, 팔복의 약속은 해당하지 않습니다. 또한, 이러한 축복은 지상에서부터 시작되기 때문에 유업이 단순히 사후 천국에 들어가는 것이라고 말할 수 없습니다. 사후의 천국 자체는 상이 아닙니다. "하늘에서 너희의 상이 큼이라"(마 5:12)고 했습니다. 천국은 상과 동일시될 수 없습니다. 문맥에 따라 예외가 없지는 않지만, 원칙적으로 상은 천국 자체가 아니고 천국에 쌓이는 유업입니다.

유업은 포괄적인 의미에서는 십자가 구원의 궁극적인 목표라고 해도 과언이 아닙니다. 유업은 자동적인 것이 아니며 신자의 권리로서 누구나 받는 것도 아닙니다. 신자가 게으르거나 안일한 자세로 살거나 부도덕하면 유업을 받지 못합니다(갈 5:21; 엡 5:5). 유업은 하나님의 능력에 의존하여 "힘을 다하여 수고"(골 1:29)하지 않으면 내게 오지 않습니다. 유업의 상을 위해 힘쓰지 않으면 하나님으로부터 받을 칭찬도 없습니다.

유업을 바라고 인내하는 삶에는 희생과 순종이 따라야 하므로 쉽지 않습니다. 그러나 바울은 "현재의 고난은 장차 우리에게 나타날 영광과 비교할 수 없다"(롬 8:18)고 하였습니다. 가장 가치 있는 삶은 하나님으로부터 인정과 칭찬을 받는 것입니다. 출애굽 세대라고 해서 모두 가나안 땅에 도착한 것이 아니듯이, 십자가 구원으로 출발한 새 언약 백성이라고 해서 누구나 유업의 목적지에 닿지 않습니다. 신자라고 해서 누구나 상을 향해 달리지 않는다는 것은 부인할 수 없는 사실입니다.

주 예수를 믿는 신자라면 하나님을 기쁘게 해 드려야 한다는 것은 모두 압니다. 그러나 주님이 주신 유업의 약속을 소명으로 알고 자기 삶의 목표로 삼고 사는 성도들은 그리 많지 않을지도 모릅니다.

예를 들어, 갈라디아 5장 22-23절의 성령의 열매는 모든 교인이 맺고 누려야 할 유업임에도 개인차가 많습니다. 이런 열매들은 교인이 되었다고 해서 자동으로 드러나는 성품이 아닙니다. 이스라엘 백성은 가나안 땅의 유업을 차지하기 위해서 투쟁하였습니다. 마찬가지로 우리도 하나님의 도우심을 의존하며 날마다 싸워서 유업의 열매를 맺어야 합니다. 이를 위해 유업의 상을 주시려는 하나님의 선한 뜻에 대한 신뢰와 감사가 필요합니다.

또한, 말씀 위에 자신을 세우기 위해서 날마다 성경을 바르게 깨닫는 일이 계속되어야 합니다(행 20:32). 아울러 그리스도와 복음을 위하여 희생하는 것이 있을 때 오는 고통과 불편을 감수해야 하며(마 19:27) 열심히 주님을 봉사하고(골 3:23-24), 죄를 극복해 나가는 투쟁의 산고가 있어야 합니다.

구원은 주 예수의 신분과 대속을 받아들이는 단순한 믿음으로 받습니다. 그러나 구원 이후에 오는 유업은 단순한 믿음만으로 받지 못합니다. 유업은 흔들리지 않는 믿음의 바탕 위에 실제로 땅을 정복하는 실천적 과정의 인내와 지속적인 신뢰를 요구합니다. 유업의 삶은 모든 신자에게 적용되는 새 삶의 방향과 모습입니다. 유업 교리는 성령 생활과 성화와 순종의 삶이 가져오는 복을 가장 실질적으로 체험하게 하는 유익이 있습니다. 하나님이 내게 주시는 유업이 어떤 것인지를 알려면 성령의 조명이 있어야 하고, 죄와 싸우려면 성화의 삶이 있어야 합니다. 유업의 삶은 주님의 칭찬이 목표입니다. 유업 신앙의 최대 관심은 그리스도의 심판대 앞에서 자신의 삶에 대한 긍정적인 평가를 받는 것입니다. 그래서 착하고 충성스러운 종이라는 칭찬을 받기 위해 희생과 고통을 참으며 순종과 사랑의 삶을 살아야 합니다. 꾸준한 믿음을 유지하고 각자가 받은 능력을 발휘하며 복음의 진리를 위해 헌신하는 것이 유업 신앙의 기본입니다.

맺는말

크리스천 삶은 단순히 교회를 다니는 것에 머물 수 없습니다. 주님은 우리에게 그 이상을 기대하십니다. 구원을 받은 신자들은 주님이 주시는 소명에 따라 살아야 합니다. 우리는 단순히 죽은 후에 천국 가기 위해서 구원받지 않았습니다. 우리는 사후 천국을 너무 간단하게 생각하는 습관이 있습니다. 그러나 성경은 사후 천국에 들어가는 일을 대단히 심각하고 엄숙한 사건으로 진술합니다. 우리가 주 예수를 하나님의 아들이시며 자신의 대속주라고 믿는다면, 죽은 후에 영원 천국에 들어갈 것입니다. 그러나 우리가 죽으면 반드시 거쳐야 할 곳이 있습니다. 그것은 곧 그리스도의 심판대입니다. 사후에 곧장 천국으로 들어가는 것만 생각할 것이 아니라 그리스도의 심판대에 서야 할 것을 먼저 생각하고 살아야 합니다. 성경이 어떻게 말하고 있습니까?

히브리서는 신약에서 유업의 가르침을 가장 많이 담은 책입니다. 유업의 주제와 함께 히브리서의 저자가 주지시키는 것은 사후 심판입니다.

"한번 죽는 것은 사람에게 정해진 것이요 그 후에는 심판이 있으리니"(히 9:27).

바울도 유업에 대해서 많이 가르쳤습니다. 그의 서신들에서도 사후에 심판이 있을 것이라고 분명히 경고합니다.

"네가 어찌하여 네 형제를 비판하느냐 어찌하여 네 형제를 업신여기느냐 우리가 다 하나님의 심판대 앞에 서리라"(롬 14:10).

"이는 우리가 다 반드시 그리스도의 심판대 앞에 나타나게 되어 각각 선악 간에 그 몸으로 행한 것을 따라 받으려 함이라"(고후 5:10).

사후 심판은 불신자만 받는 것이 아닙니다. 신자들도 받습니다. 그러나 불신자들은 지옥의 심판을 받지만, 신자들은 선악 간에 몸으로 행한 것에 따라 상을 받기 위한 평가를 받습니다. 예수님은 우리가 하나님을 위해서 행하는 크고 작은 일들이 보물로 하늘에 쌓인다고 하셨습니다(마 6:20). 이 말씀은 유업의 투쟁은 헛되지 않다는 격려의 약속입니다. 그치지 않는 믿음과 오래 참음으로 거두는 유업의 싸움은 영원한 상을 확보합니다.

"그러므로 내 사랑하는 형제들아 견실하며 흔들리지 말고 항상 주의 일에 더욱 힘쓰는 자들이 되라 이는 너희 수고가 주 안에서 헛되지 않은 줄을 앎이라"(고전 15:58).

12장

도피성 제도

여호수아 20:1-9

"이스라엘 자손에게 말하여 이르기를 내가 모세를 통하여
너희에게 말한 도피성들을 너희를 위하여 정하여 부지중
에 실수로 사람을 죽인 자를 그리로 도망하게 하라 이는
너희를 위해 피의 보복자를 피할 곳이니라" (수 20:2-3).

20장은 도피성 제도에 대한 지침이고, 21장은 레위 지파의 거
처용 성읍의 배정이며, 22장은 동쪽 지파들과의 작별 에피소드
입니다. 지파별 땅의 분배가 끝난 후에, 도피성과 레위 지파의 성
읍 분배와 동쪽 지파들에 대한 스토리는 두 가지 의미를 지니고
있습니다. 첫째는 정복한 가나안 땅에서 이스라엘 백성이 어떻게
살아야 하는지를 교훈하는 것입니다. 둘째는 가나안 정복이 하나
님의 사전 계획에 의해서 구상된 청사진의 실현임을 알리는 것입
니다.

도피성 제도는 예수님의 구원에 대한 예시입니다.

도피성은 오살자(誤殺者)를 보호하기 위해 마련된 독특한 제도입니다. 고대 사회에서 피의 보복은 정당하다고 인정되었습니다. 오늘날처럼 법치 국가로서의 사법기관과 경찰력이 확보되지 않은 시대에는 개인의 보복 행위를 일일이 공정하게 법으로 처리할 수 없었습니다. 이스라엘은 이제 처음으로 가나안에 정착하여 국가로서의 면모를 갖추는 첫 단계에 있었고 왕정 시대도 아니었기 때문에 도피성 제도는 잠정적인 조치로서 매우 적절하였습니다.

도피성 제도는 두 가지 사상을 담고 있습니다. 하나는 사회 정의입니다. "무죄한 피를 흘린 죄를 이스라엘에서 제하라"(신 19:13)는 것입니다. 피해자는 보복의 권리가 있고 가해자는 벌을 받아야 했습니다. 그런데 고의가 아니라 실수로 살해한 경우에는 양편을 다 보호해야 하는 어려운 문제가 제기됩니다. 한편으로는 실수에 의한 오살인지 아닌지를 판단해야 하고, 다른 한편으로는 보복자가 실수로 사람을 죽인 자를 보복 살인하는 일을 막아야 했습니다. 당시에는 피살자의 가장 가까운 남자 친족이 가해자에게 복수할 수 있었습니다(신 19:12). 그래서 도피성 제도는 오살자가 보복자를 피해서 도피할 수 있게 하는 사회적 안전장치였습니다.

그런데 아무리 좋은 제도라도 오용의 여지가 있습니다. 의도적인 살해를 실수인 것처럼 속이고 도피성으로 들어가는 일을 막기 위한 예방책이 필요했습니다. 그래서 살인자는 우선 도피성의 성문 어귀에 서서 그 성읍의 장로들에게 자신이 저지른 살인 사건의 사연을 해명하도록 하였습니다. 살인자에 대한 전반적인 절차는 관련 본문들에서 분명하지 않은 대목들도 있으나 첫 단계에서는 증인들이 없이 일단 용의자의 진술만 듣고 성안으로 받아들인 후에 거처를 제공받은 듯합니다(수 20:4). 그러나 나중에 성 밖으로 피의자를 데리고 나가서 회중 앞에서 정식 재판을 받고 과실치사로 판명되면, 다시 성안으로 들여보내고 피해자의 친족으로부터 보복을 당하지 않도록 조치하였습니다(수 20:5; 민 35:24-25). 만약 고의적인 살인이었다면, 사건이 일어난 성읍의 장로들이 사람을 보내어 살인자를 붙잡아 복수자의 손에 넘겨 주어 죽이게 하였습니다(신 19:11-13). 또한, 살인자가 보호를 받는 중이라도 도피성의 경계 밖으로 나갔을 때는 보복자가 그를 죽여도 죄책이 없었습니다(민 35:26-27).

도피성 제도의 또 하나의 사상은 생명의 존엄성입니다. 피흘린 죄는 반드시 피로써 보상되어야 한다는 것입니다. 그래서 살인을 위해서는 속죄제가 없었고 변상도 할 수 없었습니다(민 15:30-31; 35:31-32). 피 흘린 죄는 피로써 갚아야 했습니다. 비록 고의가 아닌 과실치사라고 하여도, 도피성에서 살다가 대제사장이 죽어야 풀려났습니다(민 35:28). 그런데 왜 대제사장이 죽어야 살인자가 풀려났을까요?

"그 살인자는 그 성읍에서 머물러 살다가, 회중 앞에 서서 재판을 받은 다음, 그 당시의 대제사장이 죽은 뒤에야 자기의 성읍 곧 자기가 도망 나왔던 성읍에 있는 자기의 집으로 돌아갈 수 있다"(수 20:6, 새번역).

도피성은 보호와 감금의 이중 역할을 하였습니다. 피는 땅을 더럽힙니다. 이에 대한 신학적 이유는 민수기의 도피성 지침에서 잘 피력되었습니다.

"너희는 너희가 거주하는 땅을 더럽히지 말라 피는 땅을 더럽히나니 피 흘림을 받은 땅은 그 피를 흘리게 한 자의 피가 아니면 속함을 받을 수 없느니라 너희는 너희가 거주하는 땅 곧 내가 거주하는 땅을 더럽히지 말라 나 여호와는 이스라엘 자손 중에 있음이니라"(민 35:33-34).

땅은 창조주 하나님의 것입니다(레 25:23). 원래부터 땅은 하나님의 구속의 뜻이 이루어지도록 의도된 인간들의 삶의 영역이었습니다. 하나님께서는 이스라엘 백성을 애굽의 종살이에서 해방하고 가나안 땅으로 인도하셨습니다. 이것은 이스라엘의 족장들에게 주셨던 약속의 성취였습니다.

그런데 약속의 땅에 들어왔다고 해서 마음대로 살 수 없었습니다. 이스라엘 백성은 하나님이 계획하신 신령한 뜻을 이루면서 살아야 했습니다. 그들은 하나님께서 모세에게 지시하셨던 율법을 지키면서 거룩한 신정국가의 이상을 펼쳐 나갈 소명을 받았습니다. 그래서 이스라엘의 각 지파에 땅을 분배한 후에 약속의 땅에서 어떻게 살아야 하는지를 하나님께서 여호수아를 통해 상기시킨 것은 매우 당연한 순서입니다(20:1-3).

그런데 하나님께서는 이스라엘 백성이 가나안에 들어와서 독립적으로 살게 하신 것이 아니고 하나님이 친히 그들과 함께 사셨습니다. 그래서 "너희가 거주하는 땅 곧 내가 거주하는 땅을 더럽히지 말라"(민 35:34)고 하셨습니다. 이스라엘 백성이 사는 곳이 곧 하나님께서 임재하시는 곳이었습니다. 이스라엘은 가나안 땅의 주인이 아니고, 하나님의 땅에서 동거하는 "임시 거주자"(레 25:23, 새번역)였습니다. 따라서 거룩하신 하나님이 계신 땅을 죄악의 피로 오염시킬 수 없었습니다. 불의한 피 흘림은 여호와께서 은혜의 선물로 주시고 함께 거주하시는 약속의 땅을 더럽히는 일이었습니다.

도피성 제도는 인간 생명의 존엄성을 역설합니다. 인간의 생명이 존엄한 까닭은 하나님의 형상대로 지음을 받았기 때문입니다.

> "다른 사람의 피를 흘리면 그 사람의 피도 흘릴 것이니 이는 하나님이 자기 형상대로 사람을 지으셨음이니라"(창 9:6).

그래서 살인자는 반드시 처형시켜야 하고 과실치사자는 대제사장의 죽음으로 처리되어야 했습니다. 거룩하신 하나님께서 그들 가운데 거하시기 때문에 여호와의 땅을 더럽히는 모든 부정하고 가증한 죄와 특별히 살인으로부터 깨끗해야 했습니다(레 18:25-28; 신 21:23). 살인을 위해서는 용서받을 수 있는 희생 제사가 없었습니다. 피를 흘리게 한 자의 피만이 오염된 땅을 정결하게 할 수 있었습니다. 살인자를 위해서는 배상이 없고 오직 죽인 자의 피만 속전으로 받을 수 있을 뿐이었습니다. 그래서 과실치사로 도피성에 피신하여 보호를 받는 살인자의 경우에도 대제사장의 죽음이 그의 속전이 되지 않으면 풀려날 수 없었습니다. 바꾸어 말하면, 대제사장의 죽음이 살인자의 대속이었습니다. 대제사장의 죽음만이 피 흘림을 속죄하고 정의의 요구를 만족시켰습니다. 이것은 예수 그리스도의 대속에 대한 놀라운 예시입니다.

> "고대 이스라엘의 대제사장은, 백성을 위해 희생과 기도의 삶을 살고 자신의 생명까지도 죽음으로 바치실 우리 주님의 사역을 예기하였다."(Gordon Wenham, TOTC 민수기 영문주석 239쪽).

도피자의 완전한 자유는 대제사장이 죽을 때에 왔습니다. 마찬가지로 우리의 대제사장이신 예수님이 십자가에서 우리 대신 대속의 죽임을 당하셨기 때문에 죄인들에게 완전한 자유가 보장되었습니다. 예수님은 대제사장으로서 자신을 모든 죄인을 위한 희생 제물로 바치셨습니다.

실체는 언제나 그림보다 우월합니다.

예수님은 우리의 도피성입니다. 그럼 그리스도의 속죄는 어떤 면에서 구약 시대의 대제사장의 죽음보다 더 나은 것일까요?
첫째, 예수님의 도피성은 전 세계적입니다.

이스라엘 백성과 함께 사는 외국 거류민을 위해서도 도피성이 제공되었습니다(수 20:9; 민 35:15). 외국인도 하나님의 자비의 대상에 포함되었습니다(신 10:18). 이것은 앞으로 예수 그리스도 안에서 이방인도 구원의 대상이 될 것을 내다본 것입니다.

"이제는 전에 멀리 있던 너희가 그리스도 예수 안에서 그리스도의 피로 가까워졌느니라"(엡 2:13).

예수 그리스도 안에서는 이스라엘 공동체의 경내에서 함께 사는 외국인들만이 아니고 이스라엘 공동체에서 제외된 다른 모든 나라의 사람들까지도 구원을 받습니다. 그들은 언약 백성이 아니라도 주 예수의 속죄의 피를 믿으면 죄와 사망과 하나님의 진노로부터 구원을 받습니다. 도피성의 문은 도피자에게 열려 있었습니다. 마찬가지로 예수님은 열린 구원의 문입니다. "내게 오는 자는 내가 결코 내쫓지 아니하리라"(요 6:37)고 하셨습니다. 도피성으로 가는 길은 곧은 길입니다. "길을 닦고....도피하게 하라"(신 19: 3)고 했습니다.

예수님에게 가는 길은 복잡하지도 않고 험준하지도 않습니다. 이스라엘의 도피성은 곧은 길이었지만, 바로 옆집으로 가는 것은 아니었습니다. 그러나 예수님에게 가는 길은 전혀 시간이 걸리지 않습니다. 주의 이름을 부르는 현장에서 즉시 언제라도 예수께로 갈 수 있습니다.

둘째, 예수님의 도피성은 훨씬 더 안전합니다.

이스라엘의 도피성은 레위 성읍들 안에 있는 부속물이었습니다. 48개 레위 성읍 중에서 6개의 도피성이 골고루 지정되었습니다(참고. 출 21:12-14; 민 19:6; 35:9-29; 신 4:41-43; 19:1-10). 이런 조치는 보복자가 추격하여 살인자를 죽이지 않도록 하려는 것이었습니다. 도피성까지 가는데 시간이 오래 걸리면 도중에 잡혀 죽을 수 있었기 때문입니다. 한편, 이스라엘의 도피성은 절차를 밟는데 시간 소요가 길었습니다. 일단 도피성에 들어간 이후에도 다시 성 밖으로 나와서 회중 앞에서 고의적 살인이었는지 아닌지를 재판받아야 했고, 과실치사로 판명이 나도 성안에서 그해의 대제사장이 죽을 때까지 기다려야 했습니다. 그러나 예수님의 도피성은 즉각적이고 일회적입니다. 예수님은 모든 죄인을 즉시 속죄하고 용서하실 수 있습니다. 자신을 일회의 영원하고 완전한 제물로 하나님께 드리셨기 때문입니다(히 9:24-26; 10:11-12).

> "그는 저 대제사장들이 먼저 자기 죄를 위하고, 다음에 백
> 성의 죄를 위하여 날마다 제사 드리는 것과 같이 할 필요
> 가 없으니 이는 그가 단번에 자기를 드려 이루셨음이라"(
> 히 7:27).

이스라엘의 도피성은 한번 들어간 후에도 성 밖으로 나오면 보복자가 죽일 수 있었습니다. 그러나 예수님의 도피성은 다시 나올 필요도 없고 한번 들어갔으면 영원히 안전합니다. 그런데 이스라엘의 도피성과 예수님의 도피성은 한 가지 공통 원리가 있습니다. 살인자가 보호를 받기 위해서 자기 발로 도피성으로 가

야 했듯이, 죄인은 예수님께로 가야 합니다. 예수님이 우리에게 도피성이라고 해서 누구나 자동으로 구원을 받는 것은 아닙니다.

예수님이 십자가에서 죄인들을 위해 돌아가셨지만, 죄인들이 그분을 구원의 도피성으로 신뢰하고 나아가지 않으면 피난처가 보장되지 않습니다. 예수님을 자신의 대속주로 믿고 그분에게 나아가야 합니다. 예수님은 "수고하고 무거운 짐 진 자들아 다 내게로 오라 내가 너희를 쉬게 하리라"(마 11:28)고 초대하셨습니다. 죄인은 이 은혜로운 부름에 응해야 구원을 받습니다.

셋째, 예수님의 도피성은 모세법에 따른 도피성의 윤리적 수준을 능가합니다.

개인 보복은 고대 사회에서 널리 인정된 사회적 관습이었습니다. 율법은 당시의 일반적인 개인 보복의 통습을 받아들였습니다. 도피성 제도는 일면으로는, 개인 보복을 인정하고 다른 일면으로는, 실수에 의한 비의도적인 살인자를 보호하기 위한 제도였습니다. 도피성의 한 중요한 목적은 제2의 살인으로 비화하는 것을 처음부터 막음으로써 피가 피를 부르는 보복 살인의 고리를 차단하는 것이었습니다.

모세법의 도피성 제도는 의도적인 살인과 비의도적인 살인에 차별을 두었기 때문에 공정한 편입니다. 그러나 개인 보복이 허용되는 시대적인 관습을 수용한 것이기에 이상적이지 않습니다. 우리는 모세 율법을 크리스천 삶의 절대적인 도덕 지침으로 삼지 말아야 합니다. 율법은 잠정법이었으며 시대적인 제한을 받았기 때문입니다. 모세 율법을 지나치게 신성시하거나 영원법처럼 여기는 것은 예수님의 가르침과 비교해서 볼 때 바람직하지 않습니다.

예수님이 가르치신 개인 윤리의 지침은 개인 보복이 아니고 화평을 위해 힘쓰며 하나님의 공의에 맡기고 악을 선으로 이기기 위해 원수를 사랑하는 것입니다(마 5:39; 롬 12:19-21). 그렇다면 어느 쪽이 더 높은 수준이며 하나님의 온전한 뜻이겠습니까?

넷째, 대제사장직은 아론의 후손들이 맡았는데 종식될 때가 있었습니다.

이스라엘의 성전 제도는 예수님이 대제사장으로 계신 하늘 성소의 모형이었습니다(히 8:5; 4:14-15). 이스라엘의 대제사장의 죽음이 도피성으로 들어간 살인자를 해방했지만, 예루살렘의 성전 자체가 파괴되고 대제사장 제도가 폐지되었을 때는 도피성의 의미도 함께 소멸하였습니다. 그러나 예루살렘의 성전이 파괴되고 대제사장 제도가 종식된 이후에도 예수님은 사람의 손이 닿을 수 없는 하늘 성소에서 대제사장으로서 항상 살아 계십니다(히 7:24). 죄인들은 더는 지상의 도피성이나 아론의 대제사장들의 죽음에 의존할 수 없습니다. 예루살렘 파괴와 함께 성전과 제사장 제도가 끝났기 때문입니다.

그러나 이제는 손으로 짓지 않은 하늘 성전에서 죄인들을 위해 영원히 살아 계신 대제사장의 더 나은 사역이 있습니다. 예수님의 속죄 희생은 이미 완성되었습니다. 그래서 그에게 믿음으로 나아가는 모든 종류의 죄인들에게 효력을 발생합니다. 예수님은 아론의 대제사장들이 섬겼던 예루살렘에서 "더 좋은 약속"과 "더 좋은 언약의 중보자"(히 8:6)가 되시기 위해 속죄의 피를 흘리시고 하늘 성소로 들어가셨습니다.

다섯째, 도피성은 복음의 한 예시입니다.

도피성 제도는 죽임을 당할 위험이 있는 자들을 보호하기 위해서 마련된 은혜의 방편이었습니다. 예수님은 죄인들의 "피난처"(히 6:18)입니다. 도피성은 살해 도주자에게 유일한 피난처였습니다. 살인자를 위한 속죄의 제사가 없었기 때문입니다. 예수님은 죽음의 형벌을 받아야 할 죄인들이 피할 수 있는 유일한 피난처입니다. 이스라엘의 도피성은 예수 그리스도의 구원을 바라본 것이었기에 또 다른 형태의 구원의 방편에 대한 기대나 소망의 여지를 두지 않았습니다. 하나님에게는 제2의 구원 계획이 없습니다. 예수님의 도피성으로 가든지 아니면 보복자의 추격을 받고 멸망을 하든지 양단 길밖에 없습니다.

맺는말

"나로 말미암지 않고는 아버지께로 올 자가 없느니라"(요 14:6)는 말씀은 유아독존이라고 사람들이 싫어합니다. 그러나 예수님은 세상에서 가장 겸손하신 분이었습니다. 하나님의 아들로서 인간이 되셨고 말구유에서 태어나셨습니다. 예수님은 평생을 섬김과 희생의 삶으로 일관하셨고 온갖 모욕과 멸시를 당하셨습니다. 그는 가장 불의한 재판을 받고 형극의 십자가에서 벌거벗긴 채 잔혹한 죽임을 당하였습니다. 예수님에게 혼자 잘났다고 뽐낸다는 의미의 유아독존(唯我獨尊)이라는 말을 사용하는 것은 가당치 않습니다.

예수님은 자신이 하나님께서 보내신 세상의 구주이심을 밝히셨습니다. 그래서 자신이 아버지께로 가는 유일한 길이라고 선포하셨습니다. 예수님은 구원의 길을 알려 주셨고 자신이 구원의 수단이 되셨습니다. 하나님께서 예수님을 세상의 유일무이한 구주로 보내셨다면, 자신의 대속을 믿지 않으면 하나님께로 갈 수 없다고 알려 주는 것은 유아독존이 아닙니다. 이것은 모든 죄인을 하나님께로 돌이키게 하려는 간곡한 사랑의 호소입니다.

복음이 다른 종교를 인정하지 않는 것은 당연한 일입니다. 하나님께서 세상에 보내신 구원의 도피성이 오직 주 예수 그리스도 한 분뿐이라면, 다른 길을 제시하거나 믿는 것은 분명 잘못된 것입니다. 문제는 배타적이냐 포용적이냐 하는 것이 아니고, 예수 그리스도가 하나님이 보내신 유일한 구원의 도피성이냐 아니냐 하는 것입니다. 말을 바꾸면, 포용과 비포용이 진리의 잣대가 되는 것이 아닙니다. 하나님께서 구원의 길로 선포하신 예수 그리스도를 진리의 표준으로 수용하느냐 않느냐가 문제입니다. 예수님을 믿지 않으면 아무도 하나님의 구원을 받을 수 없다는 절대적인 선언은 항상 인간들의 귀에 거슬립니다. 그러나 유일무이한 그리스도의 도피성이 모든 죄인을 다 포용할 수 있다는 것은 굳뉴스입니다.

13장
레위인의 성읍과 목초지
여호수아 21:1-45

"가나안 땅 실로에서 그들에게 말하여 이르되 여호와께서
모세에게 명령하사 우리가 거주할 성읍들과 우리 가축을
위해 그 목초지들을 우리에게 주라 하셨나이다"(수 21:2).

본 장은 땅의 유업을 받지 못한 레위 지파에 거주용 성읍과 목
초지를 제비 뽑아 주고 하나님께서 맹세하신 가나안 땅에 대한
모든 약속이 성취되었음을 최종적으로 확인해 줍니다. 레위 지파
의 족장들이 대제사장과 여호수아와 이스라엘 자손의 지파 족장
들에게 와서 하나님이 모세에게 명령하셨던 성읍과 목초지를 달
라고 청구하였습니다. 이러한 요구는 두 가지 면에서 교훈이 됩
니다.

첫 번째 교훈은 하나님께서 오래전에 약속하신 말씀을 잊지
않고 마음에 담아 둔 것입니다. 하나님께서 주신다고 약속하신

유업은 적극적인 자세로 받아야 합니다. 세월이 좀 지났다고 해서 포기하거나 잊어버리는 것은 하나님의 신실하심을 외면하고 약속의 선물에 대한 귀중성을 충분하게 인식하지 않기 때문입니다. 그러나 여호수아서가 우리에게 역설하는 강조점의 하나는 하나님께서 약속을 지키신다는 것입니다. 우리는 신실하지 않아도 하나님은 자신의 말씀에 신실하십니다. 하나님은 자신의 성품을 거슬러서 행하시지 않습니다.

> "우리는 신실하지 못하더라도 그분은 언제나 신실하십니다. 그분은 자기를 부인할 수 없으시기 때문입니다."(딤후 2:13, 새번역).

성경책에 기록된 하나님의 약속의 말씀들은 수천 년이 지난 것들입니다. 그러나 우리는 하나님의 신실하심의 많은 증거를 보고 담대하게 청할 수 있습니다. 하나님이 약속하신 것이기에 청구할 수 있습니다. 레위 지파는 자기들의 유업의 약속을 청구하여 받았습니다. 이것은 유업의 한 원리입니다. 하나님께서 약속하신 것은 갈렙과 슬로브핫의 딸들과 여호수아의 선례에서 보듯이 청구할 수 있습니다(참조. 수 14:9-12; 17:3-6; 19:50). 유업의 원리는 청구하고 소유하고 안식하며 누리는 것입니다(참조. 수 11:23; 14:15; 21:43).

"우리에게 주라"(21:2)고 하신 것을 구해야 합니다. 우리는 하나님이 약속하시고 인정하신 것을 청할 줄 알아야 바른 기도를 할 수 있습니다. 이것이 모든 신자의 정상적인 기도 패턴입니다. 그러나 이 원리를 하나님의 뜻이나 약속과 상관없이 무조건 매달리는 기도를 하면, 내가 원하는 것을 주신다는 식으로 오해하거나 오용하지 말아야 합니다. 하나님의 약속을 겸비한 자세로 믿고 청해야지 내가 작정한 것들에 집착해서 떼쓰기 기도를 하는 것은 옳지 않습니다. 하나님께서는 그런 식의 기도를 칭찬하시지 않습니다.

우리는 하나님께서 우리에게 실제로 약속하신 것들에는 신경을 별로 쓰지 않는 듯합니다. 그런데 성경에서 약속했다고 해서 자동적인 것은 아닙니다. 성경의 약속은 가나안 유업처럼 하나님의 맹세의 성격을 가진 것도 있습니다. 그래서 언젠가 반드시 실현되는 것도 있지만, 그런 경우라도 믿음의 싸움을 전제한 것입니다. 사실상 대부분의 약속은 조건부입니다. 그리고 자신에게 적용하기 위해서는 성령의 조명과 인도가 필요하고 줄기찬 믿음이 있어야 합니다. 우리는 어떤 말씀이 자신에게 해당하는지를 잘 구별할 필요가 있습니다. 모든 성도에게 해당하는 보편적인 약속의 말씀도 있지만, 개인적으로 적용되는 약속들은 성령의 가이드가 필요합니다.

두 번째 교훈은 안일하게 살려는 다른 지파들에 주는 도전입니다. 자신들의 유업을 받을 생각을 하지 않고 뭉그적거렸던 일곱 지파와 레위 지파는 퍽 대조적입니다(18:2-3). 레위 지파는 대표들을 실로에 있는 유업 분배지로 보내 모세를 통한 하나님의 약속을 상기시키며 마흔여덟 개의 성읍과 인근 목초지와 여섯 개의 도피성을 요청했습니다(민 35:1-8). 그런데 한 가지 주목할 것은 그들에게 할당된 성읍 중에 게셀(21:21)과 다아낙(21:25)이 포함되었습니다. 게셀 성읍의 주민은 에브라임 지파가 몰아내지 않고 종노릇을 시켰습니다(16:10). 다아낙은 므낫세 지파가 쫓아낼 수 없었습니다(17:11-13). 그러니까 이 두 성읍은 레위 지파가 거주지로 할당을 받았을 때 가나안 족속의 손에 있었습니다. 레위인들은 이 지역이 언젠가 자기들의 거주지가 될 것으로 알고 믿음으로 받아야 했습니다.

제사장들과 레위인들에 대한 실제적인 배려

레위인들의 유업은 성전에서 하나님을 섬기는 직분과 함께 하나님과의 밀착된 매일의 교제였습니다(13:14,33; 18:7). 그래도 살아야 할 타운이 필요하고 목초지가 있어야 했습니다. 그래서 이스라엘 지파들은 레위인들에게 자기들의 유업에서 일부 성읍들과 목초지를 내어 주었습니다(21:3). 이것은 각 지파가 레위 지파를 위한 기여에 참여하게 함으로써 지파의 연합을 보여 주는 훌륭한 모범입니다. 십시일반(十匙一飯)이란 말이 있듯이, 하나님의 백성이 모두 이런 식으로 믿음의 형제자매들을 돕는다면 훨씬 더 공평하고 연합된 사랑의 공동체가 될 것입니다.

영적인 사역에 종사한다고 해서 실제적인 필요가 없는 것이 아닙니다. 레위인들도 목초지를 받고 가축을 길러야 했습니다. 그런데 각 지파에서 레위 지파에게 성읍과 목초지를 떼어 주는 것은 그들이 받은 할당분의 크기에 비례하게 하였습니다. 즉, 큰 땅을 받은 자들은 그만큼 더 많은 성읍과 목초지를 내어 주어야 했습니다(민 35:8). 그래서 땅이 넓었던 유다 지파의 경우에는 납달리의 소수 지파보다 더 많은 영토를 레위 지파에게 내놓았습니다. 이것은 공평한 원리입니다.

> "너희가 이스라엘 자손의 소유에서 레위인에게 너희가 성읍을 줄 때에 많이 받은 자에게서는 많이 떼어서 주고 적게 받은 자에게서는 적게 떼어 줄 것이라 각기 받은 기업을 따라서 그 성읍들을 레위인에게 줄지니라"(민 35:8).

그런데 신약의 표준은 모세 율법에서 정해진 기계적인 공평성보다 훨씬 더 자유롭고 높은 수준입니다. 즉 수입의 분량에 비례해서 내는 것이 아니고, 각 개인이 스스로 정한 액수나 물질을 후하게 드리는 것입니다. 인색하거나 억지로 하는 것이 아니고 수입의 분량에 매이지 않고 넘치게 드리는 것입니다. 의무감에서 싫어도 마지 못해 내는 것이 아니고 어려운 중에서도 감사와 희생으로 기쁘게 후히 드리는 것은 기계적인 분배보다 훨씬 더 높은 수준의 사랑의 실천입니다(고후 8:2-5; 9:7). 하나님의 백성 중에는 경제적 여유가 상대적으로 더 많으면서도 오히려 더 인색한 사람들이 있습니다. 반면에, 여유가 없음에도 후한 마음으로 과부의 두 렙돈을 바치는 성도들이 있습니다. 우리는 하나님께서 즐겨 받으시는 헌신을 하기에 하나님의 인정을 받는 자들이 되어야 합니다(고후 9:7절 하반).

하나님께서는 제사장들에게는 13개의 성읍을 주셨는데 남쪽에 있는 유다, 시므온, 베냐민 지파의 영토에서 할당해 주었습니다(21: 4). 그런데 이 지역은 앞으로 성전이 세워질 예루살렘과 가까운 거리였습니다. 이것은 성전 봉사에 편리하도록 하기 위한 배려였습니다. 제비를 뽑을 때 이미 하나님이 배후에서 섭리하셨다는 증거로 볼 수 있습니다. 그런데 제사장들에게 예루살렘이 할당되지 않았다는 것은 사뭇 놀라운 일입니다. 그 까닭이 무엇이었을까요?

> "주께서는 성전의 보호자인 다윗 가문을 위해 예루살렘을 상으로 예비해 두셨기 때문이다"(Bruce Waltke, New Bible Commentary. P. 256).

다윗은 여부스 족이 살던 예루살렘을 정복하여 자신의 소유로 삼았습니다. 그래서 '다윗 성'이라고 불렀고 다윗은 수도를 헤브론에서 예루살렘으로 옮겨 다윗 가문의 왕성이 되게 하였습니다.

> "다윗이 시온 산성을 빼앗았으니 이는 다윗 성이더라"(삼하 5:7).

한편, 제사장 계통이 아닌 레위인들에게는 여러 지역에 두루 산재한 마흔여덟 개의 성읍들을 주었습니다. 이렇게 함으로써 이스라엘 백성은 레위 지파들을 여러 곳에 분산시키고 각자의 성읍에서 백성에게 모세 율법을 가르치면서 영적 도움을 주게 하였습니다. 레위인들의 주요 역할은 성전 봉사와 함께 백성에게 율법을 가르치는 것이었으므로 효과적인 사역을 위해서는 지파들 사이에 흩어져 사는 것이 좋았습니다(신 33:10; 대하 17:7-9).

> "레위에 대하여 일렀으되… 주의 법도를 야곱에게, 주의
> 율법을 이스라엘에게 가르치며 주 앞에 분향하고 온전한
> 번제를 주의 제단 위에 드리리로다"(신 33:10).

그런데 레위인들을 분산시킨 것은 야곱이 준 예언의 한 측면을 성취한 것이기도 합니다.

> "시므온과 레위는 형제요 그들의 칼은 폭력의 도구로다…
> 그 노여움이 혹독하니 저주를 받을 것이요 분기가 맹렬하
> 니 저주를 받을 것이라 내가 그들을 야곱 중에서 나누며
> 이스라엘 중에서 흩으리로다"(창 49:5-7).

이 예언대로 시므온 지파는 독자적인 유업을 받지 못하고 유다 지파에 속한 땅 일부를 유업으로 받았습니다(수 19:1, 9). 레위 지파들은 48개 성읍들을 받아 각곳에 흩어져 살았습니다(수 21장). 이런 조치는 물론 율법 교사로서의 레위 지파의 효과적인 사역을 위한 실제적인 배려입니다. 동시에 시므온 지파와 레위 지파의 과격한 성격이 다시 폭발하여 이스라엘의 존망(存亡)에 위협이 되는 세겜 사건과 같은 일이 재현되지 않도록 방지하려는 의도도 있었습니다(창 34장).

사람에게는 기질이 있습니다. 나쁜 기질은 억제하지 않으면 다시 터져 나옵니다. 레위인들에게는 울컥하는 성격을 잠재울 수 있는 좋은 방법은 여러 지파 속에 흩어져 살면서 거룩한 삶을 위해 힘쓰며 말씀을 가르치는 것이었습니다. 오늘날의 교회도 가르치는 일에 초점을 두어야 합니다. 물론 모든 교회가 가르침을 우선시한다고 자부할 것입니다. 그러나 올바른 성경 교육은 아무리 강조해도 부족합니다. 잘 가르치고 바르게 가르치고 꾸준히 가르쳐야 합니다.

교회의 성숙은 성령의 능력이 함께 하는 메시지와 성경공부의 심도에 비례합니다. 사역자들이 부지런히 가르치는 일을 등한하게 하면 교인들도 자라지 않고 교회가 질적으로 발전하지 않습니다. 레위인들이 나라 전체에 흩어져서 말씀을 가르치게 한 제도는 지금도 그대로 적용되어야 할 좋은 방침입니다. 물론 우리에게는 모세 율법이 전부가 아닙니다. 모세 율법을 알고 배우되 이를 능가하는 예수님의 복음과 사도들의 가르침을 중심으로 전체 교인이 다 참여하여 공부해야 합니다. 교회 교육은 옵션이 아니고 필수입니다. 사도 바울은 에베소 장로들에게 준 고별 메시지에서 유업과 관련하여 말씀의 중요성을 강조하였습니다.

"나는 이제 하나님과 그의 은혜로운 말씀에 여러분을 맡깁니다. 하나님의 말씀은 여러분을 튼튼히 세울 수 있고, 거룩하게 된 모든 사람들 가운데서 여러분으로 하여금 유업을 차지하게 할 수 있습니다."(행 20:32, 새번역).

레위 지파를 통해서 이스라엘 백성 전체가 하나님의 말씀을 배우게 하는 것이 하나님의 뜻이었습니다. 이 뜻은 지금도 변하지 않았습니다. 하나님의 뜻이 무엇인지 모른다면 이 한 가지 하나님의 뜻이라도 확신하고 자신에게 적용해 보십시오.

안식은 유업의 최고봉입니다.

"여호와께서 그들의 주위에 안식을 주셨으되 그 조상들에게 맹세하신 대로 하셨으므로 그들의 모든 원수들 중에 그들과 맞선 자가 하나도 없었으며 이는 여호와께서 그들의 모든 원수들을 그들의 손에 넘겨 주셨음이니라"(수 21:44).

"이제는 너희의 하나님 여호와께서 이미 말씀하신 대로 너희 형제에게 안식을 주셨으니 그런즉 너희는 여호와의 종 모세가 요단 저쪽에서 너희에게 준 소유지로 가서 너희의 장막으로 돌아가되"(수 22:4).

여호수아서 21장의 마지막 세 절은(43-45절) 하나님의 신실하심에 대한 대 선언이며 강력한 설득력을 가진 장엄한 대 증언입니다. 본문은 여호수아서의 "신학의 심장"이라고 말할 정도입니다. (Dale Davis, No falling Words, p.157). 본문은 1장에서 12장까지의 하나님의 동행과 승리의 실현을 확인시키고 13장에서 21장까지의 유업의 분배를 집약하며 "여호와께서 이스라엘 족속에게 말씀

하신 선한 말씀이 하나도 남음이 없이 다 응하였더라"(45절)는 결
론을 내립니다.

　본 항목에는 안식의 주제가 두드러집니다. 하나님은 모든 백
성에게 '안식'을 주셨습니다. '안식'의 일차적인 의미는 문맥상으
로 적대 세력의 위협에서 벗어난 것을 말합니다. 하나님께서는
원래의 약속대로 가나안의 원수들을 섬멸케 하셨고, 그의 약속을
믿고 가나안으로 들어간 백성은 젖과 꿀을 즐기게 되었습니다.
그들은 원수들을 물리치고 가나안 땅을 유업으로 받았습니다. 이
제 그들은 원수들로부터 안식하는 자유를 누렸습니다.

　그런데 '안식'은 유업 신학에서 훨씬 더 중요한 의의가 있습니
다. 일반적인 의미에서 안식은 "외부적인 위협과 압제로부터 자
유롭고, 대결, 기근 혹은 재앙을 당하지 않는 평화로운 상태"(NIV
Study Bible p.248)를 가리킵니다. 그러나 '안식'은 하나님이 주시는
유업의 문맥에서 훨씬 더 깊은 의미로 발전합니다. 하나님은 가
나안 유업과 관련해서 안식을 주신다고 하셨습니다(신 3:20; 삼하
7:1; 수 11:23; 21:44). 몇 가지 본문을 예시할 수 있습니다.

　　"여호와께서 너희에게 주신 것 같이 너희의 형제에게도
　　안식을 주시리니…"(신 3:20).

　　"여기에서 '안식'(rest)은 단순히 전쟁 후의 평화를 가리킨
　　다. 그러나 이것은 신학적으로 풍성한 용어이다. 안식은
　　하나님의 백성이 하나님의 장소에서 하나님의 다스림을

받는 복지를 시사한다. 그래서 안식의 개념은 창조의 일곱째 날을 소급하여 암시하고(출 20:11) 영구적인 안식을 바라보게 한다(시 95:7-11; 히 3:7-4:11)". (ESV Study Bible p. 336).

"그러므로 내가 노하여 맹세하기를 그들은 내 안식에 들어오지 못하리라 하였도다"(시 95:11).

그런데 같은 주석에서 본 시편에 나오는 안식의 의미를 "하나님의 임재를 영원히 즐기는 이미지로서의 안식"(ESV Study Bible p.1059)이라고 설명합니다. 이렇게 보면 안식은 곧 천국에 들어가는 것을 뜻하게 됩니다. 그러나 천국은 투쟁해서 들어가거나 소유하는 것이 아닙니다. 하나님의 임재는 유업의 중요한 부분이긴 하여도, 유업의 획득은 사후 천국에서 얻는 것이 아니고 이 세상에서 쟁취해야 합니다. 이 점에서 여호수아서의 '안식'과 모세가 말한 '안식'의 초점은 동일합니다. 안식은 유업의 마지막 단계입니다. 유업의 약속이 성취된 때가 안식의 시점입니다.

유업은 하나님이 주신 약속을 얻기 위해 꾸준한 믿음과 줄기찬 인내로 하나님의 약속을 신뢰하고 순종하여 싸워 이기는 것입니다. 이렇게 쟁취한 유업을 소유하고 향유하는 것이 안식입니다. 이것은 추상적이거나 내세적인 것이 아니고 구체적인 지상에서의 체험으로 시작됩니다.

이스라엘 백성이 가나안을 정복하고 안식한 것은 신약 백성에게는 그리스도 안에서 믿음의 싸움을 통해 받아 누려야 하는 신령한 축복들입니다. 그래서 히브리서는 이 '안식'을 여호수아가 주지 않았다고 지적합니다(히 4: 8). 여호수아가 준 것은 우리가 예수님으로부터 받는 '안식'에 대한 하나의 그림이며 게시판이기 때문입니다.

우리는 이스라엘 백성이 가나안 땅의 소유를 목표로 진군했듯이, "푯대를 향하여 그리스도 예수 안에서 하나님이 위에서 부르신 부름의 상을 위하여 달려"(빌 3:14)가야 하고, "기업의 상을 주께 받을 줄" 알고 힘써 그리스도를 섬겨야 합니다(골 3:24). 주님께서는 이런 성도의 삶에 대한 보상으로서 유업의 상으로 갚아 주신다고 약속하셨습니다(마 5:1-12; 10:41-42; 삼하 7:9-12; 8:13).

"여호와께서 이스라엘 족속에게 말씀하신 선한 말씀이 하나도 남음이 없이 다 응하였더라"(수 21:45).

가나안 유업에 대한 하나님의 맹세의 약속은 마침내 모두 이루어졌습니다. 이것은 우리에게 큰 격려와 기쁨이 됩니다. 하나님의 뜻을 따르면 약속하신 말씀이 응한다는 역사적 증거는 우리가 유업을 향해 달릴 때 피곤과 좌절과 실패의 계곡에서 큰 힘이 될 것입니다.

"하나님은 사람이 아니시니 거짓말을 하지 않으시고 인생이 아니시니 후회가 없으시도다 어찌 그 말씀하신 바를 행하지 않으시며 하신 말씀을 실행하지 않으시랴"(민

23:19).

출애굽 세대는 40년간 약속의 땅에 들어가기를 두려워하여 광야를 배회하다가 유업의 상을 놓쳤습니다. 이제 한 세대가 지난 이후에 깨달은 것이 무엇입니까? 광야에서의 방황이 불필요한 낭비였다는 것입니다. 광야 세대는 하나님의 유업의 약속을 믿지 않고 하나님을 불신하였습니다. 그들이 믿은 것은 가나안의 거인들과 높은 성벽들을 대항하여 이길 수 없다는 확신이었습니다. 그러나 그들의 두려움은 불필요한 불신이었고 그들의 확신은 그릇된 것이었음이 증명되었습니다.

여호수아서는 가나안 정복을 완성과 미완성으로 봅니다.

여호수아서에는 한편으로는 정복이 끝났다고 말하고(10:40-42; 11:23; 12:7-24; 23:1) 다른 한편으로는 아직도 정복해야 할 땅이 많이 남았다고 말합니다(13:2-6; 14:12; 17:12-18; 18:2; 23:5, 7, 12). 때로는 이 양 측면이 함께 언급됩니다(23:4-5). 이러한 모순된 진술을 어떻게 이해해야 할까요? 13장 1절에서는 아직도 "얻을 땅이 매우 많이 남아 있도다"라고 하였습니다. 이스라엘이 쫓아내지 않거나 쫓아낼 수 없는 원수들이 있었습니다(16:10; 17:12). 그런데도 결언으로 "그 온 땅을 점령하여…그 땅에 전쟁이 그쳤더라"(11:23)고 하였습니다. 그럼 성경 저자들은 이런 모순이 있음을 보지 못하였을까요? 그럴 리가 없습니다. 우리가 보았다면 그들도 보았을 것입니다. 그럼 왜 상호 배치되는 듯한 진술을 했을까요?

　우리는 성경의 기록 방법이 현대인의 역사 진술이나 언론 기사의 보도와 다르다는 점을 염두에 두어야 합니다. 우선 세상 역사는 신학적인 틀 안에서 해석되지 않습니다. 한 예로써, 여호수아 21: 43-45절은 하나님께서 이스라엘의 조상에게 맹세하신 땅을 이스라엘에 다 주셨다고 하고서 이스라엘 백성에게 말씀하신 선한 말씀이 하나도 남음이 없이 다 응하였더라고 했습니다. 이것은 신학적인 진술입니다.

　반면, 세상 역사에는 하나님이 세상만사를 주관하시고 하나님의 의도에 따라 인류의 역사가 통제되며 하나님이 계획하신 구원의 목표를 향해 진행된다는 사상이 없습니다. 세상 역사가는 자료들을 취사선택하여 자신의 관점에 따라 해석합니다. 성경의 저자들도 마찬가지지만, 하나님의 전체적인 구원 계획과 목적이 어떤 방식으로 성취되는지에 역점을 둡니다. 그래서 일일이 짝이 맞추어지거나 귀가 다 맞지 않아도 그런 것 때문에 하나님의 계획이 성취되지 않았다고 보지 않습니다. 비록 가나안에는 아직 정복되지 않은 원주민 족속과 그들의 땅이 남아 있었지만, 전반적으로 볼 때 이스라엘이 가나안 땅을 정복한 것은 사실이었습니다. 그들은 이미 가나안 땅에 들어와서 살고 있었고 원주민의 위협으로부터 안전하였습니다(21:44).

　13장 1절에서 아직도 정복할 땅이 많이 남았다는 말은 13장 이전까지의 혁혁한 승전을 감안해서 이해되어야 합니다. 이스라엘은 가나안의 남부와 중부 및 북부 지역을 압도적으로 거의 다

장악하였습니다. 물론 소탕하지 못한 변방 지역과 일부 이스라엘 백성과 함께 살도록 허용된 원주민이 있었지만, 그것 때문에 승전 선포를 미루지 않았습니다. 사실상 현대전에서도 이것은 마찬가지입니다. 2차 대전 때 일본이 공식적으로 항복하였음에도 일부 태평양 지역에서는 일본군의 저항이 그치지 않았습니다. 그렇다고 해서 미국의 승전 선포가 시기상조거나 모순이라고 말할 수 없는 것과 같습니다.

> "그들의 모든 원수들 중에 그들과 맞선 자가 하나도 없었
> 으니 이는 여호와께서 그들의 모든 원수들을 그들의 손에
> 넘겨 주셨음이니라"(21:44).

이 표현은 원수들을 최후의 한 사람까지 다 죽였다는 의미가 아닙니다. 이것은 가나안 족속이 더 이상 이스라엘의 정착에 군사적 위협이 되지 못했음을 확인해 주고 이스라엘의 승리를 공적으로 선포한 말이었습니다. 이런 의미에서 하나님께서 이스라엘에 안식을 주셨다고 하였습니다(21:44; 22:4). 그래서 가나안 정복은 큰 그림으로 보면 완료된 것이지만, 상세한 부분까지 본다면 미완성입니다.

그런데 본 항목이 유업 분배를 마치고 결언처럼 붙어 나오는 것은 의도적이라 할 수 있습니다. "이스라엘의 조상들에게 맹세하사 주리라 한 온 땅"(21:43)이 과연 실현된 것은 하나님의 신뢰성을 확증하는 것이기 때문입니다. 저자의 의도는 하나님은 장구한 세월의 경과와 이스라엘 백성의 불순종에도 불구하고 마침내

출애굽의 차세대를 가나안으로 인도하셨다는 것입니다. 즉, 약속의 땅을 소유하게 하심으로써 자신의 맹세를 지키셨다는 것입니다. 그래서 "여호와께서 이스라엘 족속에게 말씀하신 선한 말씀이 하나도 남음이 없이 다 응하였더라"(21:45)는 진술은 신실하신 하나님의 승리를 찬양하는 신학적 송영입니다.

신학은 하나님의 이름을 높이는 송영이 들어갈 때 빛을 냅니다. 모든 신학은 경배와 송영으로 끝나야 합니다. 하나님은 약속을 지키시는 분입니다. 하나님은 우리가 언제나 신뢰할 수 있습니다. 그러므로 그분께 찬송과 존귀와 경배를 올리는 것이 합당합니다(계 4:11; 5:13).

맺는말

우리는 광야 세대의 불신과 두려움을 거울로 삼아야 합니다. 우리도 그들처럼 될 수 있기 때문입니다. 그들처럼 우리도 때때로 하나님의 약속보다는 대적들의 능력을 더 믿고, 하나님의 선한 뜻에 따라 힘써 달리기보다는 원수들과 접전할 필요가 없는 광야에서 안주하기를 바랍니다. 그러나 하나님이 이스라엘에게 주신 안식은 적들을 이긴 후에 오는 것이었습니다. 대적들과의 싸움을 회피했던 광야 세대는 승전을 통해 오는 유업의 안식에 들어갈 수 없었습니다.

그러나 우리가 모세 세대가 아닌 여호수아 세대를 닮는다면, 하나님의 유업의 약속이 우리의 나날의 삶 속에서 이루어지는 것을 체험하기 시작하는 기쁨을 누리게 될 것입니다. 물론 극심한 싸움도 있고, 갈등과 실수와 실패도 있습니다. 그러나 하나님께서는 끝까지 하나님 편에서 신의를 지키며 하나님께서 계획하신 구원의 큰 그림을 보고 헌신하며 충성하는 자들에게 안식의 승리를 주십니다.

14장

유업 획득의 본보기
여호수아 22:1-34

"르우벤 자손과 갓 자손과 므낫세 반 지파가 가나안 땅 실
로에서 이스라엘 자손을 떠나 여호와께서 모세에게 명령
하신 대로 받은 땅 곧 그들의 소유지 길르앗으로 가니라"
(수 22:9).

군인들에게는 전쟁이 끝나서 귀향하는 것이 가장 기쁜 일입
니다. 요단 동쪽에 먼저 정착했던 르우벤 자손과 갓 자손과 므낫
세 반 지파는 이제 전쟁을 마치고 귀향길에 올랐습니다. 이들에
대한 여호수아의 진술에서 우리는 유업의 의미를 다시 짚어볼 수
있습니다.

첫째, 모세와 여호수아의 명령을 잘 지켰습니다.

"그들에게 이르되 여호와의 종 모세가 너희에게 명령한

것을 너희가 다 지키며 또 내가 너희에게 명령한 모든 일
에 너희가 내 말을 순종하여…오직 너희의 하나님 여호와
께서 명령하신 그 책임을 지키도다"(22:2-3).

그들은 요단 서쪽에서 자신들의 땅을 받지 않았지만, 가나안
정복에는 참전해야 한다는 모세의 명령을 지켰고 그에 대한 여호
수아의 지시도 따랐습니다. 유업은 무조건적인 것이 아니고 하나
님의 말씀을 실천함으로써 확보됩니다. 이것은 일찍이 하나님께
서 여호수아에게 주셨던 말씀이었습니다.

"이 율법책을 네 입에서 떠나지 말게 하며 주야로 그것을
묵상하여 그 안에 기록된 대로 다 지켜 행하라 그리하면
네 길이 평탄하게 될 것이며 네가 형통하리라"(1:8).

신약 교인들에게는 모세 율법을 지키는 것이 유업 확보의 조
건이 아닙니다. 그러나 율법의 수준을 웃도는 예수님의 가르침과
사도들의 교훈을 순종해야 합니다.

둘째, 인내하며 끝까지 잘 싸웠습니다.

"오늘까지 날이 오래도록 너희가 너희 형제를 떠나지 아
니하고…"(22:3).

유업을 받는 한 중요한 요소는 오래 견디는 것입니다. 유업은

꾸준한 신뢰와 믿음을 테스트받는 과정을 거쳐야 하기 때문입니다. 유업은 이스라엘 백성의 가나안 침공에서 보듯이 싸워서 쟁취하는 것입니다. 가나안 족속을 몰아내지 않으면 유업의 땅을 차지할 수 없습니다. 그런데 하루아침에 자기들의 땅을 내어주는 적군은 없습니다. 유업의 획득은 시간이 걸립니다. 그래서 여호수아는 동쪽 지파에게 "오늘까지 날이 오래도록" 다른 지파들과 함께 전투에 참전하는 책임을 잘 수행했다고 칭찬하였습니다. 여기에서 유업에 대한 두 가지 측면이 조명되고 있습니다. 하나는 전쟁이 종료되는 마지막 날까지 인내했다는 것이고, 다른 하나는 다른 지파들과 함께 공동으로 싸웠다는 것입니다.

유업이라고 하면 개인이 받는 상에 집중하는 경향이 있습니다. 그래서 상은 이기적이고 개인주의적인 발상이라는 비난을 받습니다. 그러나 누구도 교회 공동체를 떠나서 혼자 산속에 들어가서 자기 유업의 획득을 위해 싸우지 않습니다. 특별한 경우에 외딴곳에서 살아야 하는 현대판 로빈슨 쿠루소(Robinson Crusoe)가 있을지 몰라도, 신자들은 예수님의 지체로서 다른 성도들과 함께 살아갑니다. 그래서 지파별로 유업이 있고, 갈렙과 여호수아의 경우처럼 개인별 유업이 있습니다. 그럴지라도 공동체로서 유업의 약속을 위해 싸우는 것이 정상적인 패턴입니다.

여호수아는 동쪽 지파들이 자신들의 책임을 지켰다고 치하하였습니다. 유업은 공동체적이면서도 개인적입니다. 예수님은 제자들에게 "누구든지 나를 따라오려거든 자기를 부인하고 자기 십자가를 지고 나를 따를 것이니라"(마 16:24)고 하셨습니다. 이것은 매우 개인적인 초대입니다. 바꿔 말하면, 개인에게 주는 유업의 상이 있다는 뜻입니다. 그러나 공동체와 함께 유업의 상을 받는 것이 더 바람직합니다. 각자가 공동체 속에서 연합하여 자신의 책임을 다할 때 공동체와 개인에게 유업이 돌아가야 정상입니다. 이스라엘 지파들 사이의 연합 전선은 가나안 전쟁의 승리를 가져왔고 각 지파와 가족들과 개인에게 유업이 돌아갔습니다.

셋째, 엑스트라 유업을 받았습니다.

"여호수아가 그들을 그들의 장막으로 돌려보낼 때에 그들에게 축복하고 말하여 이르되 너희는 많은 재산과 심히 많은 가축과 은과 금과 구리와 쇠와 심히 많은 의복을 가지고 너희의 장막으로 돌아가서 너희의 원수들에게서 탈취한 것을 너희의 형제와 나눌지니라"(22:7-8).

동쪽 지파들은 요단 동편에서 이미 땅의 유업을 받고 정착하였습니다. 그러나 남자들은 모두 요단을 건너 가나안 땅을 쟁취하는 전쟁에 참여하였습니다. 이제 그들에게는 전리품이 상으로 주어졌습니다. 그들이 받은 전리품은 막대한 분량이었습니다. 이것은 끝까지 충실하게 인내하며 다른 지파들과 함께 명령대로 싸운 대가의 소득이었습니다. 만약 그들이 요단 동편의 유업만 받고 안주했었다면 이처럼 많은 분량의 전리품을 넘치는 상으로 받지 못했을 것입니다. 이것이 유업이 주는 교훈입니다. 불절의 믿음과 꾸준한 인내로 자신의 책임을 다한 자들에게는 풍성한 상이 기다립니다. 바울은 달려갈 길을 다 경주한 후에 자신이 받을 상을 기대하며 다른 성도들을 격려하였습니다.

> "나는 선한 싸움을 싸우고 나의 달려갈 길을 마치고 믿음을 지켰으니 이제 후로는 나를 위하여 의의 면류관이 예비되었으므로 주 곧 의로우신 재판장이 그 날에 내게 주실 것이며 내게만 아니라 주의 나타나심을 사모하는 모든 자에게도니라"(딤후 4:7-8).

동쪽 지파들은 서쪽 지파들이 가나안의 공격에서 벗어나 안식할 때까지 연합 전선에 참전하여 형제 지파들을 지원하는데 충성하였습니다. 이들은 자신들이 약속한 대로 모세와 여호수아의 명령을 지켰습니다(1:12-18). 이들이 원해서 요청하고 정착한 요단 동쪽은 최선의 유업이 아니었습니다. 그러나 그들은 차선(次善)의 선택을 했을지라도 최선의 삶을 살려고 책임감을 느끼고 명령에 순종하였습니다. 실수했다고 해서 최선의 기회가 없는 것도 아니고 차선의 선택을 했다고 해서 최선의 삶이 불가능한 것도 아닙니다. 이들이야말로 "착하고 충성된 종아 잘하였도다"(마 25:21)라는 칭찬을 듣기에 합당한 자들이었습니다. 이들은 여호수아의 축복과 함께 충분한 보상을 받고 귀향함으로써 그들의 안식에 들어갔습니다.

이것이 우리가 모두 달려가야 할 유업의 길입니다. 하나님께서는 대속주로서 보내심을 받은 예수님이 십자가에 죽기까지 아버지를 순종한 희생의 삶을 보시고 '잘하였도다. 착하고 충성된 종아'라고 칭찬하셨습니다. 그리고 그 대가로 하나님 우편 보좌에 앉히시는 영광과 권세를 주었고 만유의 상속자로 세우셨습니다(마 28:18; 히 1:2). 이제 주님은 우리도 달려갈 길을 믿음과 인내와 순종으로 마치기를 원하십니다. 그래서 착하고 충성스러운 종이라는 칭찬을 받고 주님과 함께 공동 상속자가 되어 온 세상을 상속받기를 기대하십니다(롬 8:17).

[분열의 위기와 극복]

세상에는 오해가 있습니다. 아브라함은 아비멜렉 백성이 자기 아내인 사라를 취하기 위해서 자기를 죽일 것이라고 오해하였습니다(창 20:11). 이삭도 나중에 그랄에 거주하면서 그곳 백성이 자기 아내인 리브가를 빼앗기 위해 자기를 죽이려 한다고 오해하였습니다(창 26:7). 엘리 제사장은 한나를 술에 만취된 자로 오해하였습니다(삼상 1장). 다른 사람의 생각과 행동을 바르게 파악하는 것은 상황적으로 어려울 때가 있습니다. 그래서 오해를 불러일으키고 나중에 해명해도 풀리지 않는 경우도 적지 않습니다.

동쪽 지파들과 서쪽 지파들 사이에 전쟁이 터지려는 뜻밖의 사건이 발생하였습니다. 이들은 지금까지 공동의 적인 가나안 백성을 놓고 함께 목숨을 걸고 싸웠습니다. 이제 전쟁이 끝나서 동쪽 지파들에게 잘 가라고 송별 인사까지 하였습니다. 이들은 분명 여러 지파가 모인 실로에서 전우애를 다지며 전쟁의 회포를 푸는 뜻깊은 송별회도 열었을 것입니다. 그런데 갑자기 예기치 못했던 일이 양쪽 진영의 지파들 사이에 전운의 먹구름을 몰고

왔습니다.

> "이스라엘 자손이 들은즉 이르기를 르우벤 자손과 갓 자
> 손과 므낫세 반 지파가 가나안 땅의 맨 앞쪽 요단 언덕 가
> 이스라엘 자손에게 속한 쪽에 제단을 쌓았다 하는지라 이
> 스라엘 자손이 이를 듣자 곧 이스라엘 자손의 온 회중이
> 실로에 모여서 그들과 싸우려 가려 하니라"(22:11-12).

요단 동편 지파들이 제단을 세운 것은 그들의 고백처럼 "이는
번제를 위함도 아니요 다른 제사를 위한 것도 아니라 오직 우리
와 너희 사이에 증거만 되게 할 뿐"(22:28)이었습니다. 다시 말해
서 같은 여호와 하나님을 섬긴다는 것을 드러내는 증거물이라는
것입니다. 요단 강을 사이에 두고 지파들이 나누어졌기 때문에 "
너희 자손이 후일에 우리 자손에게 이르기를 너희는 여호와께 받
을 분깃이 없다 하지 못하게 하려 함"(22:27)이라고 해명하였습니
다. 요단 동쪽 지파들의 의도는 그들도 서쪽 지파의 형제들과 마
찬가지로 여호와로부터 동등한 분깃(몫)의 축복을 받을 수 있다는
것이었습니다. 그래서 그들도 여호와를 함께 섬기는 자들임을 알
리기 위한 물적 증거로서 제단을 쌓았다는 말이었습니다. 서쪽
지파의 대표들은 그때야 오해를 풀고 다시는 그들을 쳐부수자는
말을 하지 않게 되었습니다(22:33).

이 사건이 본 장의 마지막 장면으로 들어간 것은 매우 교훈적
입니다. 성공은 종종 위기를 수반합니다. 성공은 인간을 자만감

에 부풀게 하고 경계심을 늦추게 합니다. 그래서 바울은 "그런즉 선 줄로 생각하는 자는 넘어질까 조심하라"(고전 10:12)고 하였습니다. 돈으로 성공하면 돈이면 다 되는 줄 알고, 권력으로 성공하면 권력이면 다 되는 줄 압니다.

이스라엘 백성은 지금까지 무력으로 살았습니다. 그들은 전쟁으로 성공했기에 전쟁만 하면 다 해결된다고 여겼습니다. 그들이 동쪽 지파들의 제단 건립 소식을 받고 제일 먼저 생각한 것이 무엇이었습니까? 전쟁이었습니다! 싸워서 다 죽이면 된다는 생각이 머리에 박혀 있었습니다. 이것은 그들이 여러 해 동안 가나안 정복에서 터득한 성공 비결이었습니다. 그들은 벌써 가나안 전쟁의 성공 뒤에 여호와 하나님이 계셨다는 사실을 잊었습니다. 그들은 성공에 도취하여 교만해졌습니다. 그들이 동쪽 지파들이 세운 "큰 제단"(22:10)을 그처럼 심각한 문제로 보았다면 당연히 주의 제단 앞에 엎드렸어야 했습니다.

그런데 그들이 어떤 반응을 보였습니까? 소식을 듣자마자 "곧 …온 회중이 실로에 모여서 그들과 싸우려 가려"(22:12) 했습니다. 위기가 올 때 칼에 익숙한 사람은 칼을 뽑고, 주먹에 익숙한 사람은 주먹이 먼저 나가는 법입니다. 그러나 "전쟁할 때가 있고 평화할 때가 있느니라"(전 3:8)고 했습니다. 요단 서쪽 지파들은 자제력을 상실하였고 위기 때 하나님을 먼저 찾는 영성을 잃었습니다.

그러나 동쪽 지파들은 오해를 받았으면서도 차근하게 자신들의 입장을 설명하는 인내와 겸비를 보였습니다. 그들이 고깝게 여겼다면 오히려 서쪽 지파들에 항의하거나 맞서서 싸울 수도 있었을 것입니다. 내가 선의로 행한 일을 상대방이 오해할 때는 매우 섭섭합니다. 그러나 그런 것을 참고 화평을 위해 양보할 수 있다면, 유업의 상을 받을 수 있는 선한 싸움이 됩니다.

서쪽 지파들은 여호와에 대한 열정으로 타올랐습니다. 그래서 동쪽 지파들에게 "오직 우리 하나님 여호와의 제단 외에 다른 제단을 쌓음으로 여호와를 거역하지 말며 우리에게도 거역하지 말라"(22:19)고 했습니다. 그들은 브올에서 모압 여자들과 함께 이스라엘 백성이 바알 신을 섬긴 사건(민 25:1-5)과 아간의 사건까지 상기시키며 하나님의 진노를 경고하였습니다(22:17, 20).

그들의 문제는 하나님을 사랑하지 않아서가 아니고 그릇된 방법으로 지파 사이의 위기를 해결하려고 한 것이었습니다. 그들이 대표단을 파송하여 먼저 곡절을 들은 것은 잘한 일입니다. 그리고 해명을 듣고 돌아선 것도 잘한 일입니다(22:30-33). 또한, 우상 숭배의 침투를 처음부터 철저히 막고 종교적 순결을 지키기 위해 드러낸 열정은 우리에게도 필요합니다.

맺는말

본 사건은 몇 가지 교훈을 줍니다. 하나님의 백성 사이의 연합을 위해서는 상대방의 행동을 속단하지 말고, 해명을 들었으면 물러서는 겸비를 보여야 한다는 것입니다. 그리고 무엇보다도 위기가 오면 불끈해서 쉽게 상대방을 정죄하고 자기가 가진 힘으로 해결하려고 하지 말아야 한다는 것입니다. 연합을 위해서는 오해할 소지가 있는 것은 가급적 피하는 것이 좋습니다. 오해할 우려가 있다고 판단되는 것은 상대방에게 미리 알리는 것도 좋은 방법입니다. 특히 성숙하지 못한 사람들을 상대할 때에는 더 큰 조심이 필요합니다. 이것은 나의 자유를 제한하고 불편을 줄 수 있습니다. 그래서 더욱 인내와 양보의 정신이 있어야 하므로 주 앞에 더 머물러 있어야 합니다.

우리는 항상 같은 장소에서 같은 밥을 먹고 살 수 없습니다. 형제자매들은 강 건너편으로 가서 살기도 합니다. 그들이 이제는 같은 진영에서 살지 않는다고 경계하거나 거리감을 두어서는 안 됩니다. 한번 헤어졌다고 해서 아주 남이 된 것도 아니고 환경이 바뀌었다고 해서 함께 섬기는 하나님이 달라진 것도 아닙니다.

이상적인 것은 아니지만, 우리에게는 항상 강 건너에 두 지파와 반 지파가 존재할 것입니다. 그들도 하나님의 백성이며 유업을 받은 자들입니다. 그들은 최선이 아닌 차선의 땅에서 삽니다. 그래서 우상 숭배의 위험이 크고 예배의 순수성을 희석할 가능성이 큽니다. 그렇다고 해서 그들을 백안시할 것이 아니라 오히려 그들을 위해 기도해 주고 도울 생각을 해야 합니다. 이것이 유업 공동체의 아름다운 모습입니다.

15장
여호수아의 고별사
여호수아 23장

"여호와께서 주위의 모든 원수들로부터 이스라엘을 쉬게
하신 지 오랜 후에 여호수아가 나이 많아 늙은지라 여호
수아가 온 이스라엘 곧 그들의 장로들과 수령들과 재판장
들과 관리들을 불러다가 그들에게 이르되 나는 나이가 많
아 늙었도다" (수 23:1-2).

여호수아는 임종을 앞두고 두 개의 마지막 메시지를 주었습니
다. 23장은 지도자들에게 주는 것이고(23:1-2), 24장은 이스라엘
백성 전체를 향한 말씀이었습니다(24:1).

여호수아 23장은 '안식'의 주제로 시작합니다.

"주님께서 주변의 모든 원수를 멸하시어 이스라엘에게 안
식을 주신 뒤에…" (1절, 새번역).

'안식'이라고 하면 대부분 예수 그리스도를 믿고 구원을 받거나 사후 천국에 들어가는 것으로 생각합니다. 그러나 이스라엘 백성은 가나안을 정복하고 구원을 받은 것도 아니고, 가나안에 도착해서 사후 천국에 들어간 것도 아닙니다.

그들은 출애굽 때 양의 피를 집에 바르고 죽음의 심판으로부터 구원받은 백성이었습니다. 그들은 애굽을 나올 때 이미 구원받은 하나님의 언약 백성으로서 광야를 거쳐 가나안으로 들어갔습니다. 그들은 가나안 족속을 무찌르고 땅을 유업으로 받았습니다. 그들은 가나안 정복 이후로 장기간 유업의 땅에서 농사도 짓고 목축도 하며 평화와 안전을 누렸습니다. 그들은 가나안의 젖과 꿀을 즐기면서 하나님이 주신 은혜의 선물들을 날마다 맛보며 하나님을 찬양하고 언약 공동체의 결속과 교제를 나누었습니다.

이것은 동쪽 지파들이 그랬듯이 "오래도록"(22:3) 함께 힘써 싸우며 "여호와께서 명령하신 그 책임"(22:3)을 지킨 것에 대한 보상이었습니다. 이렇게 믿음의 싸움 이후에 하나님이 주신 상(유업)을 누리는 것이 안식입니다. 그러므로 여호수아서를 읽을 때는 안식을 유업의 문맥에서 이해해야 합니다.

물론 '안식'은 다른 의미도 있습니다. 비근한 예로써 예수님이 "수고하고 무거운 짐 진 자들아 다 내게로 오라 내가 너희를 쉬게 하리라"(마 11:28)고 하셨을 때처럼, 처음 예수님을 대속주로 믿을 때 받는 안식이 있습니다. 이때의 안식은 구원을 받았다는 의미입니다. 그다음 예수님의 재림 때에 죄와 부패와 사탄의 지배에서 완전히 구출되는 영원한 안식이 있습니다.

"괴로움을 받는 여러분에게는 우리와 함께 안식으로 갚아 주십니다. 이 일은 주 예수께서 자기의 권능 있는 천사들과 함께 하늘로부터 불꽃에 싸여 나타나셔서 하나님을 알지 못하는 자들과 우리 주 예수의 복음에 순종하지 않는 자들을 처벌하실 때에 일어날 것입니다."(살전 1:7-8, 새번역).

그러나 여호수아서에서 강조하는 안식은 상으로 받는 유업과 관련된 것입니다. 신약적으로 표현하면 예수님의 멍에를 메고 인내하며 꾸준한 믿음으로 주님을 따라가는 삶의 결과로 오는 보상으로서의 영적 안식입니다.

"나는 마음이 온유하고 겸손하니 나의 멍에를 메고 내게 배우라 그리하면 너희 마음이 쉼을 얻으리니"(마 11:29)

그런데 이 유업의 안식은 단번에 들어가는 것이 아닙니다. 이스라엘 백성은 하루아침에 가나안 땅을 차지하지 않았습니다. 주님의 멍에를 메고 배우는 시간이 필요하기 때문입니다. 이스라엘 백성은 장기간의 복종과 인내와 믿음의 훈련을 거쳐 가나안을 정복하였습니다. 그런데도 그들이 획득한 안식은 전부가 아니었습니다. 그래서 히브리서는 말합니다.

"그러므로 안식할 때가 하나님의 백성에게 남아 있도다. …그러므로 우리가 저 안식에 들어가기를 힘쓸지니

…" (히 4:9-11).

만약 이 구절을 천국에 들어가는 것으로 이해하면 앞뒤가 맞지 않습니다. 안식할 때가 남았다는 것은 현재를 말하는 것이지 사후에 천국 간다는 말이 아닙니다. 또한, 안식에 들어가기를 힘쓰라는 말은 노력해서 천국에 들어간다는 의미가 될 수 없습니다. 구원은 자신의 노력에 달린 문제가 아니기 때문입니다. 본 절의 관심은 사후 천국이나 첫 구원이 아니고 유업으로서의 안식을 누리는 것입니다.

유업의 안식은 진행 중인 것이 특징입니다. 우리가 현재 차지하고 누려야 할 유업의 안식은 매우 풍성해서 한두 번의 누림으로 다 소진될 수 없습니다. 하나님께서는 그리스도를 통하여 우리가 들어가서 누릴 수 있는 안식들을 미리 계획하시고 넘치게 준비하셨습니다. 동쪽 지파들이 받았던 막대한 분량의 전리품을 생각해 보십시오. 그들이 받은 상급은 "심히 많은 가축과 은과 금과 구리와 쇠와 심히 많은 의복"(22:8)이었습니다. 그리고 다른 "많은 재산"도 있었습니다(22:8). 신약 교인들의 입장에서는 하나님의 안식에 들어가는 것은 주 예수를 신실하게 믿음으로써 받아 누리는 여러 형태의 상급입니다.

"안식의 약속은 신명기에서 나오고(3:20; 12:10; 25:19) 여호수아 1장의 권면에서 나타난다(13, 15절). 그리고 21장 44절과 22장 4절에서 요약되었다. 이것은 신명기와 여호수아 1장에서 백성과 여호수아의 신실함에 대한 상급 약속의 일부이다. 여호수아 22장에서 24장까지에 나오는 안식은 이스라엘에 내린 하나님의 축복과 국가적 차원의 신실함에 대한 상급의 결과이다." (Richard Hess, TOTC 영문 주석, P. 294, 295)

이 상급들은 일회적인 것이 아닙니다. 이스라엘 백성은 가나안을 제압하고 정착을 했지만, 아직도 더 정복해서 취해야 할 땅과 안식이 남아 있었습니다. 히브리서의 저자가 "그러므로 우리가 저 안식에 들어가기를 힘쓸지니"(히 4:11)라고 한 것은 전혀 안식을 누리지 못해서가 아닙니다. 아직도 남은 안식이 있으니 이를 위해 수고하고 힘쓰라는 말입니다.

여호수아가 하는 말의 요지도 마찬가지입니다. "요단에서부터 해 지는 쪽 대해(지중해)까지의 남아 있는 나라들"(23:4)을 정복하라는 것입니다. 이것은 우리 모두에게 주는 명령이며 도전입니다. 우리의 문제는 하나님의 은혜의 선물을 전혀 맛보지 못해서가 아니라 계속해서 즐기지 못하는 것입니다. 안식은 수고하고 소유하는 과정이 멈추지 않고 계속될 때에만 충만하게 누릴 수 있습니다. 유업의 안식은 기쁨과 감사의 폭을 넓히고 주님을 더욱 잘 섬기고 싶은 열의로 불붙게 합니다.

여호수아는 두 번 늙었습니다.

"여호와께서 …이스라엘을 쉬게 하신 지 오랜 후에 여호수아가 나이 많아 늙은지라"(23:1).

여호수아가 늙었다는 것은 하나님이 13장에서 이미 말씀하셨습니다.

"여호수아가 나이가 많아 늙으매 여호와께서 그에게 이르시되 너는 나이가 많아 늙었고 얻을 땅이 매우 많이 남아 있도다"(13:1).

얼핏 들으면 이처럼 섭섭한 말씀이 없습니다. 지금까지 늙도록 무엇을 했느냐고 추궁하시는 듯합니다. 하나님께서 정복되지 않은 땅이 많이 남았다고 하시면서 명단까지 주셨습니다(13:2-6). 나이를 먹을수록 불안하고 초조해진다고 고백하는 분들이 적지 않습니다. 어떤 분은 임종하면서 할 일이 너무 많은데 죽게 되었다면서 너무 억울하다고 하였습니다.

우리는 자신의 나이와 상관없이 죽음을 대비하고 살아야 합니다. 어떻게 죽음을 대비할 수 있을까요? 주님이 분배하신 유업의 땅을 부지런히 점령해 나가는 것입니다. 죽음은 멀고도 가깝습니다. 세상에 속한 것들을 모으고 쓰느라고 세월을 빼앗기면 주께서 부르시는 그 날이 닥칠 때 크게 후회하고 당황하게 될 것입니다. 기쁨으로 주 앞에 불려 나가려면 이 세상에 있는 동안 하나님을 기쁘게 해 드리는 삶을 살아야 합니다. 유업의 상을 향해 달리는 삶은 하나님을 언제나 기쁘게 해 드립니다. 히브리서의 저자는 "우리가 간절히 원하는 것은… 너희가… 끝까지 게으르지 아니하고 믿음과 오래 참음으로 말미암아 약속들을 기업으로 받는 자들을 본받는 자 되게 하려는 것"(히 6:11-12)이라고 했습니다.

여호수아는 자신이 늙었다는 말씀을 들었을 때 사기가 죽거나 낙심하지 않았습니다. 그는 하나님께서 그에게 은퇴하라고 명하신 것이 아님을 알았습니다. 아직 차지할 땅이 많다고 하셨고 하나님이 남은 족속들을 쫓아내신다고 하셨기 때문입니다(13:1, 6). 그래서 그는 그 이후로 더욱 분발하였습니다. 하나님께서 그에게 늙었다고 하신 이후로 많은 일이 있었습니다. 기업의 분배를 받지 않은 일곱 지파를 견책하였고(18:3) 분배받을 땅을 답사하게 하였습니다. 그리고 그들이 그려온 지도를 확보한 후에 제비를 뽑게 하였습니다(18:10). 유업 할당이 완료된 후에 도피성을 지정하였으며, 레위 사람들에게 거처용 성읍과 목초지를 배정하였습니다. 그리고 동쪽 지파들이 요단 언덕 가에 제단을 쌓은 일로 동족끼리 전쟁이 날 뻔했지만, 무사히 위기를 넘겼습니다. 그러고 나서 또 오랜 세월이 흘렀습니다(23:1).

> "여호수아가 주위의 모든 원수들로부터 이스라엘을 쉬게 하신 지 오랜 후에 여호수아가 나이 많아 늙은지라"
> (23:1).

13장에서 여호수아가 늙었다고 했는데, 이제 23장에서 다시 여호수아가 늙었다는 말이 언급되는 것은 역설적입니다. 그는 여러 해 전에도 늙었고 이제 또 늙었습니다. 여호수아는 늙은 기간이 길었습니다! 자신의 달려갈 길을 충실하게 달리고 나서 여호수아는 자기도 온 세상이 가는 길을 간다고 하였습니다(23:14). 죽을 때가 왔다는 뜻이었습니다. 그는 늙은 후에도 더 오래 살면서 자기 일을 완수하였습니다. 이것이 행복한 죽음을 맞이하는 길입니다. 하나님이 주신 소명에 신실하게 살며 주 예수의 모습을 닮아가면서 사랑과 헌신의 삶을 이어나가는 것이 죽음의 문전에서 당황하거나 두려워하지 않는 최선책입니다. 이것이 곧 유업 신앙의 삶입니다.

여호수아는 죽음의 문턱에서 지도자들을 모아 놓고 고별 메시지를 전했습니다. 이것은 그가 하나님의 칭찬을 받을 수 있는 또 하나의 유업의 상을 위한 달음질이었습니다. 하나님께서 그에게 맡기신 소명을 끝까지 쉬지 않고 마지막 순간까지 신실하게 이행하는 그의 모습은 매우 장하게 보입니다. 모세 이후로 가장 위대한 하나님의 종이었던 여호수아로부터 직접 최선의 메시지를 들을 수 있었던 당시의 세대들은 복 받은 사람들이었습니다.

여호수아는 우리가 하나님 앞에서 어떤 자세로 유업을 차지해야 하는지를 보여 주는 선명한 모범입니다. 그는 바울의 전주자입니다. 그는 자신의 달려갈 길을 달리고 이제 이스라엘 지도자들에게 하나님의 말씀을 전합니다. 우리는 이런 하나님의 사람들로부터 권면을 들어야 합니다. 우리 시대에도 이러한 하나님의 사람들이 나타나서 우리를 가르치고 격려하며 경고하도록 기도해야 하겠습니다.

늙은 여호수아가 주는 메시지에 실린 구원 역사의 리뷰는 자신이 직접 경험한 것에 바탕을 두었습니다. 여호수아는 모세가 죽은 후에 이스라엘 백성을 데리고 광야를 거쳐 요단 강을 건넜습니다. 그는 가나안에서 전쟁을 지휘하였고 땅의 분배를 마쳤습니다. 이것은 믿음 생활의 긴 여정을 거친 성도들의 소명이 무엇인지를 일깨워줍니다.

교회에는 믿음의 어른들이 있어야 합니다. 나이만 많다고 되는 것이 아닙니다. 오랜 세월을 하나님께 순종하며 원숙한 신앙 체험을 한 분들이어야 합니다. 그들이 후세대를 위한 등불의 역할을 해야 하고 교회 공동체에 교훈을 남겨야 합니다(딤전 5:17-19; 벧전 5:1-4). 우리에게는 용감하고 담대한 젊은 여호수아도 있어야 하지만, 슬기롭고 성숙한 늙은 여호수아도 필요합니다. 교회에 장로를 세우는 목적은 성숙한 하나님의 사람들이 있어야 하기 때문입니다. 유감스럽게도 우리 교회들의 현실은 이런 성경의 의도를 무시하고 세상적인 잣대로 직분을 쉽게 주기 때문에 더욱 반성해야 합니다. 돈 있고 직업 좋다고 직분을 받는 것이 아닙니다. 여호수아나 갈렙처럼 유업 신앙의 삶을 모범으로 남겨줄 수 있는 어르신네들은 교회가 존경해야 하고, 젊은 세대들은 그런 분들의 말씀에 귀를 기울여야 합니다. 하나님과 여러 해를 동행하며 시련 속에서 받은 깨달음의 목소리를 듣는 것은 그 자체가 크나큰 복입니다.

새 언약 백성은 모세 율법 아래 있지 않습니다.

"그러므로 너희는 크게 힘써 모세의 율법책에 기록된 것을 다 지켜 행하라 그것을 떠나 우로나 좌로나 치우치지 말라"(23:6).

여호수아의 메시지는 모세가 신명기에서 주었던 내용과 일치합니다. 그는 하나님의 명령과 경고를 자기 세대에게 그대로 전달하며 도전하였습니다. 하나님께서 우리에게 주시는 명령과 약속과 경고와 도전은 구약 시대나 지금이나 마찬가지입니다. 다른 것이 있다면 구약의 말씀들은 신약의 관점에서 새롭게 이해되어야 한다는 것입니다.

예수님이 오신 이후로는 모세 율법은 신약 교인들을 지배하고 인도하는 안내자로서 예수님의 말씀과 동등한 권위를 갖지 않습니다. 율법은 그리스도의 의를 가리키는 표시판이었습니다. 예수님이 오신 이후로는 하나님의 백성은 모세 시스템 아래 있지 않습니다. 우리는 모세 율법이나 유대교의 전통이 아닌, 예수님의 권위 아래 있습니다(마 5:21, 28, 32, 34, 39, 44).

우리는 그림자가 아닌 실체를 붙들고 살아야 합니다. 신약 교인들은 예수님의 가르침을 성령의 도우심으로 실천하도록 의도된 백성입니다. 그 목적은 모세 율법의 요구를 성취하고 더 높은 수준의 삶으로 나아가기 위한 것입니다. 여호수아는 "모세의 율법책에 기록된 것을 다 지켜 행하라"(수 23:6)고 명령하였습니다. 그런데 이 말씀은 여과시키지 않고 그대로 신약 교인들에게 대입식으로 적용하면 혼란이 생깁니다. 모세의 율법책에 기록된 것을 다 지키라는 말씀은 원칙적으로 하나님의 말씀을 순종하라는 것이기 때문에 옳습니다. 그러나 율법은 영원법이 아닙니다. 율법은 자신의 역할을 마친 때가 있었습니다. 율법은 그리스도께서 오실 때까지만 유효하였습니다.

"그러면 율법의 용도는 무엇입니까? 율법은 약속을 받으신 그 후손이 오실 때까지 범죄들 때문에 덧붙여 주신 것입니다."(갈 3:19, 새번역).

이것은 율법이 잠정법이라는 의미입니다. 바울은 이렇게 고백하였습니다. "나는 율법과의 관계에서는 율법으로 말미암아 죽어 버렸습니다."(갈 2:19, 새번역). 그러나 율법으로 살지 않는다고 해서 율법이 지향했던 의에 죽은 것은 아닙니다. 혹은 모세 율법에서 아무것도 배울 것이 없다는 말도 아닙니다. 율법에 대한 신약의 가르침은 이런 것입니다. 즉, 우리가 성령 안에서 예수님의 가르침을 따라 행하면 율법이 요구했던 목표를 무난히 달성한다는 것입니다. 그러니까 율법을 아예 다 폐기하고 없애 버린다는 것이 아니고 율법을 성취한다는 말씀입니다. 율법이 목표로 삼았던 의는 성령 안에서 행함으로써 성취됩니다.

"그것은, 육신을 따라 살지 않고 성령을 따라 사는 우리가 율법이 요구하는 바를 이루게 하시려는 것입니다"(롬 8:4, 새번역).

성령 안에서 예수님을 순종하면 율법의 수준을 웃돌고 율법이 닿을 수 없는 경지로 들어갑니다. 바꿔 말하면, 예수님이 자신의 성령으로 인도하시는 생명의 삶으로 들어가는 것입니다.

그럼 어느 정도로 율법이 성령 생활로 추월 되는 것일까요? 놀랍게도 성령 생활은 율법에 있지도 않고, 율법이 요구하지도 않으며, 율법으로 입법화시킬 수도 없는 것들을 행하게 합니다. 예를 들면, 자비, 동정, 친절, 사랑, 격려, 이타적인 배려, 희생 등을 자원하여 실천합니다. 율법에서는 원수를 위해 기도하라고 명령하지 않았습니다. 그러나 예수님은 박해자들을 위해서 기도하라고 하셨고 원수도 사랑하라고 하셨습니다. 예수님이 우리에게 요구하시고 기대하시는 것은 단순히 모세 율법을 지키라는 것이 아니고 율법의 수준을 넘어가는 그리스도의 의(義)입니다.

그럼 십계명은 어떻게 되는 것일까요? 흔히 모세 율법 중에서 의식법이나 이스라엘 공동체에 한정된 형법들은 폐지되었지만, 도덕법은 신약 교인들에게도 그대로 적용된다고 주장합니다. 그러니까 신약 시대에도 십계명을 지켜야 한다는 말입니다. 이것은 틀린 주장입니다. 율법은 시대를 막론하고 적용되는 영원법이 아닙니다. 율법의 도덕법까지도 훨씬 더 높고 포괄적이며 구체적인 '사랑의 법'으로 완성되었습니다. 십계명도 열 번째의 탐심을 제외하고는 모두 산상보훈과 사도들의 가르침에 의해서 추월되었다고 보아야 합니다.

율법은 그 성격상 마음을 다루지 못하는 것이 특징입니다. 그러나 신약의 수준은 마음에서 출발합니다. 도둑질하지 말고 간음하지 말며 우상 숭배를 하지 않고 부모를 공경하며 법정에서 거짓 증언을 하지 않고 안식일을 범하지 않는 것들은 얼마든지 외형적으로 그런 척할 수 있습니다. 외면적이고 형식적인 것은 믿음이나 사랑이나 기도가 없어도 행할 수 있습니다. 신명기는 모세의 설교집입니다. 그는 율법 생활을 권면의 형태로 강론하면서 몸과 마음과 힘을 다하여 여호와를 사랑하라고 했습니다. 여호수아도 "그러므로 스스로 조심하여 너희의 하나님 여호와를 사랑하라"(23:11)고 권고하였습니다. 그러나 이런 삶은 율법 조문의 준수 영역을 넘어서는 새 언약 시대에 가서야 제대로 성취될 수 있는 이상이었습니다.

여호수아는 자신의 삶이 끝나는 마지막 권면에서 이스라엘 백성에게 "그러므로 너희는 크게 힘써 모세의 율법책에 기록된 것을 다 지켜 행하라"(23:6)고 명령하였습니다. 그러나 부활하신 하늘의 여호수아는 승천하시기 전에 마지막 명령으로 "내가 너희에게 분부한 모든 것을 가르쳐 지키게 하라"(마 28:20)고 하셨습니다. 우리는 주 예수 그리스도의 직접적인 가르침과 성령의 내주로 살아야 합니다. 마태복음은 마지막 권면에서 우리에게 율법책에 적힌 모든 것을 가르쳐 지키게 하라고 명령하지 않았습니다. 마태복음의 강조점은 신약 교인들이 율법 아래 있지 않고 예수님 아래 있다는 것입니다. 그래서 율법의 가르침이 아닌, 예수님의 가르침을 복종해야 합니다. 율법 아래 살던 시대는 지나갔습니다. 신약 교인들은 모세법의 지배를 받을 필요가 없습니다. 그러나 무법한 자들은 아닙니다. 그런데 굳이 법을 원한다면, 우리는 "그리스도의 법" 아래에 있다고 말할 수 있습니다.

"너희가 짐을 서로 지라 그리하여 그리스도의 법을 성취하라"(갈 6:2).

어떻게 그리스도의 법을 성취할 수 있을까요?

그리스도의 법은 율법을 성취합니다. 그러나 거기서 그치지 않고 더 높고, 더 크고, 더욱더 풍성한 영적인 영역으로 들어가게 합니다. 예를 들어보겠습니다.

☞ 예수님을 구속주로 믿으면, 나는 구약에 나오는 일체의 동물 희생 제사를 성취합니다. 성전 제도가 목표로 한 것은 그리스도의 속죄 희생이었기 때문입니다.

☞ 내가 예수 그리스도에게 나아가서 내 짐을 내려놓고 용서를 받으면, 구원을 받기 때문에 안식합니다.

☞ 주 예수의 멍에를 메고 주님으로부터 배우면, 유업의 상을 받고 더 깊은 단계의 안식으로 들어갑니다. 이로써 나는 안식일을 성취합니다.

☞ 내 마음이 성령으로 충만해서 사랑을 실천하면, 이웃의 것을 탐하지 말라는 율법을 성취합니다.

내가 성령 안에서 그리스도의 다스림을 받으면, 모세법을 성취하고 모세법의 도덕 수준을 앞지를 수 있습니다. 율법은 그 자체가 목표가 아니고 자신이 바라보는 표적이 있었습니다. 율법의 타깃은 예수 그리스도입니다. 율법은 영구하지 않습니다. 율법은 자신의 목표를 가리킬 수는 있어도 그 목표를 성취할 수는 없습니다. '율법의 정신'이라는 말을 잘 쓰지만 이보다는 '율법의 의도'라고 해야 더 정확합니다. '율법의 정신'이라고 하면 마치 율법이 영원한 것처럼 들립니다. 율법은 그 자체로서 본유적인 의를 담고 있지 않습니다. 만일 그렇다면 구태여 예수님이 오셔서 하나님 나라의 의를 보여 주실 필요가 없었을 것입니다. 율법의 내재적인 의로 충분할 것이기 때문입니다. 율법의 의는 제한적이며 영구하지 않습니다. 율법은 지향하는 목표물이 있습니다. 그런데 그 목표물은 율법이 점차 발전하면서 도착하는 곳이 아니고 목표물 자체가 나타나서 율법을 대치해야 합니다. 그래서 율법은 자신의 타깃이 나타나면 뒤로 물러서고 하차하지 않을 수 없습니다.

율법의 의는 완전하지 않지만, 사랑의 방향으로 기울어져 있습니다. 그러나 율법 자체는 자신의 한계를 벗어날 수 없습니다. 율법은 자신의 낮은 수준을 스스로 개선하거나 개정할 수 없습니다. 율법은 법으로 제정된 것이었고 그리스도가 오실 때까지 한정된 기간만 자신의 역할을 맡을 수 있었을 뿐입니다. 율법이 하나님께서 주신 법이라고 해서 율법의 완전성이나 영원성을 주장하는 것은 율법의 의도와 맞지 않습니다. 율법은 사랑의 목표를 가진 것이었지만, 수준이 그리 높지 않았습니다. 물론 당시의 주변 국가들의 잔인하고 비인간적인 법에 비하면 훨씬 더 박애적이고 관용적이었습니다. 그러나 그리 멀리 나가는 것은 아니었습니다.

예를 들어, 여종은 주인이 동침을 요구할 때 거절할 권리가 없었습니다. 이것은 일부다처가 묵인된 실례입니다. 사고에 위한 살인범도 도피성 제도에서 보듯이 성 밖으로 나오면 피해자와 가까운 자가 개인보복을 할 수 있었습니다. 동성애자나 불효자들은 돌로 쳐서 죽이라고 했습니다. 이혼법에서는 여자들을 다소 보호했지만, 사람들의 마음이 완악하여 이혼증서를 써주도록 하고 넘어가야 했습니다.

율법은 완전하지 못했어도 율법의 깊은 의도는 사랑과 자비이며 용서와 평화였습니다. 그러나 율법의 이러한 선한 목표와 의도는 성령으로 거듭난 마음에 새겨질 때만 살아납니다. 구약의 선지자들은 이런 때가 올 것을 소망하였습니다. 즉, 돌비가 아닌 마음의 심비에 율법의 의도와 목표가 새겨질 새 시대를 갈망하며 기다렸습니다. 그때가 언제입니까? 메시아 시대입니다. 메시아 시대는 효율이 낮은 문자로 된 모세법으로 하나님을 섬기는 것이 아니고, 실행 능력을 주는 성령으로 사는 시대입니다. 신약 교인은 메시아 시대에 사는 사람들입니다.

"그러나 그 날 후에 내가 이스라엘 집과 맺을 언약은 이러하니 곧 내가 나의 법을 그들의 속에 두며 그들의 마음에 기록하여 나는 그들의 하나님이 되고 그들은 내 백성이 될 것이라 여호와의 말씀이니라"(렘 31:33).

"또 새 영을 너희 속에 두고 새 마음을 너희에게 주되 너희 육신에서 굳은 마음을 제거하고 부드러운 마음을 줄 것이며 또 내 신을 너희 속에 두어 너희로 내 율례를 행하게 하리니 너희가 내 규례를 지켜 행할지라"(겔 36:26-27).

주 예수를 대속주로 믿으면 성령께서 우리를 그리스도 안으로 연합시키고 율법이 아닌 그리스도의 법으로 살게 하십니다(고전 12:13; 롬 8:9). 내가 성령 안에 있고 성령께서 내 속에 계시면, 율법의 선한 의도를 일일이 읽어보지 않아도 내 마음속에 쓰였으므로 무엇이 하나님을 기쁘게 해 드리는지의 여부를 쉽게 알 수 있습니다. 예를 들어, 무엇이 육체의 일인지를 신자들은 율법으로 확인할 필요가 없습니다. "육체의 일은 분명"(갈 5:19)하다고 했습니다. 새번역에서는 "환히 드러난 것들"이라고 했습니다. 다시 말해서 무엇이 죄라는 것을 성령의 내주 때문에 금방 안다는 것입니다. 이것이 구약 선지자들이 바라보았던 새 언약 시대의 약속이며 우리가 현재 체험적으로 알 수 있는 것들입니다.

물론 하나님의 뜻을 완전하게 알고 완전하게 순종하는 일은 주 예수의 재림을 기다려야 합니다. 그러나 우리는 구약의 율법 시대와 질적으로 다른 수준에서 새 언약의 약속이 실현되는 때에 살고 있습니다. 그렇다면 우리는 구약 시대보다 얼마나 더 거룩하고 더 잘 믿어야 하겠습니까? 성령 생활의 표준은 매우 높습니다. 그러나 심비에 새겨진 하나님의 말씀은 너무도 가까이 있습니다. 모세가 아닌, 예수님 아래 산다는 것은 드높은 차원의 자유를 누리게 되었다는 뜻입니다. 구약 신자들은 이러한 메시아 시대의 특권과 축복을 바라만 보았습니다.

우리는 이 약속이 실현된 시대에 삽니다. 이러한 은혜는 우리에게 큰 도전이 되어야 합니다. 사실인즉 우리는 아브라함이 받았던 계시보다 더 분명한 계시를 받았습니다. 심지어 모세나 여호수아나 다윗보다 더 충만한 하나님의 말씀과 성령의 내주를 받으면서 삽니다. 그렇다면 우리의 영적 삶의 수준이 어느 정도로 향상되어야 하겠습니까? 주님은 "많이 맡은 자에게는 많이 달라 할 것이니라"(눅 12:48)고 하셨습니다. 우리는 더 큰 특권과 함께 더 큰 책임을 졌습니다. 새 언약의 골간(骨幹)이 되는 사랑의 삶은 더 큰 희생을 요구합니다.

남은 땅을 정복하지 않으면 우리에게 올무와 덫과 채찍이 됩니다.

이스라엘 국가의 잠정법으로서의 율법의 수준은 새 언약 백성에게는 너무 낮습니다. 산상설교를 비롯한 예수님의 가르침과 사도들의 교훈에서 보듯이, 율법의 상한선을 넘어가는 새 언약의 말씀이 우리가 지켜야 할 표준치입니다. 그렇다면 율법으로부터는 아무것도 배울 것이 없을까요? 아닙니다. 율법 시대의 가르침에서 좋은 모범과 역사적 교훈들을 배워서 신약 성도의 삶에 적용할 수 있습니다.

예를 들어 봅니다.

☞ 하나님의 말씀에 순종하지 않을 때 어떤 결과가 오는지를 우리는 이스라엘 역사를 통해서 실감할 수 있습니다.

☞ 이스라엘 백성이 남은 유업의 땅을 다 정복하지 않으면 어떻게 된다고 하였습니까? 여호수아의 경고는 한 마디로 망한다는 것이었습니다.

이스라엘은 승자의 자리에 올랐습니다. 그러나 가나안의 이방 족속들을 철저하게 몰아내지 않고 그들과 타협하면 패자의 자리로 주저앉게 되고 멸망될 것이라는 경고를 받았습니다(23:12-16). 그런 과정과 요인의 한 실례로 언급된 것이 이방 민족과의 혼인 관계입니다.

> "너희가 만일 돌아서서 너희 중에 남아 있는 이 민족들을 가까이 하여 더불어 혼인하며 서로 왕래하면 확실히 알라 … 너희가 마침내 너희의 하나님 여호와께서 너희에게 주신 이 아름다운 땅에서 멸하리라"(23:12-13).

이방 문화와 세속적 가치관과의 타협은 필연적으로 우리를 패자의 길로 인도합니다. 죽음에 이르는 길에는 타협이라는 표지판이 여기저기 나붙어 있습니다. 교회는 타협의 길을 걸어온 지 오래되었습니다. 중세기 교회가 복음의 정로에서 떠나 인간적 전통과 이교적 미신과 교리적 타협으로 희석되었을 때, 수백 년간의 영적 어둠 속에서 방황하며 부패의 길을 걸었습니다. 그 후 종교 개혁자들이 일체의 타협으로부터 교회를 갱신시키기 위해 분연히 일어나 중세기의 어둠을 타도하였습니다.

유감스럽게도 현대 교회는 또 하나의 중세기적 어둠 속으로 빠져드는 위기를 겪고 있습니다. 이미 세속적 물질주의가 교회에 깊이 자리를 잡았고 강단의 메시지는 대부분 희석되었으며 복음이 불투명하고 영적 파워가 없습니다. 몸과 마음과 정성을 다하여 주 하나님을 섬기려는 헌신 된 신자들의 모습은 애써 찾아 보아야 합니다. 우리나라 교회는 이웃과 사회를 외면하고 극도의 이기적인 자체 안녕을 위한 개인주의 종교로 전락하여 세상의 비 솟거리가 되는 슬픈 현실을 겪는 중입니다.

세상의 것들과 타협하면 세상이 잘 봐줄 것 같지만, 세상은 그런 교회를 존경하지 않습니다. 오히려 박해를 받으면서도 타협에 고개를 돌리고 진리의 자리를 지키며 의롭게 사는 교회가 인정을 받습니다. 세속 사람들은 그런 교회에 합류하지는 않을지 몰라도 내심으로는 교회답다고 생각합니다.

타협하는 교회의 운명은 무엇일까요? 하나님의 무서운 징계를 받는 것입니다. 그것은 곧 죽음과 같습니다. 그래서 본 장에서 "너희의 하나님 여호와께서 너희에게 주신 이 아름다운 땅에서 멸하리라"는 말씀이 세 번씩 반복해서 강조되었습니다(23:13, 15, 16).

이스라엘 백성은 유업의 땅에 들어가서 점점 나태해지고 주변 문화에 물들었습니다. 그들은 남은 땅들을 정복하는 일에 소극적이었습니다. 그들은 처음에는 광야에서 방황하다가 빈손으로 가나안에 들어와서 다들 부자가 되었습니다. 그들에게는 물자가 넘치고 농산물이 풍부하였습니다. 집 없는 사람이 없었고 땅 없는 사람도 없었습니다. 그들 중에는 종까지 부리면서 여유 있게 사는 지파들도 있었습니다. 그런데 갈수록 정복하지 않은 원주민들의 세력이 강성해지기 시작하였습니다. 그들은 육감적이고 부패한 바알 종교로 이스라엘 백성을 유인하였습니다. 모세와 여호수아는 이런 가능성을 내다보고 우상 숭배자들을 몰아내지 않으면 그들이 이스라엘 백성에게 올무와 덫과 채찍이 될 것이라고 강력하게 경고하였습니다(22:13).

러시아의 우화 중에 이런 것이 있습니다. 한 사냥꾼이 곰을 잡으러 나갔습니다. 그는 곰 한 마리를 만났습니다. 방아쇠를 당기려고 하는데 곰이 말했습니다.

「잠깐만! 당신이 원하는 것이 뭐예요?」
사냥꾼은 방아쇠를 멈추고 대답했습니다.
「난 털 코트를 원해요」
곰은 그러느냐는 듯이 고개를 끄덕이며 말했습니다.
「털 코트를 원하신다고요. 그건 충분히 이해할 수 있어요. 그런데 전 배를 채우고 싶거든요.」
사냥꾼은 곰이 원하는 것을 듣고 말했습니다.
「당신 같은 덩치에 배가 고플 것은 당연하지요. 충분히 이해해요」
그러자 곰이 이런 제안을 했습니다.
「피차 서로의 필요를 이해하는 처지이니 우리 같이 앉아서 의논 좀 해 봅시다. 서로에게 좋은 아이디어가 나올 테니까요.」

사냥꾼은 곰의 말에 일리가 있다고 여기고 함께 앉아 정상 회담을 열었습니다. 여러 가지 타협안이 나왔습니다. 곰은 사냥꾼에게 원하는 털 코트를 줄 수 있다고 장담하였습니다. 그런데 회담이 끝나고 헤어지는 것을 보니까 곰만 혼자 가고 있었습니다. 곰은 자기 배를 채웠고 사냥꾼은 털 코트를 입게 되었습니다. 곰의 뱃속에 들어갔으니까요!

사람들은 타협하면 누이 좋고 매부 좋다고 생각합니다. 세상 정치나 비즈니스에서는 타협이 실리를 위해서 지혜로운 처신일지 몰라도 복음의 진리와 크리스천의 삶은 타협하면 반드시 화를 겪습니다. 당겼어야 할 방아쇠를 당기지 않았으므로 사냥꾼은 곰의 밥이 되었습니다. 그런데 곰의 뱃속에 들어가서 털 코트를 두르고 있은들 무슨 소용입니까! 곰이 주기로 약속한 털 코트는 죽음의 대가였습니다.

이스라엘 백성은 가나안의 이방인 잔당들에게 화살을 당기지 않고 타협했기에 혹독한 대가를 치렀습니다. 그들은 약속의 땅에서 이방인들의 올무와 덫에 걸렸고 채찍으로 시달림을 받다가 종국에는 멸망하였습니다. 타협은 위험천만한 것입니다. 처음부터 관련되지 않는 것이 최상의 보호책입니다.

맺는말

본문에서 우리는 유업의 한 측면을 배울 수 있습니다. 그것은 유업의 상을 받고 안식에 들어갔더라도 불순종으로 유업을 상실할 수 있다는 것입니다. 하나님께서는 자기 백성에게 약속하신 것을 이루시는 일에서도 신실하시지만, 경고한 일이 실제로 일어나게 하는 일에서도 신실하십니다. 그래서 축복의 "모든 선한 말씀"이 그대로 임하듯이, 경고의 "모든 불길한 말씀"도 그대로 임한다고 하였습니다(23:15). 이런 의미에서 하나님은 신실하시고 공정하십니다. 하나님은 언약 백성이라고 해서 맹목적인 편애를 하시지 않습니다. 그러나 하나님은 용서하기를 기뻐하시고 은혜 베풀기를 원하십니다. 그래서 유업이 박탈된 이후에도 회개하고 하나님께로 돌아오면 약속의 땅으로 다시 귀향시킨다고 하셨습니다.

유업의 땅을 유지하는 길은 여호와를 꾸준히 사랑하는 것이며 우상 숭배를 하지 않는 것입니다. 세속에 물들면 유업은 상실될 수 있습니다. 그러나 상실된 유업이라도 다시 회복될 수 있습니다. 이스라엘은 바벨론 포로 때 유업의 땅을 잃었지만, 다시 귀국하여 약속의 땅을 회수 받았습니다.

> "네 하나님 여호와께서 너를 네 조상들이 차지한 땅으로
> 돌아오게 하사 네게 다시 그것을 차지하게 하실 것이며
> 여호와께서 또 네게 선을 행하사 네게 네 조상들보다 더
> 번성하게 하실 것이며"(신 30:5).

다시 돌아오게 하시는 것만 해도 감사무지(感謝無地)입니다. 그런데 조상들보다 더 번성하게 하신다고 하셨습니다. 돌아온 탕자들에게는 반지와 새 옷과 새 신발과 파티용 송아지와 풍악이 준비되어 있습니다. 그리고 무엇보다도 아버지의 뜨거운 환영의 포옹이 기다립니다(눅 15:11-32). 회개하는 죄인들에게 베푸시는 하나님의 은혜는 하늘보다 높고 바다보다 깊습니다. 하나님께서는 한번 미워하셨다고 해서 마음이 틀어져서 다시 안 보시는 분이 아닙니다. 하나님은 우리를 다시 기뻐하시고 충만한 복을 다시 내리시는 분입니다(신 30:10). 이러한 회복과 은혜의 체험은 너무

도 귀해서 생명을 얻는 것이라고 표현하였습니다(신 30:6, 15, 19-
20). 나는 이런 축복을 체험한 적이 있습니까? 아니면 그런 은혜
가 지금 필요한 처지에 있지는 않습니까? 하나님께로 마음을 바
쳐 돌아서면 됩니다. 타협의 길을 포기하십시오. 그러면 유업의
땅을 회복 받고 "생존하며 번성"(신 30:16)할 것입니다.

16장
동기부여를 주시는 하나님
여호수아 23장

"너희의 하나님 여호와께서 너희를 위하여 이 모든 나라
에 행하신 일을 너희가 다 보았거니와 너희의 하나님 여
호와 그는 너희를 위하여 싸우신 이시니라"(수 23:3).

기독교의 이상(理想)은 세상의 어떤 종교보다도 더 높은 고차원
적인 종말론 속에 포함되어 있습니다. 온 우주가 갱신되고 죄와
죽음과 사탄이 심판을 받고 사라집니다. 질병과 죽음, 슬픔과 침
체, 갈등과 전쟁으로 찌든 이 타락한 세상이 하나님의 영광으로
가득 차게 될 것입니다. 예수 그리스도의 피로써 구속받은 하나
님의 백성은 만물이 새로워진 새 하늘과 새 땅에서 주님과 함께
우주를 다스리며 영원한 극치의 행복한 삶을 살게 될 것입니다.

"내 거룩한 산 모든 곳에서 해 됨도 없고 상함도 없을 것
이니 이는 물이 바다를 덮음 같이 여호와를 아는 지식이

세상에 충만할 것임이니라" (사 11:9).

"보라 내가 새 하늘과 새 땅을 창조하나니 이전 것은 기억
되거나 마음에 생각하지 아니할 것이라" (사 65:17; 참조. 계
21:1, 5).

하나님의 나라는 이미 주 예수를 믿는 신자들의 삶 속에서 시
작되었습니다. 하나님의 나라는 세상에 육신의 모양으로 오셨던
예수님에 의해서 출범되었습니다. 이제 하나님의 나라는 완성을
향해 달려가는 중입니다. 기독교에는 이상과 현실이 서로 떨어진
것이 아니고 동일 선상에 있습니다. 이상은 이미 그리스도의 오
심과 천국 복음으로 현실이 되기 시작하였습니다. 예수님 자신
이 천국의 현장이며 본체입니다. 천국 생활은 우리가 지상에서
주 예수를 믿는 날부터 성령께서 우리 속에 들어오셔서 이루어가
십니다. 그리고 예수님의 재림과 함께 천국은 자신의 완연한 모
습을 드러내고 하나님의 이상적인 나라가 완전하게 실현될 것입
니다. 그래서 신학자들은 이러한 관계를 '이미'(already)와 '아직'(not
yet)이라는 말로 표현합니다. 하나님의 이상적인 나라는 '이미' 예
수님의 초림으로 시작되었지만, 예수님의 재림 때까지는 '아직'
완성되지 않았다는 것입니다. 이런 의미에서 '현재 천국'과 '미래
천국'은 두 개의 별다른 세계가 아니고 동일 선상에서의 시작과
완성의 관계에 있습니다.

하나님이 사용하시는 동기부여를 주목하십시오.

우리가 지상에서 하나님 나라의 이상적인 모습을 부분적으로나마 드러내고 체험하면서 살려면 동기부여가 필요합니다. 동기부여라고 하면 복음의 신성성이나 품위를 세속화시키는 듯한 오해를 받을 수 있습니다. 세상에서 동기부여를 생산과 효율 증대를 위해 사용합니다. 그런데 왜 사람들이 동기부여를 사용할까요? 인간의 본능적인 구조에 호소하는 것이기 때문입니다. 인간은 동기부여의 존재로 창조되었습니다. 그래서 동기부여가 되면 본능적인 관심을 두고 적극적으로 참여합니다. 이것은 각자의 경험으로 입증될 수 있는 인간 심리이기에 우리 속에 일종의 디폴트(default)로서 데이터가 설정되었다고 할 수 있습니다. 물론 인간은 버튼을 누르면 자동으로 반응하는 컴퓨터가 아닙니다. 그래서 동기부여를 거부할 수도 있고 선택할 수도 있는 자유가 있습니다.

우리는 하나님께서 사용하시는 동기부여가 어떤 것인지를 알고 올바른 반응을 보여야 합니다. 하나님이 쓰시는 동기부여는 그릇된 목적이나 함정이 깔리지 않은 순수하고 선한 것들입니다. 모두 우리의 영적 유익을 위한 것이며 하나님과의 관계를 증진하려는 것입니다. 하나님이 사용하시는 동기부여는 구원의 목표에 이르게 하는 일종의 격려입니다. 동기부여가 필요한 까닭은 무엇보다도 우리의 연약성 때문입니다. 인간의 능력은 실로 위대합니다. 우주여행을 하고 가공할 무기들을 생산하며 무서운 질병을 치유합니다. 하지만 여전히 눈물과 걱정과 불안 속에서 삽니다. 실망과 여한이 늘 따라다니고 많은 것을 성취하고도 회의와 불만에 빠지기도 합니다. 공허한 마음을 세상의 것들로 채워보지만, 무상한 세월은 죽음을 재촉합니다

그럼 예수님을 믿고 구원을 받은 신자들은 어떻습니까? 가치관에 변화가 옵니다. 신자가 되면 그리스도와 복음의 전망대에 서게 됩니다. 그래서 바라보는 시야가 다르고 삶의 틀이 바뀌기 시작합니다. 개인차가 있을지라도 신자가 되면 죄와 속박과 영적 무지의 영역에서 그리스도 안에 있는 생명과 자유와 영적 지식의 영역으로 옮겨집니다. 그러나 신자가 되어도 여전히 연약한 존재의 특성을 보이고 삽니다. 그래서 동기부여가 필요합니다. 하나님은 인간을 동기부여에 의해 도전을 받고 적극성을 보이는 존재로 지으셨습니다. 하나님이 디자인하시고 사용하시는 동기부여라면 긍정적으로 받아들이는 것이 올바른 자세입니다.

여호수아서의 동기부여

우리는 여호수아서에서 하나님이 주시는 동기부여를 곳곳에서 만납니다. 하나님께서는 이스라엘 백성을 애굽에서 구속하실 때부터 동기부여를 주셨습니다.

- 애굽에 재앙을 내리셨습니다(24:5). 출애굽 당시에 하나님께서 열 재앙의 기적을 행하신 목적은 완고한 바로 왕과 애굽의 신들에 대한 심판이었습니다(출 12:12). 동시에 이스라엘 백성에게

하나님의 권능을 보이심으로써 바로 왕을 두려워 말고 애굽을 떠나게 하려는 것이었습니다. 그래서 하나님께서는 후세대에도 출애굽의 기적을 자주 언급하시고 하나님을 신뢰하는 동기부여가 되게 하셨습니다.

• 애굽 군대가 이스라엘 백성을 병거와 마병으로 홍해까지 추격하였습니다. 꼼짝없이 죽게 되었을 때 하나님은 홍해를 가르고 애굽군을 수장시켰습니다(24:6-7). 이러한 역사적 구원 사건도 하나님께서 이스라엘 백성에게 위기를 맞아 하나님을 의지하라는 동기부여의 실례입니다.

• 범람하는 요단 강물을 말리고 건너게 하신 것은 백성이 항상 여호와를 경외하게 하려는 동기부여였습니다(수 3:17; 4:23-24).

• 가나안의 아모리 족속들에 대한 승리도 하나님이 주셨다고 했습니다(수 24:8). 그래서 이스라엘 백성은 출애굽과 홍해와 가나안의 승리를 주신 여호와를 배반하지 않고 잘 섬기겠다고 고백하였습니다(수 24:16-18).

• 가나안 땅은 젖과 꿀이 흐르는 땅이라고 하였습니다. 만약 가나안 땅이 황무지니까 가서 개척해야 한다고 했다면 아무도 애굽에서 나오려고 하지 않았을 것입니다. '젖과 꿀'은 하나님께서 사용하신 동기부여의 술어였습니다(수 5:6).

• 가나안 땅을 주신다고 하나님께서 맹세하셨습니다(수 1:6;

5:6; 21:43-44). 그냥 약속하셨다고 하시지 않고 맹세하셨다고 한 까닭이 무엇입니까? 약속보다 강한 동기부여를 주기 위해서였습니다. 가나안 정복에서 갖가지 어려움을 겪게 될 때 하나님이 맹세로 주신 땅이라는 사실을 기억한다면 힘을 낼 것이었습니다.

• 수고하지 않은 땅과 세우지 않은 성읍과 심지 않은 포도나무와 감람원의 열매를 먹는다고 하였습니다(수 24:13). 이스라엘 백성은 가나안에 들어가서 이 약속이 실현된 것을 체험하였습니다. "그러므로 이제는 여호와를 경외하며 온전함과 진실함으로 그를 섬기라"(수 24:14)고 한 것은 가나안에서 받은 풍성한 공급에 비춘 동기부여입니다.

• 하나님께서 여호수아와 이스라엘 백성에게 동행하신다고 거듭 강조하셨습니다(수 1:5, 9; 3:7; 6:27). 아간의 사건 때는 바로 잡지 않으면 동행하신다는 약속을 철회한다고 위협하셨습니다(수 7:12), 갈렙의 입을 통해서는 하나님의 동행을 믿음으로 기대하게 하셨습니다(수 14:12). 또한, 지파 간의 전쟁이 방지되었을 때는 여호와께서 함께하신 증거라고 지적하였습니다(수 22:31). 이것은 위기에 하나님의 개입을 신뢰하게 하는 동기부여입니다.

• 갈렙은 기랏 세벨을 쳐서 점령하는 자에게는 자기 딸을 아내로 주겠다고 내걸었습니다(수 15:16-17). 그래서 그의 아우, 옷니엘이 동기부여를 받아 성을 점령하고 갈렙의 딸인 악사를 아내로 얻었습니다.

이것은 상급을 바라고 전쟁을 하는 것처럼 보입니다. 물론 당연히 싸워야 할 전쟁이었습니다. 그럼에도 이러한 동기부여의 실례가 기록된 까닭이 무엇입니까? 하나님께서 자기 백성의 필요를 보셨기 때문입니다. 하나님께서 백성의 필요를 정확하게 판단하시고 사용하시는 동기부여라면 아무도 이것을 비영적이거나 상업적이라고 비난할 수 없습니다.

여호수아는 그의 고별사에서 이스라엘 백성에게 민족적인 차원에서 커다란 동기부여를 하였습니다.

하나님은 이스라엘 백성을 위해서 싸우시는 분입니다(23:3, 10; 비교. 10:14, 42). 하나님은 뒷짐을 지시고 구경만 하시는 방관자가 아니라 이스라엘 백성을 위해 직접 전쟁을 주도하고 전략을 주시며 초자연적으로 개입하셨습니다(6:2-5, 20; 8:1-2; 10:11-13). 하나님께서 이스라엘을 위해서 싸우시기 때문에 일기당천(一騎當千)의 전적을 올릴 것이라고 했습니다(23:10). "그러므로 스스로 조심하여 너희의 하나님 여호와를 사랑하라"(23:11)고 하였습니다.

하나님께서는 남은 가나안 족속을 내쫓으시기로 결단하셨으므로 이스라엘 백성은 과감하게 그들의 땅을 차지하라고 하셨습니다.

"너희의 하나님 여호와 그가 너희 앞에서 그들을 쫓아내사 너희 목전에서 그들을 떠나게 하시리니 너희의 하나님 여호와께서 너희에게 말씀하신 대로 너희가 그 땅을 차지할 것이라"(23:5).

하나님께서는 전쟁 때마다 가나안의 여러 족속을 여호수아와 이스라엘 백성에게 넘겨 주었다고 하셨습니다(6:2; 8:1; 10:8, 30, 32; 11:6, 8). 이것은 이스라엘 백성이 가나안 족을 내몰아야 한다는 적극적인 동기부여입니다. 반면, 그들이 이방 민족과 관계를 맺는다면, 하나님께서 이방 족속들을 다시는 쫓아내지 않고 이스라엘 백성에게 올무와 덫과 채찍이 되게 하시고 "아름다운 땅에서 너희가 속히 멸망"(23:16)한다고 경고하셨습니다(23:13). 이것은 부정적인 동기부여입니다.

그러니까 23장 8-11절에서는 하나님을 따르는 신실한 자들이 받는 긍정적인 동기부여의 상급을 말하였고, 23장 12-16절에서는 우상 문화에 접속되는 불신실한 자들이 받는 경고를 부정적인 동기부여로 대조시켰습니다.

지금까지의 실례들을 보면, 하나님이 사용하신 동기부여와 백성의 반응은 그리 고상해 보이지 않을지 모릅니다. 하나님은 이스라엘을 위해서 행하신 일들을 상기시키고 백성의 충성을 받아내려고 하시는 듯합니다. 백성은 하나님으로부터 보호를 받고 땅의 풍성한 물질을 받았기에 감사하지 않을 수 없고 다른 신을 섬길 수 없다는 식의 반응을 보입니다. 이것은 타산적이고 물질적인 이해관계에 기반을 둔 신앙이라는 인상을 줍니다.

그럼 하나님이 잘해 주셨기 때문에 섬기겠다는 말이 저급한 동기일까요? 여호수아는 백성의 그런 고백을 잘못된 것으로 보지 않았습니다. 오히려 하나님께서는 그렇게 하게 하려고 동기부여가 되는 말씀들을 하셨습니다. 하나님께서 그들을 위해서 행하신 일들을 열거한 까닭이 무엇입니까? 하나님은 경배를 받으시기에 합당하신 분임을 입증하고 오직 그분만을 경배해야 할 것을 촉구하려는 것이었습니다.

우리는 현실을 무시한 이상주의 영성을 경계해야 합니다. 하나님은 하나님이시기 때문에 섬겨야 하고 오직 십자가만으로 충분한 동기부여가 되어야 한다고 말하는 것은 원칙적으로 옳습니다. 그러나 그것은 성경의 유일한 접근이 아닙니다. 성경은 출애굽과 십자가를 구원의 근간으로 언급합니다. 그리스도의 십자가 대속은 우리에게 하나님만을 경배하게 하는 가장 강력한 최선의 동기부여입니다. 그러나 하나님께서는 우리의 믿음 생활을 돕기 위해서 다른 종류의 동기부여도 제시하십니다. 그것은 우리의 삶에서 체험되는 실질적인 도움들입니다. 여호수아 시대는 가나안 땅이었고, 성읍과 집과 가축과 포도원과 올리브밭이었습니다. 원칙적이고 이상적인 관점에서 말한다면, 이런 가시적인 혜택이 없이도 종살이하던 애굽에서 구출된 사실 하나만 가지고도 하나님을 몸과 마음과 힘을 다하여 헌신적으로 섬겨야 합니다. 그런데도 하나님께서는 여러 가지 실제 상황에서 필요한 동기부여를 통해서 자기 백성을 격려하십니다.

우리는 항상 십자가를 생각하며 삶의 모든 영역에서 적용해야 합니다. 그런데 신약 자체에서도 십자가만 동기부여로 언급하지 않았습니다. 예수님과 사도들이 가르친 상급에 대한 말씀들은 중요한 동기부여로서 자주 등장합니다. 그 까닭이 무엇일까요? 예수님은 우리의 연약함을 가장 많이 동정하시는 하늘의 대제사장이시기 때문입니다(히 4:15-16). 예수님은 한 부자 청년에게 말씀 하셨습니다.

> "네가 온전하고자 할진대 가서 네 소유를 팔아 가난한 자
> 들에게 주라 그리하면 하늘에서 보화가 네게 있으리라 그
> 리고 와서 나를 따르라"(마 19:21).

이것은 분명히 동기부여를 주기 위한 말씀입니다. 예수님은 부자 청년에게 단순히 소유를 팔고 예수님을 따르기만 하면 된다 고 하시지 않았습니다. 그런 삶에는 하늘의 보화가 상으로 주어 진다고 덧붙였습니다. 주님은 부자 청녀이 자신의 재산을 다 팔 아 가난한 자들에게 주고 자기가 가난해질지라도 하늘의 상을 바 라보는 기대 속에서 살게 하시려고 동기부여를 하셨습니다. 예 수님의 산상보훈 전체가 이런 식의 동기 부여를 내포하고 있습니 다. 예수님은 추상적인 이상주의 신앙을 내세우지 않았습니다. 예수님은 우리의 연약함을 동정하시는 실제적인 이상주의자였습 니다.

하나님께서는 자기 자녀들에게 선한 목적으로 동기부여를 하 시고 이를 통해서 하나님을 더욱 잘 섬기도록 도우십니다. 오직 십자가 하나로 충분하다고 말하는 것은 원칙적으로 옳은 말이지 만, 인간의 본성에 대한 나이브한 비현실적 주장입니다. 우리의 영혼은 자주 시들고 침체에 빠집니다. 성경은 신자들이 이러한 처지에 빠질 가능성을 내다보고 여러 가지로 교훈하면서 크리스 천 삶의 활성화를 위한 동기부여를 우리가 생각하는 것보다 훨씬

더 자주 사용합니다.

하나님께서는 구원의 선한 뜻이 성취되게 하려고 동기부여를 하나의 도우미로 사용하십니다. 인간은 당연히 해야 할 일이라는 것을 알면서도 당연히 행하지 않습니다. 그러나 동기부여가 충분할 때는 하기 싫은 일도 하는 것이 인간입니다. 만약 천국이 없다면 누가 구태여 하나님을 몸과 마음과 힘을 다하여 섬기려고 하겠습니까? 지옥이 무서워서 예수 믿는다고 하면 그리 영적으로 들리지 않습니다. 예수님을 사랑하기 때문에 예수 믿는다는 말이 더 옳고 영적으로 들립니다.

그러나 성경에는 지옥에 대한 경고가 부정적 동기부여로 사용되고 있음을 간과해서는 안 됩니다. 지옥의 심판이 없고 천국이 없다면 구태여 손해까지 보면서 악을 피하려고 하지 않을 것입니다. 격려와 경고의 동기부여는 우리 모두에게 필요합니다. 하나님께서 가나안 정복 기간에 이스라엘 백성에게 얼마나 많은 동기부여를 하셨는지를 생각해 보십시오. 그 결과로 가나안 정복과 유업의 할당이라는 크나큰 성공과 유익을 거두었습니다.

신약 교인들은 물론 물질적인 혜택에 눈이 멀어서는 안 됩니다. 그리스도 안에 있는 신령한 복들은 이 세상에 있는 것들보다 비교할 수 없이 더 귀하기 때문입니다. 우리는 당연히 주님의 성품을 닮고 사랑의 삶을 살아야 합니다. 우리에게 주신 소명의 영역들을 그리스도의 이름으로 정복하여 하나님께 영광을 돌려야 합니다. 우리는 의식주 문제보다 하나님의 나라와 하나님의 의를 먼저 구해야 합니다. 그러나 하나님께서는 매일의 필요를 공급하심으로써 우리가 주님을 더 신뢰하고 사랑하게 하신다는 사실도 무시해서는 안 됩니다. 특히 우리가 아직도 미성숙의 단계에 있을 때는 이러한 긍정적인 체험들이 주님을 따르는데 매우 강력한 동기부여가 됩니다.

과거에 받았던 하나님의 은혜를 통해 동기부여를 받으십시오.

"여호와께서 너희에게 대하여 말씀하신 모든 선한 말씀이 하나도 틀리지 아니하고 다 너희에게 응하여 그 중에 하나도 어김이 없음을 너희 모든 사람은 마음과 뜻으로 아는 바라"(23:14).

과거는 지나간 역사입니다. 과거를 회상하고 기억하는 것은 역사의 흐름 속에 우리가 포함되었기 때문입니다. 하나님의 구원은 인간 역사의 무대에서 펼쳐지고 있습니다. 하나님의 약속과 성취의 패턴은 이스라엘 역사에서 확인할 수 있습니다. 우리의 현재는 과거의 역사적 이벤트들과 연결되어 있습니다. 여호수아서에서는 하나님의 과거의 구원을 거듭 회상케 하고 현재의 믿음 생활에 적용할 것을 촉구합니다. 또한, 하나님께서 주셨던 과거의 약속들이 어떻게 현재 상황에서 실현되었는지를 짚어 보게 하고 하나님이 현재 주시는 새로운 약속들의 성취를 확신하고 힘써 싸울 것을 격려합니다.

그래서 여호수아가 자신의 고별 메시지에서 하나님의 구원 역사를 리뷰하고 하나님의 약속의 말씀이 모두 이루어진 것을 강조한 것은 매우 적절한 일이었습니다. 구원은 역사의 현장에서 발생한 것이므로 되돌아볼 수 있고 확인할 수 있습니다. 하나님은 단순히 역사의 한 시점에서 자신을 드러내신 것이 아니고, 인간 역사를 주관하고 통제하면서 구원의 뜻을 알리시고 진행하셨습니다. 이것이 우리가 구약을 읽어야 하는 중요한 이유입니다.

이스라엘 백성은 하나님이 주신 모든 선한 말씀이 그대로 다 응했다는 사실을 직접적인 체험으로 알았습니다. 하나님께서는 가나안을 유업으로 주신다는 약속을 이스라엘의 족장들과 모세를 통해 주셨습니다. 그다음 여호수아에게 전달되었고 그가 인도한 차세대 백성의 전투적인 삶 속에서 성취되었습니다. 여호수아는 이러한 구속 역사에 근거하여 이스라엘 백성에게 하나님의 동행의 약속을 다짐하며(23:5) 가나안에 잔류하는 이방 족속들을 몰아내라고 지시하였습니다. 그가 백성들 앞에서 율법에 기록된 말씀을 준행하고 이방 신들의 이름을 부르지 말라고 한 것도 지금까지 하나님께서 보여주신 구원의 은혜에 비춘 호소이자 동기부여였습니다.

"이는 여호와께서 강대한 나라들을 너희의 앞에서 쫓아내셨으므로 오늘까지 너희에게 맞선 자가 하나도 없었느니라"(23:9).

이 말씀은 하나님께서 가나안 정복을 앞두고 여호수아에게 개인적으로 주셨던 말씀이 응한 것이었습니다. 그때 하나님은 여호수아에게 이렇게 말씀하셨습니다.

"네 평생에 너를 능히 대적할 자가 없으리니 내가 모세와
함께 있었던 것 같이 너와 함께 있을 것임이니라"(1:5).

우리가 오늘과 내일을 담대하게 살 수 있는 비결의 하나는 지난 어제의 날들 속에서 하나님이 드러내신 구원의 은혜를 기억하고 동기부여로 삼는 것입니다. 단순히 기억하는 것이 아니고 그 의미를 숙고해야 합니다. 하나님께서는 구원의 역사를 통해서 하나님은 전적으로 신뢰할 수 있으며 우리의 오늘과 내일을 맡길 수 있는 분임을 확신케 하십니다. 우리가 어려운 문제에 봉착했을 때는 믿음이 어디론가 다 사라진 듯한 느낌을 종종 갖습니다. 평소에는 내가 믿음 생활을 한 것 같았는데 정작 웅덩이에 빠지면, 현실을 두려워하고 하나님을 신뢰할 수 있는 굳건한 믿음이 없음을 깨닫습니다. 그래서 성경의 가르침대로 일을 처리할 용기가 없는 자신의 모습에 회의를 느낍니다.

우리가 이런 영적 무기력의 포로가 되지 않으려면 어떻게 해야 하겠습니까? 과거에 받았던 구원의 은혜를 자주 회상함으로써 하나님께서 현재에도 은혜를 베푸실 것을 확신해야 합니다. 하나님께 대한 확신이 없으면 유업의 소명을 성취하기 위해 가나안 잔당들을 퇴치할 수 없습니다.

우리는 자신의 지난 삶 속에서 하나님이 함께하시며 나를 위해 싸우신 은혜를 되새기며 살아야 합니다. 그런데 어떤 분들은

자신의 삶이 너무 고달팠기 때문에 과거를 생각해 보아도 하나님의 도우심이라고 느껴지는 일들이 별로 없다고 말합니다. 하나님의 은혜가 없이 지금까지 믿음을 유지하며 사는 신자는 아무도 없습니다. 그러나 하나님의 은혜의 손길을 어둠의 시간 속에서도 의식하고 기억하는 것은 별개의 문제일 수 있습니다. 초신자들에게는 신앙 연륜이 짧아서 지나간 삶 속에서 하나님의 별다른 은혜를 회상하는 것은 어려울 수도 있습니다. 그렇다면 여호수아서를 다시 읽어 보십시오! 여호수아의 하나님이 우리의 하나님이며, 이스라엘 백성의 하나님이 우리의 하나님이십니다. 그들에게 드러내신 하나님의 은혜는 우리도 하나님을 깊이 신뢰하고 낙심과 침체를 물리치며 유업의 소명을 향해 달리도록 기록된 것입니다. 그들에게 승리를 약속하신 것도 우리에게 그대로 적용되는 약속입니다. 이것이 성경의 하나님을 믿는다는 의미입니다. 바울의 말을 기억하십시오.

"모든 성경은 하나님의 감동으로 된 것으로 교훈과 책망과 바르게 함과 의로 교육하기에 유익하니 이는 하나님의 사람으로 온전하게 하며 모든 선한 일을 행할 능력을 갖추게 하려 함이라"(딤후 3:16-17).

맺는말

우리가 힘들 때는 인간적인 동정의 말이나 작은 사랑의 표현들이 작지 않은 위로가 됩니다. 그러나 나를 곤경에서 끌어내고 위축된 마음을 일으켜 세우는 결정적인 지렛대는 성경에 기록된 어제의 하나님을 오늘의 자신에게 옮겨오는 것입니다. 그렇게 하려면 성경에서 여러 모양으로 방출하신 하나님의 능력과 사랑과 선한 약속들과 성취를 "마음과 뜻으로 아는 바"(23:14)가 있어야 합니다. 하나님의 말씀을 통해서 하나님이 어떤 분이신지를 나 자신이 확신하는 것이 사람들을 통해서 오는 간접적인 소소한 위로보다 백 배나 더 힘이 있습니다.

곤경과 시련은 누구에게나 있습니다. 그러나 신자들 사이에는 영적 싸움의 자세와 반응에서 큰 차이를 드러냅니다. 담대한 믿음으로 역경을 대항하고 하나님이 정해 주신 유업을 쟁취하여 하나님을 기쁘게 해 드리려면 성경 말씀에서 얻어내는 하나님에 대한 확신이 있어야 합니다. 일시적인 심장 마사지에 불과한 말들을 듣는 것으로 자신의 문제를 해결하려고 하지 말고 하나님 자신이 성령을 통해서 깨닫게 하시는 성경 말씀에서 동기부여를 찾으십시오. 하나님의 말씀을 가까이하는 자들에게 하나님께서는 자신을 나타내시고 친밀하게 다가오신다고 약속하셨습니다.

"하나님을 가까이 하라 그리하면 너희를 가까이하시리라"
(약 4:8).

17장

우리는 어디로 가는가?
여호수아 24장

"여호수아가 백십 세에 죽으매… 그들이 그의 기업의 경
내 딤낫 세라에 장사하였으니"(수 24:30).

"또 이스라엘 자손이 애굽에서 가져온 요셉의 뼈를 세겜
에 장사하였으니 이곳은 야곱이… 산 밭이라 그것이 요셉
자손의 기업이 되었더라"(수 24:32).

"아론의 아들 엘르아살도 죽으매 그들이 그를… 에브라임
산지에서 받은 산에 장사하였더라"(수 24:33).

여호수아서의 마지막 항목은 믿음의 용장들이었던 세 명의 장
례식으로 막을 내립니다. 본문에서 "장사하였으니"(30절), "장사
하였으니"(32절), "장사하였더라"(33절)는 어구가 후렴처럼 반복되
었습니다. 그런데 주목할 점은 장사와 유업의 관계입니다. 그들

이 묻힌 곳은 그들이 받은 기업의 땅이었습니다. 이것은 여호수아서의 주제가 기업(유업 혹은 상급)임을 다시 확인해 줍니다. 이스라엘 백성이 출애굽 하여 가나안에 정착한 것은 하나님께서 그들에게 약속하셨던 유업의 땅을 마침내 받았음을 의미합니다. 그리고 그 땅에 이스라엘의 지도자들을 장사한 것은 그들의 후손에게 유업의 상을 향해 달리는 삶의 가치를 상기시키는 일이었습니다.

여호수아가 받은 상

"이 일 후에 여호와의 종 눈의 아들 여호수아가 백십 세에 죽으매 그들이 그를 그의 기업의 경내 딤낫 세라에 장사 하였으니 딤낫 세라는 에브라임 산지 가아스 산 북쪽이었 더라"(30절).

여호수아는 이스라엘 백성이 유업의 땅을 차지하도록 일선에서 진두지휘하였습니다. 그는 평생을 하나님 앞에서 충성하였습니다. 이제 그는 신실한 자들에게 약속된 유업의 상을 받았습니다. 그가 받은 상은 구체적으로 어떤 것이었습니까?

첫째 그를 "여호와의 종"이라고 불렀습니다. '여호와의 종'은 일반적인 표현이 아니고 하나님이 수여하는 영예로운 칭호입니다(사 45:4). "여호와의 종"이라는 칭호는 하나님의 백성이라고 해서 다 받는 것이 아닙니다. 이 칭호는 여호수아서에서 지금까지는 모세에게만 적용된 타이틀이었습니다(1:1, 7, 15; 13:8; 14:7; 8:31,

33; 22:4). 이 타이틀은 구약의 구속사에서 극소수에게만 적용되었습니다. 예를 들면, 아브라함, 모세, 여호수아, 다윗과 선지자들에게 사용되었습니다(창 26:24; 민 12:7; 삼하 3:18; 7:5, 8; 왕하 8:66; 9:7; 17:13 ; 단 9:10; 렘 7:25; 29:19). "여호와의 종"이라는 타이틀은 궁극적으로 메시아로 오실 예수님을 가리켰습니다(사 42:1; 마 12:18).

여호수아는 유업 신앙의 모범으로 산 후에 "여호와의 종"이라는 영예로운 타이틀을 받았습니다. 이것은 그가 받은 상이었습니다. 우리도 하나님으로부터 착하고 충성스러운 종이라는 칭찬을 받을 날을 위해 힘써 달려가야 합니다(마 25:21, 23; 빌 3:14). 어떤 의미에서, 모든 신자가 하나님을 섬기기에 '여호와의 종'이라고 부를 수 있습니다. 사도들은 자신들을 예수 그리스도의 종이라고 불렀습니다(롬 1:1; 빌 1:1; 약 1:1; 벧후 1:1; 유 1). 그러나 이 말은 자신들이 '그리스도의 종'이라는 칭호를 이미 상으로 받았다는 뜻이 아닙니다. 복음을 전하고 가르치기 위해 자기 주인을 전적으로 섬기는 사도적인 직분의 위치에 있다는 의미입니다.

일반적인 의미로는, 모든 신자가 그리스도의 종입니다. 그러나 다른 의미에서, 우리는 "무익한 종"(눅 17:10)들입니다. 우리는 에바브로디도처럼 "신실한 일꾼"(골 1:7)이라는 인정을 생전에 받을 수 있을지라도, '무익한 종'이라는 겸비한 자세를 항상 유지해야 합니다. 여호수아는 자신의 달려갈 길을 마친 후에 "여호와의 종"이라는 칭호를 받았습니다. 이것은 그가 주님의 심판대 앞에서 착하고 충성스러운 종이라는 칭찬과 함께 내세의 큰 상을 받을 것을 내다보게 합니다.

둘째, 여호수아는 장수의 상을 받았습니다. 그는 백십 세를 향수하였습니다. 구약 시대는 장수가 하나님의 축복의 증거였습니다(창 15:15; 잠 3:1-2, 16; 시 91:16). 이스라엘 족장들은 모두 장수하였습니다. 아브라함의 향년은 백칠십오 세(창 25:7)였고, 이삭은 백팔십 세(창 35:28)였으며, 야곱은 백사십칠 세(창 47:28)를 누렸습니다. 요셉은 백십 세를 누렸고(창 50:26) 모세는 백이십 세를 살았습니다(신 34:7). 여호수아가 장수한 것은 하나님의 인정을 받은 종들에게 부여되는 상이었습니다.

셋째, 여호수아는 자신이 유산으로 받은 땅에 묻혔습니다. 그가 "그의 기업의 경내"에 묻혔다는 것은 의도적인 지적입니다. 그는 족장들처럼 나그네로 산 것이 아니고, 가나안을 점령하고 분배받은 유업의 땅에 묻혔습니다. 그는 자신의 유업을 획득하고 영원한 안식에 들어갔습니다.

요셉이 받은 상

"또 이스라엘 자손이 애굽에서 가져 온 요셉의 뼈를 세겜에서 장사하였으니 이곳은 야곱이 백 크시타를 주고 세겜의 아버지 하몰의 자손들에게 산 밭이라 그것이 요셉 자손의 기업이 되었더라"(32절).

요셉은 애굽에서 임종 때에 형제들에게 자신의 유골을 가나안으로 옮기라는 유언을 남겼습니다.

"요셉이 또 이스라엘 자손에게 맹세시켜 이르기를 하나님이 반드시 당신들을 돌보시리니 당신들은 여기서 내 해골을 메고 올라가겠다 하라 하였더라"(창 50:25).

요셉은 믿음의 사람이었습니다. 그는 애굽에 노예로 팔렸지만 낙심하지 않았습니다. 그는 보디발의 아내의 모함으로 애매하게 감옥에 갇혀 여러 해를 고생했지만 하나님의 구출을 믿었습니다. 그는 마침내 애굽의 총리가 되었습니다. 이것은 그가 이 땅에서 받은 최대의 보상이었습니다. 그런데 그에게는 더 큰 보상이 기다리고 있었습니다. 그는 자신의 소원대로 가나안 땅에 묻혔습니다. 히브리서는 요셉이 자기 유골에 대한 지시를 한 것을 가장 훌륭한 믿음의 예시로 삼았습니다(히 11:22).

"믿음으로 요셉은 임종시에 이스라엘 자손들이 떠날 것을 말하고 또 자기 뼈를 위하여 명하였으며"(히 11:22).

하나님께서는 이런 믿음을 기뻐하시고 상을 내리십니다. 요셉은 하나님께서 조상들에게 맹세하신 유업의 땅으로 이스라엘 자손을 인도하실 것이라고 굳게 믿었습니다. 모세는 출애굽 때에 요셉의 유골을 가지고 나왔고(출 13:19) 여호수아 세대가 세겜에 장사하였습니다. 이것은 모두 믿음의 행위였습니다. 요셉의 부친인 야곱은 세겜 사람들로부터 자신이 장막을 쳤던 곳의 밭을 매입했는데 이것이 요셉의 장지가 되었습니다. 그러나 이제는 가나안 온 땅이 이스라엘의 소유지가 되었습니다. 아브라함이 아내의 매장지를 위해서 막벨라 굴을 흥정해야 했던 때에 비하면 딴 세상이 되었습니다(창 23장).

요셉은 애굽에서의 장구한 세월이 흐른 후에 드디어 유업의 땅에 묻혔습니다. 이것은 그가 받은 상이었습니다. 당시의 상황을 본다면 불가능한 일이었습니다. 야곱의 후손은 이미 애굽에 정착하였고 자손이 늘어나고 있었습니다. 그들은 요셉 덕분에 애굽에서 번성하였습니다.

이민은 한번 가면 되돌아오기가 쉽지 않습니다. 개인도 어려운데 공동체 전체가 고국으로 돌아간다는 것은 꿈에서나 있을 법한 일입니다. 그런데 이스라엘 백성은 사백 년의 종살이 후에 하나님의 기적으로 애굽을 떠났습니다. 믿음은 먼 미래에 일어날 하나님의 약속을 믿습니다. 요셉은 사백 년이 지나 자기가 믿은 대로 가나안으로 돌아갔습니다. 비록 돌아온 것은 그의 유골이었지만, 그가 세겜 땅에 묻힌 것은 하나님의 신실하심은 환경이나 세월의 영향을 받지 않음을 역설합니다.

하나님께서는 약속을 지키십니다. 일찍이 아브라함은 그의 후손이 애굽에서 사백 년의 종살이 후에 가나안으로 돌아올 것이라는 약속을 받았습니다(창 15: 13-14). 요셉은 이 약속이 성취될 것을 믿었습니다. 이스라엘 백성도 요셉의 유언을 믿었습니다. 그래서 그들은 요셉의 관을 메고 광야 40년을 걸었습니다.

요셉의 뼈가 의미하는 것은 무엇일까요?

첫째, 하나님의 신실하심을 대변하는 사건입니다. 하나님께서 아브라함에게 약속하셨던 가나안 땅의 유업은 여러 세대와 많은 세월을 거친 후에 성취되었습니다. 그런데 유업은 하나님의 약속이 있다고 해서 누구나 자동으로 받는 것은 아닙니다. 출애굽의 첫 세대는 갈렙과 여호수아만 제외하고 한 사람도 가나안의 유업을 받지 못했습니다. 유업은 불절의 믿음과 인내로 쟁취해야 하기 때문입니다. 그런데 하나님의 유업의 약속은 불신실과 불순종의 방해를 받아도 여전히 성취됩니다. 하나님께서는 요셉과 같은 꾸준한 믿음의 사람들을 붙들어 주셔서 유업을 받게 하십니다. 요셉은 생전에 가나안의 유업을 받지 못하였습니다. 그러나 그의 유골이 유업의 땅에 장사된 것은 요셉의 꾸준한 믿음이 보상을 받았음을 의미합니다. 하나님은 반드시 갚아 주시는 분입니다.

둘째, 우리 각자의 연약함을 대변합니다. 이스라엘 백성이 요셉의 유골을 메고 광야에서 사십 년을 다닌 것을 생각해 보십시오. 그들이 평생 꾸준히 행한 일이 있었다면 유골을 메고 산 것입니다! 우리 인생이 이와 같지 않습니까? 인간은 누구나 죽음을 메고 다닙니다. 산 사람으로 태어나지만 살아갈수록 죽음의 문이 가까워집니다. 죽음은 우리 인생의 숙명입니다. 누구나 자기 죽음을 메고 다니다가 누군가에 의해서 장사됩니다. 나 자신도 다른 사람을 장사하다가 그 일을 다른 누구에게 넘기고 세상을 떠납니다. 이것이 이스라엘 백성이 광야에서 한 일이었습니다. 그들의 전공은 장의학이었습니다. 우리도 마찬가지입니다. 인류의 공통된 직업은 장의사입니다! 우리가 태어난 이 세상은 묻고 묻히는 거대한 공동묘지입니다.

요셉은 애굽 제국의 제2인자였습니다. 그는 바로 왕 다음가는 영화와 권세를 누렸습니다. 그러나 그는 지금 관 속에 누워 있습니다. 이스라엘 백성의 어깨에 얹혀서 이리저리 가는 대로 옮겨다닙니다. 요셉의 뼈는 인간의 연약함과 무상함을 대변합니다. 인생의 실체는 결국 살 한 점 붙어 있지 않은 백골로 끝나는 것입니다. 뼈에 살이 붙어 있고 생명이 있었을 때는 천하장사도 될 수 있고 고관대작도 될 수 있습니다. 그러나 아무리 큰 영화와 권력과 부를 누려도 죽은 뼈로서는 아무것도 할 수 없습니다.

그럼 어떻게 해야 합니까? 세상에는 해결책이 없습니다. 죽어서 백골이 되기 전에 오직 생명의 주님에게 소망을 걸고 살아야 합니다. 죽은 뼈에 생명을 주고 다시 살아나게 하시는 전능하신 하나님을 자신의 구주로 믿어야 합니다. 무덤을 넘어서는 영생의 약속과 능력을 믿는 자들은 다시 살아납니다.

"예수께서 이르시되 나는 부활이요 생명이니 나를 믿는 자는 죽어도 살겠고 무릇 살아서 나를 믿는 자는 영원히 죽지 아니하리니 이것을 네가 믿느냐"(요 11:26).

엘르아살이 받은 상

"아론의 아들 엘르아살도 죽으매 그들이 그를 그의 아들 비느하스가 에브라임 산지에서 받은 산에 장사하였더라"(24:33).

모세의 후계자인 여호수아가 죽고, 아론의 아들로서 대제사장직을 맡았던 엘르아살이 죽은 것은 한 시대의 종언을 뜻합니다. 엘르아살은 여호수아와 함께 유업 분배에 일역을 맡았습니다. 그도 여호수아처럼 에브라함 산지에 묻혔습니다. 여호수아, 요셉, 엘르아살을 장사하는 본 항목에서 강조되는 것은 그들이 모두 자기들의 기업의 땅에 묻혔다는 것입니다. 여호수아는 자기 기업의 경내에서, 요셉은 그의 자손의 기업이 된 세겜 땅에서 그리고 엘르아살은 자기 아들인 비느하스가 받은 에브라임 산지에 장사되었습니다. 이것은 여호수아의 고별 메시지를 들었던 백성을 "각기 기업으로 돌아가게 하였더라"(28절)는 말의 후렴입니다. 그러니까 모든 지파가 자기들이 받은 기업으로 돌아갔듯이, 여호수아와 요셉과 엘르아살도 자신들이 상속받은 유업의 땅으로 돌아갔다는 것입니다. 이보다 더 분명하게 약속을 지키시는 하나님의 신실하심을 확증할 수는 없을 것입니다.

"여기에서 포인트는 여호수아와 백성이 순종의 상을 받았다는 것과 특히 여호와는 자신의 약속을 지키시는 분이라는 것이다"(David Howard Jr. NAC 영문 주석 p. 442).

여호수아와 요셉과 엘르아살은 모두 자기 가족의 기업이 있는 곳에 묻혔습니다. 모든 지파가 땅의 유업을 받았고 이스라엘의 지도자들이 평화롭게 유업의 땅에서 죽었습니다. 이들은 자신들의 삶의 목적을 성취하였습니다. 이들은 유업의 약속을 믿고 끝까지 분투하여 하나님의 선한 뜻을 현실로 체험하였습니다. 이들은 비록 죽었지만, 영원한 상이 기다리는 하늘 안식의 영역으로 들어갔습니다.

유업 신앙의 삶은 절대 헛되지 않습니다. 하나님께서 정하신 삶의 방식이며 목표이기에 순종하면 큰 복을 받습니다. 우리는 유업의 약속을 신뢰하고 "주님께 유산을 상으로 받는다는 사실을 기억"(골 3:24, 새번역)해야 합니다. 우리는 "하나님께서 위로부터 부르신 그 부르심의 상을 받으려고 목표점을 바라보고 달려"(빌 3:14, 새번역)갈 때 인생의 목적을 성취합니다.

여호수아서는 하나님이 약속하신 유업의 땅으로 가서 차지하라는 명령으로 시작되었습니다(1:1-9). 이제 마지막 장에서 마침내 이스라엘 백성이 가나안 땅을 차지하고 자신들의 유업을 보상으로 받았다는 행복한 결말로 막이 내립니다. 여호수아와 요셉과 엘르아살은 자신들의 유업을 받고 땅에 묻혔지만 그들의 죽음은 새 하늘과 새 땅에서 영원한 유업으로 이어질 것이었습니다.

창세기의 맨 끝 절과 여호수서의 끝 절 사이에는 매우 흥미로운 연관성이 있습니다. 창세기의 끝 절은 요셉을 애굽에서 입관하는 장면으로 끝납니다.

"요셉이 백십 세에 죽으매 그들이 그의 몸에 향 재료를 넣고 애굽에서 입관하였더라"(창 50:26).

여호수아서의 끝 항목에서는 요셉의 뼈를 세겜에 장사하는 장면으로 마무리됩니다.

"또 이스라엘 자손이 애굽에서 가져 온 요셉의 뼈를 세겜
에 장사하였으니"(수 24:32).

입관과 장사 사이에 무려 사백 년이 지났습니다. 물론 요셉의
관은 애굽에서 닫혔지만, 구속사의 관점에서 보면, 그의 관은 가
나안에 다시 장사될 때까지는 열린 관이었습니다. 그가 임종 때
에 주었던 예언적 유언은 애굽에서의 입관을 거쳐 가나안에서의
장사로 연결됐을 때 비로소 성취되었습니다.

그런데 전체적으로 보면 창세기는 "입관하였더라"(창 50:26)로
마치고, 여호수아서는 "장사하였더라"(수 24:33)로 그칩니다. 이것
은 의미심장한 여운을 남깁니다. 여호수아도, 요셉도, 엘르아살
도 모두 입관과 장사의 과정을 밟고 가나안 땅에 묻혔습니다. 그
들이 약속의 땅에 묻힌 것은 더 큰 약속을 바랐기 때문입니다. 그
들은 시온의 영광이 떠오를 날을 기다렸습니다. 그들은 이스라엘
의 역사가 개인의 죽음으로 종식된다고 믿지 않았습니다.

그들과 언약을 맺은 여호와 하나님은 가나안 땅을 온전히 회
복하고 자기 백성을 시온에서 다스릴 것이었습니다. 그의 통치
는 의롭고 그의 왕국은 온 우주를 포함할 것입니다. 그가 세운 왕
은 평강과 겸손의 왕입니다. 이 왕은 다름 아닌 예수 그리스도입
니다. 예수님은 예루살렘으로 입성하셨을 때 어린 나귀를 타고
오셨습니다. 사람들은 그를 보고 호산나를 외치며 "주의 이름으
로 오시는 이 곧 이스라엘의 왕이시여"(요 12:13)라고 환영하였습
니다. 이것은 스가랴 선지자가 예언한 일이었습니다(슥 9:9-10; 마
21:5). 이사야 선지자도 예언하기를 구원자가 시온에 오셔서 야곱

의 후손을 회복하시고 그들의 죄를 씻어주실 것이라고 하였습니다(사 59:20; 롬 11: 26).

예수님은 시온의 언덕 산에서 죽임을 당하였고 장사된 지 사흘 만에 다시 살아나셨으며 승천하신 후 하나님 우편 보좌에 앉으셨습니다. 예수님은 자신의 유업의 상을 받으셨습니다. 이제 자기 백성을 죽음을 건너 새 하늘과 새 땅으로 인도하시는 중입니다(히 2:10). 주님은 눈물도 질병도 죽음도 없는 영원한 하나님 나라에서 그의 자녀들로 하여금 새 생명의 삶을 살게 하실 것입니다(계 21:4). 이것이 이스라엘의 소망이었고 우리의 소망입니다.

한편, 우리는 여호수아서의 마지막 부분에 가서 이스라엘의 역사가 승전 분위기에서 풀이 죽는 듯한 느낌을 받습니다. 위대한 지도자들을 장사하는 것으로 마치기 때문입니다. 그러나 신약의 관점에서 보면 이들은 예수님을 가리키는 화살표입니다.

• 요셉은 예수님의 예표입니다. 그는 하나님의 지혜로 많은 사람을 기근과 기아에서 구원하였습니다.
• 여호수아도 예수님의 모형입니다. 그의 이름 자체도 헬라어 식으로 읽으면 '예수'입니다. 그는 이스라엘 백성을 이끌고 가나안을 정복한 믿음의 용장이었습니다. 예수님도 여호수아처럼 우리의 군대장관으로서 하나님 나라의 원수들을 이기고 유업의 땅으로 인도하십니다.
• 엘르아살 제사장도 대제사장이신 예수님의 모형입니다. 엘르아살은 백성과 하나님 사이에서 항상 중보하였습니다. 예수님

은 우리의 하늘 대제사장이십니다.

그런데 이들은 모두 죽었습니다. 이들은 "입관⇒장사"의 단계에서 모두 끝났습니다. 예수님도 입관⇒장사의 단계를 거쳤습니다. 그러나 거기서 그치지 않고 무덤에 장사된 지 사흘 만에 다시 살아나셨습니다! 예수님은 "입관⇒장사⇒부활"의 패턴을 거쳐 승천하셨습니다. 우리도 언젠가는 입관과 장사의 과정을 거칠 것입니다. 그러나 우리 주 예수 그리스도의 패턴을 따라 입관과 장사에 머물지 않고 부활하여 새 하늘과 새 땅에서 주님과 영원히 유업의 안식을 누리게 될 것입니다.

우리는 모두 온 세상이 가는 길로 가는 중입니다.

여호수아서의 마지막 항목에 실린 세 명의 지도자들에 대한 장례식과 관련해서 여호수아가 23장에서 이스라엘의 지도자들에게 던졌던 엄숙한 현실을 회상해 보십시오.

"보라 나는 오늘 온 세상이 가는 길로 가려니와…"
(23:14).

온 세상이 가는 길이 무엇입니까? 죽음의 길입니다. 모든 인간의 생명은 출발과 함께 죽음의 길로 들어섭니다. 한 사람의 예외도 없습니다. "여호와의 종 모세"(1:1)도 죽었고, 또 다른 "여호와의 종 눈의 아들 여호수아"(24:29)도 죽었습니다. 여호수아서 자체도 장례식으로 막을 닫습니다. 여호수아도 "온 세상이 가는 길"로 갔고 우리도 남김없이 누구나 다 같은 길을 가게 될 것입니다. 그런데 세상 만민이 하직할 때에는 같은 길로 가지만 마지막 운명은 갈라집니다. 신자와 불신자는 천국과 지옥으로 갈라지고, 신자들은 하늘의 상을 받거나 못 받는 상태로 갈라집니다. "온 세상이 가는 길"은 죽음으로 끝나지 않습니다. 성경은 사후에 심판이 있을 것을 수없이 경고합니다. 특히 유업과 관련된 그리스도의 심판대는 바울 신학의 종말론에 포함되어 있습니다.

> "이는 우리가 다 반드시 그리스도의 심판대 앞에 나타나게 되어 각각 선악간에 그 몸으로 행한 것을 따라 받으려 함이라"(고후 5:10).

> "각 사람의 공적이 나타날 터인데 그 날이 공적을 밝히리니 이는 불로 나타내고 그 불이 각 사람의 공적이 어떠한 것을 시험할 것임이라 만일 누구든지 그 위에 세운 공적이 그대로 있으면 상을 받고 누구든지 그 공적이 불타면 해를 받으리니 그러나 자신은 구원을 받되 불 가운데서 받은 것 같으리라"(고전 3:13-15).

유업에 대해서 가장 많이 다룬 히브리서의 저자도 말합니다.

> "한번 죽은 것은 사람에게 정해진 것이요 그 후에는 심판이 있으리니"(히 9:27).

주 예수를 대속주로 믿는 신자라면 지옥에 가지 않습니다. 그러나 신자는 사후에 반드시 예수 그리스도의 심판대 앞에 서야 합니다. 구원 여부를 판결받기 위한 것이 아니고, 상의 여부를 판정받기 위한 심판입니다. 예수님은 유업의 땅을 향해 순종과 인내와 희생의 달음질을 한 성도들에게 "내가 줄 상이 내게 있어 각 사람에게 그가 행한 대로 갚아 주리라"(계 22:12)고 약속하셨습니다. 우리는 언젠가 "온 세상이 가는 길"의 끝자리에서 숨을 거두게 될 것입니다. 그러나 위에서 부르신 상을 위해 달린 신자들에게는 죽음은 생의 종식이 아니고, 유업의 상이 쌓여 있는 하나님의 영원한 임재 속으로 들어가는 영광의 출발점입니다. 그때 우리는 주님 앞에서 "잘하였도다 착하고 충성된 종아… 네 주인의 즐거움에 참여할지어다"(마 25:21, 23)라는 칭찬과 초대를 받게 될 것입니다.

주님은 우리가 "온 세상이 가는 길"의 종착지에 이르기 전에 각자에게 싸우고, 차지하고, 소유하고, 누려야 하는 유업의 영역을 정해 주십니다. 주 예수의 품성을 닮으며 산상 보훈의 삶을 일궈나가야 합니다. 성령의 열매를 맺고, 맡은 소명을 신실과 충성으로 이행하며, 거룩한 사랑의 삶을 살아야 합니다. 하나님 나라를 위해서 무엇인가 이바지하고 희생하는 것이 있어야 합니다. 복음을 전하고, 그리스도의 유업 안에서 안식하는 법을 익혀야 합니다. 이것이 우리가 맡은 유업의 영역들입니다.

우리는 구원의 부름을 받았을 뿐만 아니라 유업의 소명도 받은 자들입니다. 유업의 푯대를 향해 인내와 순종과 믿음으로 나아가지 않는 삶은 그리스도의 심판대 앞에서 부끄러움을 당할 것입니다. 그러나 주 예수의 사랑과 복음의 진리로 산 생애는 주님의 칭찬을 받습니다. 그들은 후한 상을 받고 아버지의 영원한 나라의 축복들을 상속받습니다.

우리의 인생길이 다 끝난 후에는 여호수아와 요셉과 엘르아살처럼 땅에 묻히게 될 것입니다. 그러나 우리도 그들처럼 유업의 땅에 묻히는 삶을 살았다면, 주님으로부터 "잘하였도다 착하고 충성된 종아"라는 칭찬을 듣고 영원한 나라를 주님과 함께 상속받고 다스리는 "영광과 존귀의 면류관"(히 2:7; 시 8:4-5)을 얻을 것입니다. 이렇게 하여 하나님께서 원래 인간들을 위해 의도하셨던 선한 뜻이 마침내 성취될 것입니다.

그런데 우리가 주님으로부터 영광의 면류관을 받고 어떤 반응을 보일 것 같습니까? 유업 신앙을 싫어하는 분들이 염려하듯이, 내가 받은 상이라고 으스댈 것 같습니까? 절대로 그렇지 않을 것입니다. 유업의 상을 위해 달린 자들은 자신의 공로를 떠올리기 전에, 주 예수의 십자가 희생의 공로를 먼저 기억합니다. 그들은 예수님의 대속의 희생과 도우심이 없었다면 착하고 충성스러운 종이라는 주님의 칭찬을 전혀 받을 수 없었을 것을 확신합니다. 이것이 여호수아서 전체에서 반복되는 주제입니다. 여호와께서 이스라엘 백성과 함께하셨고 그들을 위해 싸워 주신 덕분으로 가나안 족속들을 이기고 승리할 수 있었습니다. 다시 말해서, 가나안 족속들을 이스라엘에게 넘겨 주셨으므로 약속의 땅을 차지할 수 있었습니다. 땅은 원래부터 하나님의 것이었습니다. 아무리 내가 차지하려고 애를 써도 주인이 자기 땅을 회수하여 합법적으로 넘겨 주어야만 내 것이 됩니다. 물론 내가 싸워야 하지만 나에게 싸울 힘을 주고 동기를 부여하신 분은 하나님이십니다. 바울은 말합니다.

> "누가 너를 남달리 구별하였느냐 네게 있는 것 중에 받지 아니한 것이 무엇이냐 네가 받았은즉 어찌하여 받지 아니한 것 같이 자랑하느냐"(고전 4:7).

맺는말

존귀와 영광의 면류관을 받은 자들은 특별한 분들이 아닙니다. 그들도 모두 한때는 더럽고 속절없는 죄인들이었습니다. 그러나 그들은 하나님의 자비로 복음을 듣고 주 예수 그리스도를 믿어 구원을 받았습니다. 그들은 그때부터 하나님의 진리를 배우며 그리스도에게 속한 자녀들로서 하나님 나라의 삶을 살기 시작하였습니다. 그들은 세상이 주는 환난과 고통 속에서 우상을 섬기지 않고 오직 주 여호와만 섬겼습니다. 하나님이 정해 주신 유업의 길을 꾸준한 믿음과 인내로 걸었습니다. 그들은 주님의 종으로서 마땅히 행할 일을 행하였습니다. 그런데 어찌하여 그들에게 존귀와 영광의 면류관이 씌워진단 말입니까? 주님이 이렇게 말씀하시지 않았습니까?

> "명한 대로 하였다고 종에게 감사하겠느냐 이와 같이 너

희도 명령 받은 것을 다 행한 후에 이르기를 우리는 무익한 종이라 우리가 하여야 할 일을 한 것 뿐이라 할지니라"(눅 17:9-10).

놀랍게도 주님은 명령받은 일을 다 행하고 자신을 쓸모없는 종이라고 낮추는 자들에게 존귀와 영광의 관을 씌우십니다. 이것이 자비하신 하늘 아버지의 성품입니다. 종으로서 당연히 할 일을 행했을 뿐인데 잘했다고 감사하며 상을 주는 신(神)이 어디에 있습니까? 유업 신앙의 길을 걸은 신자들은 이러한 하나님 앞에서 교만하거나 자랑하지 않습니다. 그들은 즉시 아무런 주저함이 없이 진심으로 '내게 있는 모든 것을 아낌없이 바치네 … 사랑하는 구주 앞에 모두 드리네'라고 찬송합니다. 그리고 자신의 면류관을 벗어 주의 보좌 앞에 내려놓고 하나님을 찬양합니다.

"이십사 장로들이 보좌에 앉으신 이 앞에 엎드려 세세토록 살아 계시는 이에게 경배하고 자기의 관을 보좌 앞에 드리며 이르되 우리 주 하나님이여 영광과 존귀와 권능을 받으시는 것이 합당하오니 주께서 만물을 지으신지라 만물이 주의 뜻대로 있었고 또 지으심을 받았나이다 하더라"(계 4:10-11).

그들은 착하고 충성스러운 종이라는 칭찬을 받고 주께 이렇게 대답할 것입니다.

「주님, 아니에요. 참으로 착하고 충성스러운 종은 주님 자신이 십니다. 주님께 모든 영광을 돌립니다."」

이것이 유업 신앙의 자세입니다. 우리가 왜 유업을 향해 살아야 합니까? 주님의 뜻이며 주님이 기뻐하시는 일이기 때문입니다. 구원 이후의 최대 최선의 삶은 주님이 세워주신 유업의 목표에 이르는 것입니다. 이것은 주님께 모든 영광을 돌리는 일입니다. 하나님께서는 우리의 구원만으로 만족하시지 않습니다. 우리를 구원하시고 그 위에 더 충만하게 넘치는 복을 붓기를 원하십니다. 그 복은 유업의 복입니다. 목숨을 다해 주님을 사랑하고 섬기다가 새 하늘과 새 땅에서 주님과 함께 만유를 다스리며 재창조의 세계를 영원히 누리는 복입니다. 그래서 우리도 여호수아처럼 "오직 나와 내 집은 여호와를 섬기겠노라"(15절)고 고백해야 하겠습니다.

18장
누구를 섬길 것인가?
여호수아 24장

"여호수아가 이스라엘 모든 지파를 세겜에 모으고 이스
라엘 장로들과 그들의 수령들과 재판장들과 관리들을 부
르매 그들이 하나님 앞에 나와 선지라… 그 날에 여호수
아가 세겜에서 백성과 더불어 언약을 맺고 그들을 위하여
율례와 법도를 제정하였더라"(수 24:1, 25).

여호수아는 이스라엘 백성을 모두 세겜으로 소집하고 마지막
고별 메시지를 주었습니다. 그런데 이것은 유언적 교훈의 성격을
가졌으면서도 언약 갱신의 의의가 높은 회집이었습니다. "이 일
후에 여호와의 종 눈의 아들 여호수아가 백십 세에 죽으매"(24:29)
라고 했습니다. 그러니까 여호수아는 문자대로 사력을 다해 최후
의 메시지를 전하고 자신의 달려갈 길을 마쳤습니다. 그래서 본
장은 이스라엘 백성 전체에게 주는 매우 중대한 이벤트를 다룬
것입니다.

23장의 회집도 중요한 모임이었지만 강조점과 내용에 차이가 있습니다. 이 두 모임은 우선 시간과 장소가 달랐습니다. 같은 장소에서 연속적으로 일어난 이벤트가 아닙니다. 23장의 회집 장소는 명기되지는 않았지만, 지금까지 모임의 장소로써 사용되었던 전례에 비추어 볼 때 실로가 유력해 보입니다(18:1; 21:2; 22:9). 그러나 24장의 장소는 세겜이었습니다. 여호수아가 이스라엘 전체 회중을 상대로 전한 마지막 메시지의 내용을 보면 세겜을 선택한 것은 의도적이었다고 봅니다.

여호수아는 아브라함부터 시작되는 이스라엘 역사를 리뷰하는 것으로 24장을 시작하였습니다. 23장이 앞으로 이스라엘 백성이 계속해서 행해야 할 일들을 강조했다면, 24장은 과거에 일어났던 하나님의 구원 이벤트들을 강조합니다. 그러나 두 메시지가 이스라엘 백성이 이방 신들을 섬기지 말고 오직 여호와만 신실하게 따를 것을 염두에 두었다는 점에서는 공통된 주제를 다룬 것입니다.

세겜은 하나님의 계시와 영적 갱신의 장소입니다.

아브라함이 가나안에 들어와서 처음으로 제단을 쌓은 곳은 세겜이었습니다.

"아브람이 그 땅을 지나 세겜 땅 모레 상수리나무에 이르니 그 때에 가나안 사람이 그 땅에 거주하였더라"(창

12:6).

세겜은 가나안 정복과 관련해서 잊을 수 없는 역사적 장소였습니다. 하나님께서 아브라함에게 "내가 이 땅을 네 자손에게 주리라"(창 12:7)고 하신 계시의 장소가 세겜이었습니다. 종전처럼 가나안 밖에서가 아니고 실제로 유업의 땅으로 발을 들여놓은 곳에서 주신 약속이므로 현장감과 실체감이 넘칩니다. 그래서 아브라함이 세겜에 제단을 쌓고 하나님을 경배한 것은 당연한 일이었습니다. 필자의 아브라함 강해서의 일부를 인용합니다.

"이런 의미에서 아브라함이 세겜 땅에서 단을 쌓고 하나님을 경배했다는 사실은 후세대들에 커다란 의의를 주는 사건이었습니다. 아브라함의 손자였던 야곱은 벧엘로 올라가라는 하나님의 계시를 받고 자기 권속들에게 이방 신상과 장식물들을 모조리 '세겜 근처 상수리 나무 아래에'(창 35:4) 파묻게 하였습니다. 여호수아는 이스라엘 각 지파를 이 세겜 땅으로 집결시키고 하나님과 이방 신 중에서 누구를 따를 것인지 결정하라고 촉구하였습니다(수 24:1). 그러니까 세겜은 하란 땅에서 가나안의 신들과 여호와 하나님 중에서 양자택일해야 하는 또 하나의 영적 교차로였습니다. 하나님은 나의 순례 길에서 나를 자주 이 양단의 갈림길에 서게 하십니다. 나의 목표와 방향이 동일하며 나의 경배의 대상이 바뀌지 않았다는 것을 교차로에 서서 증명해야 하기 때문입니다. 우상을 섬기는 이방인들이

득실거리는 곳에서 아브라함은 주저하거나 부끄러워하지 않고 여호와 하나님을 섬긴다는 것을 공적으로 드러내는 제단을 쌓았습니다."(여호와 이레, 아브라함 강해, 이중수, 107-108쪽).

"내가 너희의 조상 아브라함을 강 저쪽에서 이끌어 내어 가나안 온 땅을 두루 행하게 하고…"(24:3).

세겜에서 아브라함에게 주셨던 가나안 땅의 약속은 과연 실현 되었습니다. 이제 이스라엘 백성은 세겜에 집결하였습니다. 아브라함이 두루 다녔던 가나안 땅은 모두 이스라엘 백성이 차지하였습니다.

"여호와께서 아브람에게 이르시되 너는 눈을 들어 너 있는 곳에서 북쪽과 남쪽 그리고 동쪽과 서쪽을 바라보라 보이는 땅을 내가 너와 네 자손에게 주리니 영원히 이르리라"(창 13:14-15).

이 말씀이 이루어진 때에 세겜에서 백성들이 가졌을 감회를 상상해 보십시오. 감개무량하지 않을 수 없었을 것입니다. 아브라함이 제단을 쌓았던 계시의 장소에서 가나안을 정복한 아브라함의 후손들로서 이스라엘의 역사를 회고하는 여호수아의 고별 메시지는 너무도 감회로웠을 것입니다. 여호수아가 고별 메시지의 장소로서 세겜을 택한 것은 특별한 이유가 있었습니다. 그것은 무엇보다도 아브라함에게 주셨던 가나안 땅의 약속이 실현되었음을 확증하려는 것이었습니다. 그리고 신실하신 여호와께 백성의 새로운 헌신을 다짐하게 하려는 것이 세겜을 선택한 이유였습니다. 23장의 회집 대상은 이스라엘 백성을 대표하는 지도자들에게 남은 사명을 계속 완수하고 오직 여호와께 충성할 것을 강조한 메시지였습니다. 그러나 24장은 이스라엘의 모든 백성이 참가한 언약 갱신이었습니다.

여호수아의 언약 역사 리뷰는 여러 가지 교훈을 담고 있습니다.

첫째, 이스라엘의 언약사에는 하나님의 주권적인 은혜가 드러납니다.

이스라엘 백성의 조상은 우상 숭배자들이었습니다. 아브라함의 아버지 데라는 "다른 신들"(24:2)을 섬겼습니다. 그래서 여호수아는 "너희 조상들이 강 저쪽에서 섬기던 신들"(24:15)이라고 했습니다. 우리는 아브라함이 하나님의 지시를 받고 갈대아 우르 땅을 떠난 것이 굉장한 믿음이었다고 지나치게 강조하지 말아야 합니다. 그가 유업을 받기 위해 순종한 것은 훌륭한 모범이지만(히 11:8) 그는 원래 우상 숭배자였습니다. 그는 처음부터 성자와 같은 경건한 사람이 아니었습니다. 그래서 강조해야 하는 것은 하나님의 주권적인 은혜입니다. 하나님께서 그를 부르시지 않았다면, 그는 우상의 나라를 떠날 수 없었을 것입니다. 구원은 전적으로 하나님의 은혜에 의한 것입니다.

둘째, 하나님께서는 위기 때마다 이스라엘 백성을 도우셨습니다.

가나안의 유업을 받는 과정에서 하나님의 결정적인 도우심과 능력이 드러난 경우가 한두 번이 아니었습니다. 애굽에서 바로의 학대로 신음할 때에 하나님께서는 모세와 아론을 보내 주셨고 애굽 땅에 열 가지 재앙을 내렸습니다(수 24:5; 신 34:10-11). 그 후 홍해 바다까지 추격한 애굽의 병거와 마병들 때문에 백성이 부르짖자 애굽 군대를 수장시키고 이스라엘 백성을 구출하여 광야로 인도하셨습니다(24:7-9). "또 너희가 많은 날을 광야에서 거주"(24:7)하였다고 했습니다. "많은 날"은 출애굽기 절반과 민수기 전체를 압축하는 광야 사십 년을 가리킵니다. 이스라엘 백성이 출애굽 이후 긴 세월을 광야에서 생존하고 가나안 복지로 들어간 것은 인류 역사에서 전례를 찾을 수 없는 최장(最長)의 기적이었습니다. 우리는 "많은 날"이 나날의 기적으로 연속된 사실을 잘 느끼지 못합니다. 우리는 하나님의 은혜의 돌봄에 둔감합니다. 그래서 하나님께 감사가 넘치지 못하고 하나님의 사랑과 섭리의 손길에 대한 지식이 빈약합니다.

하나님께서는 요단 동쪽의 아모리 족속과 모압 왕과 발람의 저주를 막아주셨습니다(민 25장; 31:8). 여리고와 성민들을 비롯한 요단 서쪽의 여러 족속을 다 이스라엘의 손에 넘겨 주셨습니다. 그리고 왕벌을 보내어 요단 동쪽의 헤스본 왕 시혼과 바산 왕 옥을 쫓아내셨습니다(24:9-12; 2:10; 9:10). 만약 하나님이 이스라엘을 위하여 싸워 주시고 전쟁을 주도하시지 않았다면 유업의 땅은 정복될 수 없었을 것입니다. 그래서 "너희의 칼이나 너희의 활로써 이같이 한 것이 아니"(24:12)라고 하셨습니다.

하나님께서 이스라엘을 위해서 싸우셨다는 것은 여호수아서의 점철된 주제입니다. 그럼에도 실제로 정복하고 점령하는 일은 이스라엘 백성의 책임이었습니다(22:3; 23:5). 이것은 유업 획득의 원칙입니다. 하나님이 싸우시지 않으면 유업 쟁취에 성공할 수 없습니다(24: 8, 18). 그러나 우리가 공격하고 차지하지 않는 유업을 하나님은 그냥 주시지 않습니다(1:6, 11; 21:43).

하나님께서 싸우신다는 말은 이스라엘 백성은 안 싸운다는 뜻이 아닙니다. 유업 전쟁의 주도권과 승패의 카드는 하나님의 손에 쥐여 있다는 것을 강조하는 표현입니다. 그래서 이스라엘이 가나안 족속을 진멸하여 다 죽였지만 (10:35, 37, 39, 40; 11:8, 11, , 12, 14), 하나님께서 또한 그들을 멸절시켰다고 하였고(24:8) 이스라엘은 그 땅을 점령했다고 하였습니다.

"내가 또 너희를 인도하여 요단 저쪽에 거주하는 아모리
족속의 땅으로 들어가게 하매 그들이 너희와 싸우기로 내
가 그들을 너희 손에 넘겨 주매 너희가 그 땅을 점령하였
고 나는 그들을 너희 앞에서 멸절시켰으며" (24:8).

하나님은 우리를 위해 싸우시지만, 동시에 우리에게 유업을 취하는 책임을 지게 하십니다. 여호수아 시대의 백성처럼 우리에게도 정복해야 할 유업의 영역이 배정되어 있습니다. 이곳은 투쟁의 장소입니다. 어떤 곳은 계곡이고 어떤 곳은 평지이며 또 어떤 곳은 산악지대입니다. 때로는 철 병거와 거인들을 상대로 싸워야 합니다. 어이없는 참패를 당하기도 하고 악전고투를 겪기도

합니다. 그러나 많은 위기 속에서 구원의 하나님은 우리를 떠나지 않고 지켜 주십니다. 이것이 가나안을 정복한 이스라엘 백성의 체험이며 간증이었습니다.

"이는 우리 하나님 여호와께서 친히 우리와 우리 조상들을 인도하여 애굽 땅 종 되었던 집에서 올라오게 하시고 우리 목전에서 그 큰 이적들을 행하시고 우리가 행한 모든 길과 우리가 지나온 모든 백성 중에서 우리를 보호하셨음이며 여호와께서 또 모든 백성들과 이 땅에 거주하던 아모리 족속을 우리 앞에서 쫓아내셨음이라 그러므로 우리도 여호와를 섬기리니 그는 우리 하나님이심이니이다 하니라"(24:17-18).

위기 속에서도 하나님을 신뢰하고 끝까지 싸울 때 우리는 하나님이 과연 우리를 보호하시며 승리를 주시는 분임을 체험하게 됩니다.

"여호와는 너를 지켜 모든 환난을 면하게 하시며 또 네 영혼을 지키시리로다"(시 121:7).

셋째, 풍성한 유업의 확보는 하나님께 대한 불절의 충성을 요구합니다.

하나님께서는 신명기 6장 10-11절에서 언급하셨듯이, 이스라엘 백성이 수고하지 않은 땅과 건설하지 않은 성읍과 심지 않은 포도원과 올리브밭을 주셨습니다(13절). 이스라엘 백성은 자기들이 손가락 하나 까닥하지 않았던 물질을 선물로 고스란히 다 받았습니다. 그렇다면 그들이 하나님을 어떻게 대해야 하겠습니까?

> "그러므로 이제는 여호와를 경외하며 온전함과 진실함으로 그를 섬기라 너희의 조상들이 강 저쪽과 애굽에서 섬기던 신들을 치워 버리고 여호와만 섬기라"(24:14).

하나님께서는 노예로 살던 민족에게 상상을 뛰어넘는 호의를 베푸셨습니다. 필요한 모든 것들이 공급되었습니다. 이들은 갑자기 큰 부자가 되었습니다. 비옥한 땅과 아름다운 물건이 가득한 주택과 성읍과 포도원과 감람원과 자기들이 파지 않은 시원한 우물이 넘쳐 흘렀습니다. 그렇다면 어찌 하나님께 감사하며 하나님만 섬기지 않겠습니까! 젖과 꿀만 있으면 다 될 것 같고, 다른 신이 전혀 필요하지 않으리라고 생각되지 않습니까? 그런데 이런 상황에 어울리지 않는 경고가 주어졌습니다.

> "너희는 다른 신들 곧 네 사면에 있는 백성의 신들을 따르지 말라"(신 6:14).

우리는 이 경고의 배경을 알 필요가 있습니다. 모세는 이스라엘 백성이 가나안의 풍요를 차지하고 "네게 배불리 먹게 하실 때에 너는 조심하여 너를 애굽 땅 종되었던 집에서 인도하여 내신 여호와를 잊지 말라"(신 6:11-12)고 하였습니다. 누구나 잘 먹고 잘살기를 원합니다. 그러나 좋은 집에 살고 재물이 넉넉할 때 조심하라고 주신 경고에는 대체로 신경을 쓰지 않습니다. 우리나라 교회도 이 말씀을 받지 않았기 때문에 크게 넘어졌다고 말할 수 있습니다. 교회가 가난했을 때는 하나님 앞에서 겸손하였고 목회자들도 돈 때문에 부패하지 않았습니다. 그러다가 교회가 부자가 된 이후로 교만해졌고 영적으로 나태해졌습니다. 거금이 들어가는 교회당을 짓고 여러 시설을 해놓았지만 메시지의 질은 떨어지고 교인들의 영적 수준은 향상되지 않았습니다. 그러다가 물질과 그에 따르는 여러 가지 비리에 걸리고 말았습니다.

아마 당시의 이스라엘 백성은 하나님이 넘치게 주시는데 무엇 때문에 다른 신들을 섬기겠느냐고 반문했을 것입니다. 그래서 "네게 배불리 먹게 하실 때에" 우상을 경계하라는 말씀은 불필요한 노파심으로 치부했을지 모릅니다. 백성의 처지에서 볼 때, 오직 여호와 하나님만 신뢰하고 가나안을 정복했으므로 다른 신들에게 마음이 끌릴 이유가 전혀 없었습니다. 백성의 반응은 무엇이었습니까? 결단코 여호와를 버리고 다른 신들을 섬기지 않겠다는 것이었습니다(16절). 여호수아가 이 말을 듣고 어떻게 대꾸했습니까? 너희가 여호와를 능히 섬기지 못할 것이라고 했습니다(19절). 백성이 항의하였습니다. "아니니이다 우리가 여호와를 섬기겠나이다"(21절). 여호수아가 어떤 반응을 보였습니까?

여호수아는 이들의 장담을 액면대로 받아들이지 않았습니다. 그는 23장의 고별사에서도 "그러므로 스스로 조심하여 너희의 하나님 여호와를 사랑하라"(23:11)고 했습니다. 하나님께 대한 사랑은 입술의 고백 이상을 요구합니다. 하나님께 대한 충성은 조심스러운 투신이어야 합니다. 쉽사리 믿음을 고백하며 베드로처럼 어떤 일이 있어도 주님을 따르겠다고 장담하는 일을 조심해야 합니다.

우리는 여호와가 어떤 하나님이신지를 알아야 합니다. 주님은 죄를 용납할 수 없는 거룩하신 분이며 다른 신을 인정할 수 없는 질투하시는 하나님이십니다. 적당히 살아도 하나님이 언제나 잘 보아주시고 다 용서하신다는 식의 신관으로는 절대로 여호와를 섬기지 못한다는 것이 여호수아의 반박이었습니다.

하나님을 감상적으로 믿으면 하나님을 인간적으로 생각하게 됩니다. 하나님을 너무 쉽게 대하지 말아야 합니다. 조심하지 않고 내 취향대로 하나님을 믿는 것은 불경입니다. 예수 그리스도는 만병통치약이 아닙니다. 그냥 바르기만 하면 무슨 병이든지 다 낫지 않습니다. 내 장기를 떼어내기도 하시고 내게 주셨던 선물을 빼앗기도 하십니다. 아무리 원해도 주시지 않는 것이 있습니다. 고쳐 주기보다는 병이 더 악화되게도 하십니다. 심지어 죽음으로 심판하기도 하십니다.

"만일 너희가 여호와를 버리고 이방 신들을 섬기면 너희
에게 복을 내리신 후에라도 돌이켜 너희에게 재앙을 내리
시고 너희를 멸하시리라"(24:20)

'내게 있는 모든 것을 주께 바치네' 라고 쉽게 찬송하지 말아야 합니다. '예수님 사랑해요' 라고 고백할 때마다 자문해 보아야

합니다. 주님은 베드로가 주님을 사랑한다고 고백했을 때 앞으로 복을 쏟아부으시겠다고 하시지 않았습니다. 만사가 형통하여 모든 일에 성공한다고 하시지 않고 십자가에 끌려가서 못 박혀 죽을 것이라고 하셨습니다! (요 21:15-19). 하나님만 경배하는 헌신은 대가를 지불해야 합니다. 그래서 주님은 주를 따르기를 원하면 자기 십자가를 져야 하고, 망대를 세우기 전에 건축 비용을 미리 계산해 보아야 하며, 전쟁에 나가기 전에 적군과의 군사력을 비교해 보아야 한다고 하셨습니다(눅 14:25-33). 스스로 자신의 신앙 고백을 살피는 것은 영적으로 건강한 일입니다.

> "우리는 여호수아의 역설을 유지해야 한다. 여호와를 섬기라(14절)는 말과 너희가 여호와를 섬기지 못한다(19절)는 말 사이에 우리는 항상 서 있어야 한다. 여호수아의 경고의 목적은 우리를 여호와에게서 멀리 떨어지게 하려는 것이 아니고, 더 가까이 가게 하려는 것이다. 다만 우리의 헌신을 너무 쉽고 간단하게 하지 말고 진지하고 두려워하는 마음으로 해야 한다(21, 24절)."(Dale Davis, Joshua, p.208).

이방 신상들을 치우지 않으면 여호와를 섬길 수 없습니다.

다시 여호수아의 말을 생각해 보겠습니다. 왜 그가 백성에게 하나님을 능히 섬기지 못할 것이라고 말했을까요? 선교사가 전도하면서 "당신들은 하나님을 섬기지 못할 것입니다"라고 말하거나 목사가 교인들에게 "여러분은 하나님을 능히 섬길 수 없습니다"라고 설교한다면 어떻게 될까요? 그런 선교사나 목사는 아마 자격을 의심받을 것입니다. 그러나 여호수아는 위대한 장군일 뿐만 아니라 지혜와 통찰이 넘치는 영적 지도자였습니다. 그는 백성이 자신들의 믿음을 크게 확신하는 때가 가장 위험한 탈선의 요소를 내포할 수 있음을 직시하였습니다. 바울은 선 줄로 생각하는 자는 넘어질까 조심하라고 했습니다(고전 10:12).

여호수아는 거듭하여 백성에게 여호와만 섬길 것을 확인시키고 배반하면 재앙으로 멸망될 것이라고 엄숙히 경고하였습니다(20절). 그다음, 백성에게 스스로 자기들의 말에 증인이 되었다고 하고서(22절) 구체적인 요구를 하였습니다.

> "여호수아가 이르되 그러면 이제 너희 중에 있는 이방 신들을 치워 버리고 너희의 마음을 이스라엘의 하나님 여호와께로 향하라"(23절).

이 말씀은 우리를 놀라게 합니다. 이스라엘 벡성에게 우상이 있었다는 것은 충격입니다. 그들이 가나안의 우상 숭배자들을 때려 부수지 않았습니까? 출애굽 이후 시내산 아래에서 금송아지 우상을 만든 사건을 제외하고는 광야에서 우상 숭배를 했다는 말이 없지 않습니까? 이제 우리는 여호수아가 백성에게 왜 이렇게 말했는지를 상황적으로 살필 차례입니다.

> "너희가 여호와를 능히 섬기지 못할 것은 그는 거룩하신

하나님이시요 질투하시는 하나님이시니 너희의 잘못과 죄들을 사하지 아니하실 것임이라"(24:19)

왜 이스라엘 백성이 하나님을 섬기지 못한단 말입니까? 하나님은 죄를 용납하지 않으시며 라이벌 신들을 질투하시기 때문입니다. 하나님은 거룩하시므로 이스라엘 백성의 우상 숭배를 절대로 용인할 수 없습니다. 그래서 이 문제를 근본적으로 해결하지 않으면 아무리 입으로 하나님을 반드시 섬기겠다고 장담하여도 소용이 없다는 것입니다. 여호수아도 "오직 나와 내 집은 여호와를 섬기겠노라"(24:15)고 하였습니다. 그러나 우리가 우상을 가슴에 품거나 적어도 우상에게 눈길을 주면서 여호와를 버리지 않겠다고 말하는 것은 다른 차원입니다. 백성이 해야 할 일은 입술만의 고백이 아니고 이방 신들을 치워 버리고 마음을 주께로 향하는 것이었습니다.

여호와의 이름으로 가나안을 정복한 언약 백성에게 이방 신을 치워 버리라는 말은 이해하기 힘듭니다. 그래서 주석가들 중에는 우상들이 이스라엘 백성들 가운데 실제로 있었다는 뜻이 아니고 마음속에 있었던 것이라고 보거나, 또는 주변 국가들의 우상을 말한 것으로 생각합니다. 그러나 우리는 야곱의 권속들에게도 이방 신상들이 있었음을 기억해야 합니다. 야곱은 권속들에게 벧엘에서 하나님께 제단을 쌓을 테니 이방 신상들을 모두 버리고 자신들을 정결케 하라고 지시하였습니다(창 35:2-3).

"그들이 자기 손에 있는 모든 이방 신상들과 자기 귀에 있

는 귀고리들을 야곱에게 주는지라 야곱이 그것들을 세겜
근처 상수리 나무 아래에 묻고"(창 35:4).

이스라엘의 족장이 거느린 권속들에게서도 이방 신상이 붙어
다녔다면 후세대의 백성들에게서 우상들이 발견되는 것은 그리
놀랄 일이 아닙니다. 더구나 여호수아 세대는 가나안 족속들이
음란하게 섬겼던 우상들의 장식용 신상들을 전쟁 때에 많이 거두
었을 것입니다. 신상들은 귀금속 제품이어서 버리기가 아까웠을
것입니다. 가나안의 다산 종교에는 여러 종류의 문란한 조각품들
이 많았습니다. 그런 것들을 장식품으로 몸에 붙이고 다니거나
집에 둠으로써 가나안 종교의 퇴폐 문화에 매력을 느끼는 것은
시간문제였습니다.

다행히도 이스라엘 백성은 야곱이 자기 권속들의 이방 신상을
파묻었던 세겜 땅에서 오로지 여호와 하나님만 믿겠다고 굳게 다
짐하였습니다. "우리가 증인이 되었나이다"(24:22)라는 말은 일종
의 맹세입니다. 그래서 여호수아는 세겜에서 백성과 더불어 언약
을 맺고 증거물로서 큰 돌을 "여호와의 성소 곁에 있는 상수리나
무 아래"(24:26)에 세웠습니다. 여기서 '성소'는 성막 건물이 아닌
신성한 장소를 가리킵니다. 원래 아브라함이 세겜에서 제단을 쌓
았습니다(창 12:6, 7). 야곱은 세겜인들로부터 작은 땅을 구입하고
제단을 지었습니다(창 33:18-20). 그래서 세겜 땅은 이스라엘 백성
에게 신성한 곳으로 간주되었습니다.

그러나 이곳에는 실로에서처럼 성막이 있었던 것은 아니었습
니다. 세겜에서의 회집 때에 "그들이 하나님 앞에 나와 선지라"(1

절)라고 한 것을 실로에서 언약궤를 가져와서 그 앞에서 모였다고
보기도 합니다. 적어도 26절의 '성소'는 회막이 아닌 것은 분명합
니다. 회막은 실로에 있었기 때문입니다.

> "이 성소(the holy place of the Lord)는 구조물로 볼 것이 아니
> 고 상수리나무가 있는 지역의 신성한 경내로 보아야 한
> 다. 세겜 근처의 장소를 신성시한 것은 아브라함 때로 소
> 급된다(창 12:6; 비교. 창 35:4)" (M.H. Woudstra, NICOT 영문주석
> p.357).

야곱은 세겜의 상수리나무 아래에 자기 권속들에게서 거둔 이
방 신상들을 파묻었습니다(창 35:4).

> "그들이 자기 손에 있는 모든 이방 신상들과 자기 귀에 있
> 는 귀고리들을 야곱에게 주는지라 야곱이 그것들을 세겜
> 근처 상수리 나무 아래에 묻고" (창 35:4).

이제 수백 년이 지난 후에 여호수아가 야곱의 후손들에게 같
은 요구를 하였습니다(23절). 그 후 수천 년이 지난 지금 하나님께
서는 우리에게도 이교도의 신상들을 파묻으라고 요구하십니다.
우리도 자신이 서 있는 세겜 땅에서 여호와께 대한 충성을 선언
하고 이방 신상들을 파묻어야 합니다. 우리는 이스라엘 백성처럼
이방 신상의 장식품들을 걸치고 다니지 않을 것입니다. 그러나
우리 속에 있는 "음란과 부정과 사욕과 악한 정욕과 탐심" (골 3:5)

이 우리의 우상들입니다.

교회 갱신은 오로지 하나님만 섬기겠다는 언약입니다. 교회가 많이 타락했으므로 다시 하나님의 구원의 은혜를 돌아보며 현재의 죄악을 참회해야 합니다. 우리 각자에게 우상이 한두 개 씩은 있을 것입니다. 큰 우상도 있고 작은 우상도 있겠지요. 오래된 우상도 있고 최근의 우상도 있을 것입니다. 현대 사회는 신앙생활을 하기가 쉽지 않습니다. 너무도 많은 유혹이 있습니다. 우리의 육을 자극하는 것들이 널려 있는 세상입니다.

성경이 악하다고 정죄한 것을 국가는 옳다고 말하고 법으로 통과시킵니다. 소돔과 고모라보다 더한 곳이 현 세상입니다. 국제적인 대규모 마약 거래와 온 세상에 만연한 성매매와 소수에 의해서 지배되는 경제 구조가 이 세상을 종말의 심판으로 몰아가는 중입니다.

여호수아서의 마지막 장에서 언약 갱신 의식이 있었다는 사실은 매우 중요한 교훈을 던집니다. 여호수아 세대는 이스라엘 역사에서 하나님의 능력과 임재와 보호를 가장 많이 체험한 사람들이었습니다. 그런데도 그들은 하나님만을 경배해야 한다는 강력한 도전과 명령을 받았고 이방 신상들을 제거하라는 지시를 따라야 했습니다.

유업이 확보된 때에 백성의 몸에는 벌써 이방 잡신들의 장식품이 걸려 있었고 마음은 다산 종교의 매력에 끌려 있었습니다. 가나안 족속들은 망하였지만, 그들의 부패한 종교 문화의 영향은 언약 백성을 오염시키고 있었습니다. 이것이 우리 각자가 항상 경계해야 할 일입니다. "우리가 여호와를 섬기겠나이다"(21절)라고 선언했으면 우상 신들을 치워야 합니다. 그렇지 않으면 우리의 신앙고백은 고양된 순간의 일시적인 경건에 그칩니다.

여호수아는 이방 신이 없는 몸과 마음으로 "너희가 섬길 자를 오늘 택하라 오직 나와 내 집은 여호와를 섬기겠노라"(15절)고 외쳤습니다. 이것은 역전 노장인 여호수아가 가나안의 그 어떤 전쟁에서 거둔 승리보다 더 큰 대승(大勝)의 선언이었습니다.

하늘의 여호수아이신 예수님은 "내가 세상을 이기었노라"(요 16:33)고 선포하셨습니다. 예수님은 사탄의 맹렬하고 간교한 유혹을 물리치실 때 "주 너의 하나님께 경배하고 다만 그를 섬기라"(마 4:10)는 말씀을 자신에게 적용하셨습니다. 그렇다면 주 예수를 따르는 우리도 같은 자세로 하나님을 섬겨야 할 것입니다.

여호수아는 이스라엘의 온 백성이 모인 세겜에서 "오직 나와 내 집은 여호와를 섬기겠노라"(15절)고 외쳤습니다. 우리에게는 세겜보다 더 의미심장한 곳이 있습니다. 신약의 갈보리가 하나님께 대한 충성과 헌신을 고백하는 우리의 세겜입니다. 이스라엘 백성은 세겜에서 하나님께서 그들을 위해 행하신 많은 사건을 상기하였습니다. 그렇다면 우리는 갈보리 십자가에서 우리 대신 자신을 내어주신 주님의 사랑을 기억하지 않을 수 없습니다.

여호수아가 세겜에서 "너희가 섬길 자를 오늘 택하라"(24:15)고 도전한 말은 이스라엘의 역사를 타고 지금도 울리고 있습니다. 이제 갈보리 십자가에서 주 예수께서 우리를 향해 같은 명령을 하십니다. 주 앞에 겸비한 마음으로 각자 자신을 돌아보고 온 가족이 재헌신하도록 합시다. 여호수아는 '나와 내 집'이라고 했습니다. 하나님과의 언약은 나 홀로 하는 것이 아니고 가족 공동체적이어야 합니다. "주 예수를 믿으라 그리하면 너와 네 집이 구원을 받으리라"(행 16:31)고 하였습니다.

맺는말

영적 갱신이 없으면 조만간 다른 신들의 유혹에 넘어갑니다. 이스라엘 백성은 결국 우상 숭배에 빠지고 말았습니다. 여호수아서의 마지막은 백성이 하나님을 섬기겠다는 언약 갱신으로 막을 내립니다. 유감스럽게도 사사기는 여호수아서의 언약 갱신을 이어받지 못하고 우상 숭배의 긴 역사를 엽니다. 그들은 입으로 여호와의 이름을 불렀지만 '마음'(23절)은 드리지 않았습니다. 그 결과는 수치와 재앙이었습니다. 그러나 우리는 여호수아서의 끝자리에서 오직 하나님만 섬기는 것이 가능하다는 확신을 가슴에 품고 책을 닫아야 합니다.

> "이스라엘이 여호수아가 사는 날 동안과 여호수아 뒤에 생존한 장로들 곧 여호와께서 이스라엘을 위하여 행하신 모든 일을 아는 자들이 사는 날 동안 여호와를 섬겼더라"(31절).

우리도 이들 속에 포함될 수 있습니다. 우상 숭배는 불가피한 것이 아니며 여호와만 섬기는 일이 불가능한 것도 아닙니다. 여호수아 세대가 여호와께서 그들을 위하여 행하신 모든 일을 알았 듯이, 우리도 주 예수께서 우리를 위하여 행하신 모든 일을 압니 다. 그러므로 우리도 그들처럼 하나님을 택하고 주 예수님만을 섬길 수 있어야 합니다. 이것이 여호수아가 내린 "그러므로"의 논리적 결론입니다.

> "그러므로, 이제는 여호와를 경외하며 온전함과 진실함으 로 그를 섬기라"(14절).

구원을 위해 우리를 불러주시고 보살피시는 하나님의 은혜를 생각할 때 우리는 어떤 일이 있어도 다른 신을 따를 수 없습니다. 이 결론은 차가운 논리적 당위성을 넘어 우리 영혼에서 솟아나는 영적 열정의 발로입니다. 세겜에서 맺은 여호수아와 이스라엘의 언약 갱신은 일찍이 모세가 주었던 생명의 선택을 반향합니다.

> "나는 오늘 하늘과 땅을 증인으로 세우고 생명과 사망, 복 과 저주를 당신들 앞에 내놓았습니다. 당신들과 당신들 의 자손이 살려거든, 생명을 택하십시오. 주 당신들의 하 나님을 사랑하십시오. 그의 말씀을 들으며 그를 따르십시 오. 그러면 당신들이 살 것입니다"(신 30:19-20, 새번역).

독일의 민요인 로렐라이(Lorelei)는 우리에게 매우 익숙한 노래 입니다. 1822년 하이네의 서정 시집에 실린 가사에 프레더릭 질 허라는 작곡가가 곡을 붙여 널리 애창되었습니다. '요정의 언덕'

이라는 뜻을 가진 로렐라이 언덕을 처음 설화시로 다룬 작가는 브렌타노(1778-1842)입니다. 그 내용은 로렐라이 언덕에서 요정이 부르는 매혹적인 노랫소리를 라인 강을 지나던 선원들이 넋을 잃고 듣다가 암초에 부딪혀 파선된다는 것입니다. 그러나 이 스토리의 원조는 그리스의 신화로 거슬러 올라갑니다.

그리스 신화의 '오디세이' 서사시의 주인공은 오디세우스(Odysseus)입니다. 그는 지중해의 세이렌(Seiren)이라는 바다의 정령이 사는 섬을 지나가고 있었습니다. 세이렌에게는 자신의 고혹적인 노래로 선원들의 넋을 잃게 하여 배를 파선시키는 능력이 있었습니다. 오디세우스는 선원들을 보호하기 위해 그들의 귀를 왁스로 막고 그들의 몸을 돛대에 묶었습니다. 이렇게 해서 그들은 운명의 장소를 무사히 통과하였습니다.

그런데 또 다른 스토리도 있습니다. 오르페우스(Orpheus)는 그리스 신화에 나오는 최고의 시인이며 음악가였습니다. 그는 용맹한 아르고노츠(Argonauts) 선원들을 데리고 황금 양털을 찾으러 떠났습니다. 그들은 세이렌 섬 곁을 지나 항해할 때에 큰 위기를 맞았습니다. 그러나 오르페우스는 세이렌 요정보다 더 나은 연주와 노래를 불러 선원들을 매료시켰기 때문에 무사히 세이렌 섬을 통과하였습니다.

"하나님은 다른 신들에 대해서 듣는 것을 금하시지 않는다. 당신을 강제로 묶지도 않으신다. 그러나 그는 더 나은 연주를 하신다. 그리고 당신이 스스로 선택하라고 하신다. 당신이 하나님을 택하지 않는다면, 당신이 그분에게 눈을 감고 그분의 은혜로운 말씀에 귀를 닫았기 때문이다." (Paul Toms, This land is your land. P. 152).

하나님의 구원의 노래는 세상의 어떤 노래와도 비교할 수 없습니다. 하나님의 연주는 우리의 심혼을 울리는 생명의 노래입니다. 우리가 사는 이 세상은 죽음의 노래를 부르는 곳입니다. 썩은 시체의 악취가 나는 노래들을 생명인 듯이 속여서 퍼뜨립니다. 죽음으로 인도하는 우상의 노래들로부터 보호를 받으려면 하나님의 노래를 들어야 합니다. 하나님의 구원의 노래는 우리를 죄와 죽음의 길에서 생명과 영생의 길로 인도합니다. 하나님의 연주는 우상 신들의 연주를 무한대로 앞지릅니다. 하나님은 십자가와 부활이라는 구원의 악기로 더 나은 연주를 하십니다. 주님의 더 나은 구원의 연주를 항상 경청하시기를 기원합니다.

하나님의 맹세와 유업
여호수아 1:6; 14:9; 21:44

"강하고 담대하라 너는 내가 그들의 조상에게 맹세하여 그들에게 주리라 한 땅을 이 백성에게 차지하게 하리라"(수 1:6).

"그 날에 모세가 맹세하여 이르되 네가 내 하나님 여호와께 충성하였은즉 네 발로 밟는 땅은 영원히 너와 네 자손의 기업이 되리라 하였나이다" (수 14:9).

"여호와께서 그들의 주위에 안식을 주셨으되 그 조상들에게 맹세하신 대로 하셨으므로… 그들의 모든 원수들을 그들의 손에 넘겨 주셨음이니라" (수 21:44).

"그들에게 이르기를 여호와의 말씀에 내 삶을 두고 맹세하노라 너희 말이 내 귀에 들린 대로 내가 너희에게 행하

리니 너희 시체가 이 광야에 엎드러질 것이라… 여분네의
아들 갈렙과 눈의 아들 여호수아 외에는 내가 맹세하여
너희에게 살게 하리라 한 땅에 결단코 들어가지 못하리
라"(민 14:28-30).

하나님께서는 이스라엘 백성에게 진노의 맹세를 하셨습니다.
그들은 어떤 일이 있어도 가나안의 유업을 받지 못할 것이었습니
다. 그러나 갈렙은 자비의 맹세를 받았습니다. 그래서 가나안의
유업은 그에게 어떤 일이 있어도 확보될 것이었습니다. 하나님이
맹세하셨기 때문입니다. 하나님께서 한번 맹세하시면 세상의 어
떤 것도 이를 취소시키거나 변경시킬 수 없습니다.

하나님은 부정적인 맹세도 하시고 긍정적인 맹세도 하십니다.
전자는 진노의 맹세이고 후자는 축복의 맹세입니다. 그런데 하나
님께서는 함부로 맹세하시지 않습니다. 하나님의 크신 이름의 명
예와 영광이 걸려 있기 때문입니다. 하나님은 오랫동안 참으시면
서 자기 백성의 모습을 지켜보십니다. 이스라엘 백성은 가나안
정탐 보고를 듣고 하나님을 원망하며 애굽으로 돌아가자고 했습
니다. 그때 하나님이 진노의 맹세를 하셨습니다. 이런 불순종과
불신은 한두 번이 아니었습니다(시 95:9-11).

"내 영광과 애굽과 광야에서 행한 내 이적을 보고서도 이
같이 열 번이나 나를 시험하고 내 목소리를 청종하지 아
니한 그 사람들은 내가 그들의 조상들에게 맹세한 땅을
결단코 보지 못할 것이요 또 나를 멸시하는 사람은 한 사

람도 그것을 보지 못하리라"(민 14:22-23).

그런데 하나님의 긍정적인 맹세도 일회의 순종이나 충성으로 받는 것이 아닙니다. 아브라함의 경우를 생각해 보십시오. 그가 언제 하나님의 축복의 맹세를 받았습니까? 이삭을 낳기까지 수십 년을 하나님을 섬긴 후에 이삭을 번제로 바치라는 하나님의 명령에 순종한 때였습니다.

> "이르시되…내가 나를 가리켜 맹세하노니 네가 이같이 행하여 네 아들 네 독자도 아끼지 아니하였은즉 내가 네게 큰 복을 주고… 또 네 씨로 말미암아 천하 만민이 복을 받으리니 이는 네가 나의 말을 준행하였음이니라 하셨다 하니라"(창 22:16-18).

하나님의 맹세는 부정적인 것이든지 긍정적인 것이든지 받는 사람에게 깊은 임팩트를 주기 때문에 그 영향이 평생을 따라 다닙니다. 불순종하며 가나안 복지로 들어가기를 한사코 반대했던 출애굽 세대에게 하나님께서 어떻게 말씀하셨는지 상기해 보십시오. 하나님은 진노의 맹세를 하신 후에 "너희는 내일 돌이켜 홍해 길을 따라 광야로 들어갈지니라"(민 14:25)고 하셨습니다.

그들이 되돌아간 광야는 하나님의 진노의 맹세를 걸음마다 통감하게 할 것이었습니다. 그들의 발은 부르트지 않았고 신발은 닳지 않았습니다(신 8:4; 29:5). 그러나 발이 광야에 닿을 때마다 그들의 가슴은 날마다 슬픔과 후회로 닳아졌을 것입니다. 이곳은 하나님의 진노의 맹세가 평생 귓전을 울리는 저주의 장소가 될 것이었습니다. 그들이 되돌아간 광야는 다시는 나올 수 없는 닫힌 땅이었습니다. 그들은 황막한 광야에 묻힐 때까지 벗어날 수 없는 운명 속에서 죽음을 기다려야 했습니다. 그래서 "너희는 그제서야 내가 싫어하면 어떻게 되는지를 알리라"(민 14:34)고 하셨습니다. 우리는 어떤 일이 있어도 '돌이켜 광야로 들어가라'는 말씀을 듣지 말아야 합니다.

십자가 대속을 믿는 신자들은 가나안에 들어가기 위해서 출애굽의 구원을 받았습니다. 우리는 진노의 맹세가 아닌, 축복의 맹세를 받기 위해서 유업의 땅을 향해 출발한 자들입니다. 갈렙은 우리의 빛나는 모범입니다. 그는 이스라엘 백성과 함께 광야를 방황하였습니다. 그러나 그는 광야의 불뱀과 전갈이 우글거리는 위험하고 물이 없는 조악한 환경 때문에 좌절하거나 불평할 필요가 없었습니다(신 8:4; 29:5). 하나님의 축복의 맹세를 받았기 때문입니다(14:9).

이스라엘 백성은 하나님을 한사코 불신하고 가나안의 유업을 거절하였습니다. 이로써 하나님을 멸시한다는 것을 스스로 자증하였고 마침내 하나님의 진노의 맹세를 받았습니다. 이들과는 반대로 갈렙은 처음부터 꾸준히 하나님을 신뢰하였고 가나안 정탐 보고에서 하나님에 대한 자신의 굳은 믿음을 입증함으로써 마침내 하나님의 축복의 맹세를 받았습니다.

우리도 갈렙처럼 하나님의 축복의 맹세를 체험하고 유업을 확신할 수 있어야 합니다. 이것이 광야 같은 험악한 세상을 견디며 마침내 유업의 땅을 소유할 수 있는 비결입니다. 갈렙의 특징은 하나님께 대한 꾸준한 충성이었습니다. 그는 하나님께서 자기 백성을 위해 가지신 선한 유업의 뜻을 가슴에 품고 살았습니다. 그래서 정탐병으로 함께 갔다 온 다른 형제들의 악한 보고와 백성들의 악의에도 불구하고 하나님께 충성하였습니다. 갈렙의 정탐보고 항목에서 갈렙이 여호와께 충성했다는 말이 3회씩 강조된 것을 주목하십시오(수 14:8, 9, 14). 갈렙은 돌에 맞아 죽을 뻔했던 순간까지 하나님의 약속을 신뢰하고 믿음을 지켰습니다.

하나님께서는 갈렙과 같이 충성스러운 성도에게 상을 주신다고 약속하셨습니다. 상은 충성의 대가로 받는 상급입니다. 상은 "착하고 충성된 종"(마 25:21, 23)에게 내리는 주님의 포상입니다. 세상에서도 아무것도 행하지 않은 자에게 상을 주지 않습니다. 하나님께서 갈렙에게 유업을 주신다고 맹세하신 직접적인 원인은 갈렙의 충성이었습니다. "네가 죽도록 충성하라 그리하면 내가 생명의 관을 네게 주리라"(계 2:10)고 하였습니다.

여기서 '관(면류관)'은 사후에 구원을 받는다는 뜻이 아닙니다. 이것은 왕권과 크리스천 삶의 승리와 가시적인 영광을 가리킵니다. 순교해야만 구원을 받는다는 말이 아닙니다. 구원받은 신자라고 해서 다 상을 받는 것이 아닙니다. 모든 신자가 다 착하고 충성 되지 않습니다. 설령 처음에는 두각을 드러내고 열심히 주를 섬겼다가도 세월이 지나면 흐지부지해지는 경우도 적지 않습니다. 그러나 갈렙은 흔들리지 않는 꾸준한 믿음으로 하나님을 초지일관 신뢰하였습니다. 그런 사람을 하나님께서는 칭찬하시고 후히 갚아 주십니다.

갈렙은 유업을 차지하기 위해 아낙 거인들을 쫓아내어야 했습니다. 하나님께서는 반항하는 출애굽 세대에게 "그들의 조상들에게 맹세한 땅"(민 14:23)을 못 본다고 맹세하셨습니다. 하나님의 맹세는 바뀌지 않습니다. 그럼 이스라엘의 족장들에게 주셨던 가나안 땅에 대한 맹세는 어떻게 된 것일까요? 하나님께서 족장들에게 하신 맹세는 이스라엘 백성 전체에게 해당하는 맹세였습니다. 가나안 땅은 이스라엘 백성이 반드시 차지할 것입니다.

그러나 누가 차지하느냐는 것은 무차별적인 것은 아닙니다. 가나안의 유업은 출애굽 세대 전체가 아니고 그들 중에서도 이십 세 이하의 모든 백성이었습니다. 가데스 바네아에서 하나님을 원망하고 가나안에 들어가기를 거부했던 20세 이상으로 계수 된 자들은 모두 하나님의 진노의 맹세를 받았습니다(민 14:29-30). 이것은 하나님의 맹세가 지닌 양면적 측면입니다. 하나님이 아브라함에게 주셨던 땅에 대한 맹세는 이스라엘 백성 전체에 해당하는 것이었지만 그렇다고 해서 무조건적이거나 기계적인 것은 아니었습니다.

다시 말해서 하나님은 땅을 주시기로 맹세하셨지만, 맹세 자체가 어떤 지정된 세대에게 땅이 돌아가는지를 결정하지는 않았습니다. 맹세를 어떤 사람이 받았다고 해서 반드시 당사자나 혹은 맹세를 받은 어떤 특정 세대가 자동으로 유업을 소유하는 것은 아니었습니다.

예를 들어, 아브라함은 그의 씨로 오게 될 메시아에 대한 맹세의 약속을 받았습니다. 그러나 다윗의 후손으로 예수 그리스도가 실제로 태어난 것은 여러 세기를 지난 후에 성취되었습니다. 또한, 아브라함과 이삭과 야곱에게 거듭 맹세하셨던 가나안 땅의 유업은 출애굽 세대를 지난 차세대가 받았습니다(수 21:43-44). "너는 내가 그들의 조상에게 맹세하여 그들에게 주리라 한 땅을 이 백성에게 차지하게 하리라"(수 1:6). 여기서 '이 백성'은 구체적으로 가나안으로 들어가는 세대를 가리킵니다.

그런데 광야 세대처럼 자기들의 유업을 애써 차지하기를 원치 않는 경우도 있었습니다. 가나안으로 들어간 세대 중에는 유업의 분배를 받지 않고 지체하는 지파들도 있었습니다. 그래서 여호수아는 "너희가 너희 조상의 하나님 여호와께서 너희에게 주신 땅을 점령하러 가기를 어느 때까지 지체하겠느냐"(수 18:3)고 힐책하였습니다.

하나님의 선한 뜻을 거부한 광야 세대는 축복의 맹세에서 제외되고 오히려 진노의 맹세를 받았습니다. 이것은 가나안 땅에 들어간 백성에게도 마찬가지였습니다. 여호수아 시대가 끝난 후에 이스라엘 백성은 우상 숭배에 빠졌습니다. 그들은 원래 극심한 죄와 우상숭배로 더럽혀진 가나안 땅을 정화하고 거룩한 신정국가를 세우기 위해 가나안 땅의 유업을 받았음에도 부패한 가나안 족속의 종교 문화에 깊이 젖었습니다. 그래서 하나님께서는 그들을 모두 이방 나라로 쫓아내셨습니다. 가나안 땅은 하나님의 맹세로 주어진 유업이었습니다. 그래서 이스라엘의 역사에서 실현된 때가 있었습니다. 그러나 하나님을 멸시하는 자들에게는 땅을 소유하는 축복에서 제외되거나 땅을 받았더라도 부패하면 박탈당하였습니다.

한편, 아브라함을 위시한 족장들은 하나님의 맹세의 약속을 받았음에도 가나안 땅을 차지하지 못하였습니다. 그럼 그들은 하나님을 순종하였는데 어떻게 된 것일까요? 아브라함과 이삭과 야곱은 믿음의 족장들로서 하나님께서 계획하신 유업의 땅을 소유하는 준비 기간에 살았던 자들이었습니다. 아브라함은 이미 하나님의 유업의 약속을 받고 믿음과 인내로 가나안 땅에 들어와서 축복의 땅에서 하나님께 제단을 쌓으며 풍요를 누리기 시작하였습니다.

족장들의 손에는 아직 가나안의 소유권이 완전히 넘어오지는 않았지만, 가나안 땅 전체가 그들의 후손의 소유가 되는 과정을 밟고 있었습니다. 그들은 광야 세대와는 달리, 유업의 땅에서 실제로 살고 있었고 그 열매를 수확하기 시작하였습니다. 그러나 온전한 소유는 후세대의 것이었습니다. 하지만 반항적인 광야 세대와 우상숭배에 빠졌던 후기 이스라엘 백성처럼 유업의 축복은 한 세대를 뛰어넘기도 합니다.

여기서 우리는 유업에 대한 불변의 원칙을 다시 확인하게 됩니다. 유업은 하나님이 맹세하신 경우에도 여전히 각자가 차지해야 할 책임이 있다는 것입니다. 광야 세대가 하나님이 조상들에게 맹세하신 유업의 땅을 받지 못한 까닭은 그들이 자신들의 정복 책임을 거부했기 때문이었습니다. 그래서 하나님의 유업의 축복이 그들의 세대는 건너뛰고 다음 세대에게로 넘어갔습니다.

하나님께서는 갈렙에게 "네 발로 밟는 땅은 영원히 너와 네 자손의 기업이 되리라"(수 14:9)고 하셨습니다. 하나님께서 갈렙에게 주신다고 맹세하신 유업이었지만, 갈렙은 자기 발로 가나안 땅을 밟아야 했습니다. 이것이 유업의 원리입니다. 하나님이 주신 땅이지만 내가 실제로 밟아야 합니다. 즉, 점령하고 소유하여 자기 것으로 누려야 한다는 말씀입니다. 이것이 유업이 주는 안식입니다(수 1:15; 14:15). 유업의 안식은 믿음으로 받는 구원의 안식과 구별해야 합니다. 구원의 안식은 예수 그리스도의 대속을 믿음으로써 즉시 받지만, 유업의 안식은 꾸준한 믿음과 인내로 획득해야 합니다. 이 원리는 항상 같습니다. 하나님께서는 일찍이 아브라함에게 동서남북을 바라보라고 하시면서 "너는 일어나 그 땅을 종과 횡으로 두루 다녀 보라 내가 그것을 네게 주리라"(창 13:14, 17)고 하셨습니다. 보지도 않고 발로 밟고 다녀보지 않는 땅을 주신다고 하시지 않았습니다. 모세와 여호수아에게도 "너희 발바닥으로 밟는 곳은 모두 내가 너희에게 주었다"(수 1:3)고 하셨습니다. 광야 세대는 가나안 땅을 싫어하여 밟을 생각이 없었기 때문에 그들의 소원대로 되어 하나님의 진노의 맹세를 받았습니다(민 14:31-32).

하나님은 우리의 상급입니까?

여호수아 13:33

"오직 레위 지파에게는 모세가 기업을 주지 아니하였으니
이는 그들에게 말씀하신 것과 같이 이스라엘의 하나님 여
호와께서 그들의 기업이 되심이었더라"(수 13:33).

현대 복음주의자들 가운데에는 유업과 구원을 구분하지 않고
유업을 하나님이나 갱신된 새 땅으로 간주하는 분들이 많습니다.
하나님이 우리의 유업이라고 말하면 매우 고상하고 영적으로 들
립니다. 이렇게 말하는 것은 물질 중심의 그릇된 상급 사상을 간
단하게 퇴치하고 확실하게 선을 긋는 효과가 있을지 모릅니다.

성경의 어떤 가르침들은 내 입맛에 맞지 않습니다. 예를 들어
예정 교리를 처음 들었을 때 이해하는 것은 둘째치고 좋아할 사
람이 얼마나 되겠습니까? 하나님의 말씀 중에는 우리가 모르는
것이 많고 수용하기 싫은 것들도 적지 않습니다. 왜 하나님께서
세상을 이렇게 저렇게 만드시지 않았느냐고 묻고 싶기도 합니다.

성경의 대답은 무엇입니까?

> "이 사람아 네가 누구이기에 감히 하나님께 반문하느냐
> 지음을 받은 물건이 지은 자에게 어찌 나를 이같이 만들
> 었느냐 말하겠느냐"(롬 9:20).

이런 대답을 듣고 금방 고개를 숙이며 회개할 사람이 얼마나 될 것 같습니까? 달가운 대답으로 들리지 않을 것입니다. 하나님께서 하시는 일이 못마땅하다고 여겨지는 일들은 쉽게 설득이 되지 않습니다. 지옥이 있는 것을 싫어하는 사람들이 많습니다. 상급이 있다는 것도 싫어하는 신자들이 적지 않습니다. 누구나 다 똑같이 천국에 들어가야지 무슨 상급이 있으며 같은 주님을 믿고 구원받았는데 무슨 차이가 있느냐고 반문합니다. 사람들은 유행하는 저급한 세속적 상급 교리에 식상하여 한마디로 상급은 하나님 자신이라고 일축해 버립니다. "나는 네 방패요 너의 지극히 큰 상급이니라"(창 15:1)고 했으니까요. 여호수아 13장 33절의 본문도 그런 증거 본문의 하나로 제시될 수 있습니다. 그러나 이런 식의 이해는 자칫 추상적이고 피상적인 관찰에 그칠 수 있기에 본문을 다시 살펴볼 필요가 있습니다.

하나님은 유업의 원천입니다.

세상에 존재하는 모든 것은 악을 제외하고는 "온갖 좋은 은사와 온전한 선물이 다 위로부터 빛들의 아버지께로부터"(약 1:17)

내려옵니다. 창세기는 하나님께서 천지를 창조하셨다는 대선언으로 시작합니다. 하나님은 주권자이시며 왕이시며 구원자이십니다. 하나님은 우리를 죄와 죽음으로부터 구원하셨습니다. 하나님께서는 우리의 구원을 위해 처음부터 끝까지 하나님의 거룩의 표준을 만족하게 할 모든 일을 스스로 행하시고 주 예수를 대속주로 믿는 자들에게 구원을 선물로 주십니다. 그리고 구원 이후에 오는 유업의 선물들도 하나님의 약속을 신뢰하는 자들에게 나누어 주십니다. 하나님은 구원의 원천이십니다. 그런데 하나님은 만복의 근원이시기에 유업의 근원도 되십니다. 하지만 구체적인 문맥이 없으면 추상적인 개념이 되어 실제성이 없으므로 신앙생활에 적용하기가 쉽지 않습니다. 그래서 해당 본문들의 문맥을 살펴보아야 합니다.

레위 지파에게는 모세가 다른 지파의 경우에서처럼 땅을 유업으로 주지 않았습니다. 그 까닭은 하나님이 그들의 유업이 되시기 때문이라고 했습니다(33절). 이것은 무슨 의미일까요? 하나님이 그들의 땅이라는 말이 아닌 것은 분명합니다. 그럼 다른 어떤 의미가 있을 것입니다. 하나님 자신이 레위 지파의 유업이란 뜻일까요? 그렇다면 레위 지파가 하나님을 땅처럼 소유할 수 있다는 말인지요? 다른 지파들은 가나안 족속을 몰아내는 싸움을 했기 때문에 가나안 땅을 유업으로 받았습니다. 그럼 레위 지파는 싸우지 않았습니까? 그들도 함께 싸웠습니다. 그렇다면 다른 지파들은 싸운 대가로 땅을 소유하였고 레위 지파는 하나님을 소유했다는 말일까요? 하나님 자신을 싸워서 점령하고 차지했다는 것은 어불성설(語不成說)입니다. 누구도 하나님을 그런 식으로 소유하거나 점령할 수 없습니다. 창조주 하나님을 피조물이 유업처럼 쟁취할 수 있다는 것은 성립될 수 없는 개념입니다.

그러나 레위 지파에게 화제물이 그들의 유업이라고 하고서(14절) 다시 하나님이 그들의 유업이라고 말한 것은(33절) 두 개의 개념이 서로 밀착되었음을 가리킵니다. 그래서 이 두 개념 사이의 연관성을 염두에 두고서 두 가지 다른 각도에서 접근하면 보다 나은 이해에 닿을 수 있다고 봅니다.

첫째, 하나님이 레위 지파의 유업이 되셨다는 본문을 비교해 보십시오.

가령 하나님께서 예수님을 우리에게 주셨다고 할 때 우리는 예수님을 믿음으로 받는다고 이해합니다. 이것은 예수님이 우리의 소유가 되어 우리가 마음대로 예수님을 주관할 수 있다는 말이 아닙니다. 예수님은 누구에게도 종속될 수 없는 분입니다. 그러나 예수님을 우리가 믿음으로 영접하면 우리에게 구원이 주어지고 예수님의 부활 생명이 우리 삶 속에 들어옵니다. 예수님을 갖는 것은 영생을 받아 누리는 것입니다. 이런 의미에서 예수님이 우리의 구원입니다.

그러나 예수님 자신이 곧 구원이라고 말하면 예수님의 존재가 제한되어 버립니다. 예수님은 구원보다 훨씬 더 크신 분입니다. 예수님은 구원의 수단이며 통로입니다. 하나님은 예수님을 통해서 우리의 구원이 이루어지게 하셨습니다. 그래서 예수님 자신을 우리가 소유하기보다는 예수님이 주시는 구원이 우리의 소유가 되는 것입니다. 우리가 예수님을 닮고, 그분이 우리의 주가 되셨다는 의미에서 예수님을 가졌다고 말할 수 있을지라도, 그 의미는 우리가 예수께 속한 자녀들이라는 말이지, 하나님 자신을 소유하거나 우리가 하나님처럼 되었다는 의미는 아닙니다.

창조주 하나님의 본유적인 신적 속성을 소유할 수 있는 피조물은 아무도 없습니다. 베드로가 크리스천들은 "신성한 성품에 참여하는 자"(벧후 1:4)라고 했지만, 이것은 우리가 하나님만이 가지신 신(神)의 고유한 본성을 갖는다는 뜻이 아닙니다. 그 의미는 우리가 하나님의 자녀로서 성령의 내주를 받고 그리스도의 성품을 닮는다는 말입니다. 피조물로서의 우리의 인성과 하나님의 거룩한 본유적인 신성은 구별되어야 합니다.

하나님이 레위 지파의 유업이 되셨다는 말도 하나님 자신이 곧 유업이라고 말하면 본뜻이 살아날 수 없습니다. 하나님은 유업보다 훨씬 더 크신 분입니다. 그러나 하나님은 이스라엘 백성에게 유업을 주신다고 약속하셨고 이 약속을 지키셨습니다. 그래서 하나님은 유업의 원천이십니다. 하나님은 유업을 주시는 분입니다. 하나님에게서 유업의 축복이 흘러나옵니다.

그러면 구체적으로 하나님이 어떻게 해서 레위 지파의 유업이 되신다는 말일까요? 하나님이 나의 유업이라고 할 때의 의미가 무엇입니까? 우리는 나 개인이 선호하는 아이디어를 성경의 진술에 주입해 성경이 의도하지 않는 의미로 대치시키지 말아야 합니다. 이런 위험을 피할 수 있는 가장 안전한 방법의 하나는 같은 문맥을 가진 성경 본문들을 서로 비교하는 것입니다. 편리하게도 여호수아 13장에서 레위 지파의 유업과 관련된 두 개의 구절이 같은 문맥 안에서 나옵니다. 그래서 그 의미를 쉽게 확인할 수 있습니다.

> "오직 레위 지파에게는 여호수아가 기업으로 준 것이 없었으니 이는 그에게 말씀하신 것과 같이 이스라엘의 하나님 여호와께 드리는 화제물이 그들의 기업이 되었음이더라"(수 13:14).

> "오직 레위 지파에게는 모세가 기업을 주지 아니하였으니 이는 그들에게 말씀하신 것과 같이 이스라엘의 하나님 여호와께서 그들의 기업이 되심이었더라"(수 13:33).

여호수아도 모세도 레위 지파에게는 땅을 기업으로 나누어 주지 않았습니다. 그 대신, 그들에게는 다른 종류의 유업이 있었습니다. 그것이 무엇입니까? 14절에서 여호와께 드리는 화제물이라고 했습니다. 그렇다면 33절에서 여호와가 그들의 기업이 되셨다는 의미가 드러납니다. 즉, 여호와가 레위 지파에게 화제물을 '기업으로 주시는 분'이라는 말입니다. 화제물이 레위 지파의 기업이라고 해서 여호와가 곧 화제물이라는 등식은 성립될 수 없습니다. 여호와가 레위 지파의 기업이라는 말은 그들에게 화제물을 주시는 분이라는 뜻이지, 여호와 자신을 레위 지파가 땅 대신에 소유한다는 의미가 될 수 없습니다. 레위 지파에게 하나님이 그들의 기업이 되셨다는 의미는 신명기 본문에서도 여호수아 본문과 동일한 방식으로 진술되었습니다.

> "레위 사람 제사장과 레위의 온 지파는 이스라엘 중에 분 깃도 없고 기업도 없을지니 그들은 여호와의 화제물과 그 기업을 먹을 것이라"(신명기 18:1).

> "그들이 그들의 형제 중에서 기업을 가지지 않을 것은 여 호와께서 그들의 기업이 되심이니 그들에게 말씀하심 같 으니라"(신명기 18:2).

신명기 18장 1절은 그다음 절인 신명기 18장 2절에서 진술된 '여호와께서 레위 지파의 기업이 되신다'는 말의 의미를 설명하고 있습니다. 연속된 두 구절에서 앞 절은 레위 지파가 받는 기업이 여호와의 화제물이라는 것을 말하고, 다음 절에서는 이것을 여호 와가 그들의 기업이 된 것으로 표현하였습니다. 이것은 문맥상 으로 의미가 동일한 대등절입니다. 그래서 여호와는 레위 지파에 게 화제물을 유업으로 주시는 분임을 가리킨 것이라고 보아야 합니다. ESV Study Bible은 "여호와께서 그들의 기업이 되신다"(신 18:2)는 것을 다음과 같이 설명합니다.

> "이것은 중앙 성소에서 여호와를 섬기는 특권을 시사한 다. 이 특권은 여호와의 임재에 영구적으로 가까이 있는 축복인 것으로 암시되었다." (신 18:2, ESV Study Bible).

그러니까 여호와께 바치는 화제물이 레위 지파의 기업이라는 것은 레위 지파가 성소에서 하나님께 제사를 올리는 봉사의 특권을 말하는 것으로서, 하나님이 그러한 신령한 사역을 주시는 분이라는 말입니다. 여호수아 본문과(수 13:14, 33) 신명기 본문에서(신 18:1, 2) 확인할 수 있듯이, 여호와가 레위인의 기업이라는 말은 여호와가 기업을 주시는 분임을 먼저 전제한 것이었습니다.

제사장의 유업에 대한 지침에서도 하나님이 유업이라는 말씀이 십일조를 주시는 분으로 시사되었습니다.

"여호와께서 또 아론에게 이르시되 너는 이스라엘 자손의 땅에 기업도 없겠고 그들 중에 아무 분깃도 없을 것이나 내가 이스라엘 자손 중에 네 분깃이요 네 기업이니라"(민 18:20).

여호와가 아론 제사장의 분깃(몫)이며 기업이라는 뜻이 하나님 자신을 의미했다면 다른 유업은 전혀 주어지지 않았어야 했을 것입니다. 그러나 아론 제사장에게는 레위인의 십일조가 유업이었습니다.

"너희는 이스라엘 자손에게서 받는 모든 것의 십일조 중에서 여호와께 거제로 드리고 여호와께 드린 그 거제물은 제사장 아론에게로 돌리되"(민 18:28).

레위 지파가 백성의 십일조를 회막에서 일한 "보수"(민 18:31)로 받았듯이, 아론의 제사장들은 레위 지파가 바치는 제물의 십일조를 받았습니다. 그렇다면 여호와 하나님이 분깃이며 기업이라는 말씀의 의미는 레위인이나 제사장들에게 유업을 주시는 분이란 의미로 이해해야 합니다.

상급 교리를 싫어하는 분들은 '하나님이 우리의 유업'이라고 말하기를 좋아합니다. 그래서 우리는 하나님을 우리의 유업으로 바라고 살아야지 상을 받으려고 해서는 안 된다고 권고합니다. 그러나 레위인들에게 하나님이 유업이 되신다고 해서 그들이 아무것도 받지 않은 것이 아닙니다. 그들에게는 토지 대신에 화제물과 백성의 십일조를 유업으로 주셨다고 했습니다. 또한, 거주할 성읍과 가축을 기를 목초지도 받았습니다(수 21장).

우리는 이기적이고 상업적인 의미의 상급 추구는 배척해야 합니다. 그러나 하나님이 우리의 유업이라는 말은 문자적으로 대입시키면 본뜻이 살아나지 않습니다. 그렇게 말하면 영적으로 수준이 높고 고상하게 들릴지 몰라도, 추상적이고 실제성이 없습니다. 본문에서는 하나님이 레위인의 유업이라고 했지만, 그 의미는 유업을 주시는 분이라는 문맥에서 주어진 말씀이었습니다.

여호와께서 레위 지파의 유업이 되신다는 의미는 시편 16편에서도 잘 드러나 있습니다. 본 시편에는 가나안 정복 때를 연상시키는 '분깃', '구역', '기업'이라는 용어들이 나옵니다.

"여호와는 나의 산업과 나의 잔의 소득이시니 나의 분깃을 지키시나이다 내게 줄로 재어 준 구역은 아름다운 곳에 있음이여 나의 기업이 실로 아름답도다"(시 16:5-6).

'분깃'과 '잔'은 하나님의 공급에 대한 은유입니다. 하나님이 그의 충성스러운 종이 차지할 땅의 구역을 가나안 정복 때처럼 줄로 재어 주시고(6절) 지켜 주십니다. 그래서 "주 밖에는 나의 복이 없다"(2절)고 고백합니다. 하나님이 자기 백성에게 아름다운 땅을 유업으로 주셨기에 하나님의 선하심을 송축하며 기뻐합니다(9절). 본 시편 저자인 다윗은 하나님이 그의 오른쪽에 계시므로 흔들리지 않는다고 확신합니다(8절). 다시 말해서 하나님은 그의 보호자시며 보존자가 되신다는 것입니다. 새번역에서는 "주님께서는 나에게 필요한 모든 복을 내려주십니다"(5절)라고 풀어서 옮겼습니다. 다윗은 이어서 "주의 앞에는 충만한 기쁨이 있고 주의 오른쪽에는 영원한 즐거움이 있나이다"(11절)라고 찬양합니다. 다윗은 자신이 받은 유업이 아름답다고 말하며 흡족하게 여겼습니다(6절).

그러나 여기서 그치지 않고 하나님은 생명의 길을 보여 주시는 분이며, 충만한 기쁨을 공급하시고 영원한 즐거움을 주시는 분이라고 송축합니다(11절). 그러니까 하나님은 아름다운 유업을 주시는 분에 그치는 것이 아니라 모든 선한 것의 근원이라는 말입니다. 그래서 그는 다른 신들이 아닌 오직 여호와만 섬긴다고 하였고(4절) 하나님을 유일한 안전과 행복으로 여겼습니다. 그에게는 하나님이 전부였습니다. 이런 의미에서 하나님은 그의 유업이었습니다.

"저자는 여호와의 땅에서의 자신의 유업만 가리킨 것이
아니고 모든 존재의 근원이신 여호와 자신을 가리키려고
의도했을 것이다"(A.A Anderson).

흔히 아브라함의 상급은 하나님이었다고 주장하면서 창세기
15장 1절을 상급 부정에 대한 증거 본문으로 내세웁니다. 그러나
그 문맥을 보면, 위에서 다룬 여호수아 본문이나 신명기나 민수
기나 또는 시편 16편의 본문과 같다는 것을 알 수 있습니다.

"아브람아 두려워하지 말라 나는 네 방패요 너의 지극히
큰 상급이니라"(창세기 15:1).

"아브람이 이르되 주 여호와여 무엇을 내게 주시려 하나
이까"(창 15:2)

하나님은 아브라함의 방패며 상급이라고 하셨습니다. 이것은
하나님 자신이 방패며 상급이라는 의미가 될 수 없습니다. 하나
님은 방패와 상급을 초월하시는 분입니다. 하나님이 방패나 상급
이라는 말은 은유적인 표현입니다. 방패는 보호를, 상급은 상의
수여를 의미하기 때문에 하나님이 보호해 주시고 상을 주시는 분
이라는 뜻입니다. 새번역에서는 '나는… 너의 지극히 큰 상급'이
라는 부분을 "네가 받을 보상이 크다"(창 15:2)라고 바르게 번역하

였습니다. 직역성경에서도 "나는 네 방패다. 네 상이 매우 클 것이다"(창 15:1)라고 옮겼는데 방패와 큰 상이 동등한 의미입니다.

하나님이 아브라함의 상급이라는 의미는 아브라함이 하나님의 말씀을 듣고 "내게 무엇을 주시려 하나이까"라고 물은 말에서 분명히 드러납니다. 아브라함은 하나님이 그의 방패와 지극히 큰 상급이라는 말씀을 듣고 그 의미를 '그에게 무엇을 주시는 분'으로 이해했습니다.

그럼 과연 아브라함이 하나님의 말씀의 의도를 바르게 파악할 것일까요? 이것은 하나님이 아브라함의 질문을 받고 대답하신 것에서 확인됩니다. 하나님은 아브라함에게 "내 몸에서 날 자가 네 상속자가 되리라"(창 12:4)고 하셨습니다. 하나님은 아브라함에게 자식을 주신다고 하셨습니다. 하나님은 아브라함에게 하나님 자신을 주시겠다고 하시지 않았습니다. 하나님이 그에게 주시는 것은 이삭이었고 가나안 땅이었습니다(창 15:7-8, 18). 이것이 곧 하나님이 아브라함의 상급이 되신다는 의미였습니다. 바꿔 말하면, 하나님이 아브라함에게 이삭을 주시는 유업의 원천이라는 말입니다

이사야서에서도 비슷한 표현이 나옵니다.

"보라 상급이 그에게 있고 보응이 그 앞에 있느니라"(사 62:11; 40:10).

하나님 자신이 곧 상급이고 보응이라는 말이 아닙니다. 이것은 하나님께서 상을 주시고 원수를 갚으신다는 의미입니다. 하나님은 상급(유업) 자체와 구별되어야 합니다. 하나님은 주체이고 유업은 객체입니다. 주체와 객체는 일치될 수 없습니다. 가령 하나님이 반석이라고 말했다고 해서 하나님 자신이 바위라는 의미는 아닙니다. 이것은 하나님이 바위처럼 흔들리지 않는 분이라는 것을 은유적으로 표현한 것입니다. 하나님이 '잔(cup)'이라고 해서(시 16:5) 하나님이 어떤 물건이라는 뜻이 아닙니다. 이것도 은유이기 때문에 하나님께서 잔이 채워지듯이, 진노나 축복을 채워 부으시는 분이라는 의미입니다. 마찬가지로 하나님이 레위 지파의 기업이라는 말은 '하나님이 기업을 주시는 분'이라는 의미입니다. 기업(상)을 주신다는 것은 하나님 자신을 주신다는 뜻이 될 수 없습니다. 하나님은 자신의 주권과 하나님 되심의 고유한 신성을 누구에게도 이양하거나 양보하시지 않습니다.

하나님은 각자에게 행위대로 갚아 주시는 분입니다.

"보라 내가 속히 오리니 내가 줄 상이 내게 있어 각 사람에게 그가 행한 대로 갚아 주리라"(계 22:12).

여기서 하나님 자신을 상으로 준다는 의미는 없습니다. 하나님 자신을 유업이라고 보는 것은 유업이 상이라는 구체성을 가졌음을 부인하고 하나님 자신과 유업을 일치시키려는 시도입니다. 피터 오브라이언(Peter O'Brien)은 골로새서의 유업 주제를 주석하면서 유업과 그리스도를 일치시켰습니다.

> "유업은 '하늘에 쌓아 둔 소망'이다(골 1:5; 비교. 3:1-4). 그
> 리고 이것은 다름 아닌 주 예수 그리스도 자신이다"(Peter
> O'Brien, New Bible Commentary, IVP).

그러나 예수님 자신은 우리의 상이나 유업이 될 수 없습니다. 유업은 이스라엘 백성이 구원 이후에 받은 약속의 선물이었지만, 가나안 족속들을 몰아내는 전쟁을 통하여 쟁취한 것이었습니다. 우리는 하나님 자신을 우리의 싸움이나 노력으로 획득하거나 쟁취할 수 없습니다. 하나님은 우리에게 상과 유업을 주시는 분이라는 의미에서 우리의 유업이며 분깃입니다.

> "여호와께서 또 아론에게 이르시되 너는 이스라엘 자손의
> 땅에 기업도 없겠고 그들 중에 아무 분깃도 없을 것이나
> 내가 이스라엘 자손 중에 네 분깃이요 네 기업이니라"(민
> 18:20).

둘째, 레위 지파에게 준 유업이 다른 지파에게 주는 의미를 고찰해 보십시오.

하나님께서 왜 레위 지파에게만 땅을 주시지 않았을까요? 레위 지파에게 유업이 필요하지 않아서일까요? 유업은 레위 지파를 포함해서 모든 이스라엘 백성에게 주신 하나님의 약속이었습니다. 그렇다면 레위 지파에게도 유업이 돌아가야 옳습니다. 그들

도 다른 지파들과 함께 하나님의 유업의 약속을 믿고 가나안 정복에 참전했습니다. 그런데 유독 레위 지파에게만 땅 대신에 화제물을 유업으로 주신다고 하신 까닭이 어디에 있을까요? 이것은 우리가 유업의 본질적인 목적을 이해하는 열쇠가 됩니다.

• 우선 레위인들에게는 땅이 할당되지 않았으므로 일상적인 수입으로 살 수 없었습니다. 전적으로 하나님만 바라고 살아야 하는 삶이었기에 이들의 사는 방법은 이스라엘 백성 전체가 지향해야 하는 하나님 의존의 방향 제시가 되었습니다.

• 그다음 레위인들의 경제적 수입은 이스라엘 백성의 십일조에 달렸기 때문에 레위인들의 물질적 복지는 이스라엘 백성의 신실과 헌신의 레벨을 반영하였습니다. 이스라엘 역사에서 백성의 영적 헌신의 레벨이 내려갔을 때는 레위인들이 생계의 위협을 받았습니다. 그 결과 레위인들이 성전 업무를 포기하거나 다른 일에 고용되기도 했습니다. 느헤미야 때에는 레위인들이 밭에서 일해야했는데 이것은 백성이 그들에게 할당된 십일조와 제물을 가져오지 않았기 때문이었습니다(느 13:10-13).

말라기 시대에는 백성이 레위인들을 돌보지 않았습니다. 그래서 하나님께서 "너희의 온전한 십일조를 창고에 들여 나의 집에 양식이 있게 하라"(말 3:10)고 명하셨습니다. 레위인들에게 십일조를 내게 한 제도는 하나님의 돌보심에 대한 감사의 표현이며 모든 것이 하나님께 속하기 때문에 하나님의 주권과 소유권을 인정한다는 뜻이 담겨 있었습니다.

유업 신앙의 바탕에는 하나님의 구원을 실생활에서 체현시킴으로써 하나님을 기쁘게 해 드리려는 열망이 깔려 있습니다. 이스라엘 백성이 십일조를 바친 것은 단순히 율법의 조항을 준수하는 것이 아니라, 레위 지파에게 보이는 신실한 지원을 통해 하나님께 대한 충성과 감사의 삶을 표출하는 것이었습니다.

• 레위 지파가 이스라엘 백성에게 주는 가장 큰 영향은 하나님과의 각별한 관계를 통해 자신들의 유업의 본질과 궁극적인 목표를 깨닫게 하는 것이었습니다. 레위 지파는 이스라엘 백성이 하나님과 가져야 할 관계가 어떠해야 하는지를 대변합니다. 하나님께서는 이스라엘 백성 전체가 하나님께 속했기 때문에 그들의 장자를 요구하셨습니다. 그러나 이것은 실질성이 없으므로 레위 지파로 모두 대치시켰습니다. 그래서 레위 지파는 이스라엘 백성 전체를 대표하여 여호와께 바쳐졌습니다. 따라서 레위 지파의 삶의 방식은 백성들 전체가 따라야 할 모델이었습니다. 그들은 레위 지파처럼 항상 하나님께 헌신해야 했습니다.

레위 지파가 하나님을 전적으로 의존하며 하나님의 뜻에 따라 성막에서 봉사하듯이, 이스라엘 백성도 하나님을 전적으로 신뢰하면서 순종과 섬김의 삶을 살아야 했습니다. 레위 지파가 하나님과 갖는 밀착된 관계는 이스라엘 백성 전체가 가져야 할 하나님과의 가까운 교제를 반영하였습니다. 유업의 목표는 가나안 땅자체가 아니고 훨씬 더 깊은 차원에서 하나님과 갖는 각별한 영적 교제였습니다.

레위인들에게 하나님이 분깃이며 기업이라는 말은 제비를 뽑거나 율법의 규정에 근거한 토지의 할당이 없이도, 하나님 자신으로부터 직접 받는 다른 레벨의 유업이 있음을 가리킨 것이었습니다. 이 별다른 유업은 이스라엘 백성이 받은 가나안 땅의 유업이 바라본 목표였습니다. 레위 지파 이외의 다른 지파들이 분배받은 땅은, 유업의 선물을 실감할 수 있는 물체적인 증거였습니다. 이스라엘 백성은 가나안 땅의 소산을 통해 하나님께 감사하고 영토를 가진 주권 국가로서의 긍지를 느꼈습니다. 그들은 더이상 애굽의 노예가 아니었고 집이 없이 광야에서 떠도는 방랑족이 아니었습니다.

그런데 레위인은 땅이 없어도 성막 봉사와 하나님과의 밀착 교제를 통해 다른 지파들이 누릴 수 없는 특권과 축복을 받았습니다. 이들은 하나님의 임재와 보호 속에서 백성을 대신하여 섬김으로써 하나님의 뜻을 행하였습니다. 이것은 언약 백성 전체가 추구해야 할 소명이었기에 레위 지파는 유업의 더욱 깊은 목표에 도달하는 표지판이었습니다.

"하나님께서 내가 너의 분깃이요 너의 기업'(민 18:20)이라고 한 것은 영토적인 취득과는 독립적으로 그들에게 복을 내리신다는 약속이었다. 이로써 레위 제도는 이스라엘 영토를 법령적인 주선을 통해서 주기보다는 하나님 자신에 의해서 직접 수여되는 별다른 성격의 '유업'의 길을 준비하였다."(Michael Eaton, No condemnation, p.329).

레위 지파가 성막 봉사를 통해 갖는 하나님과의 밀접한 교제와 임재의 체험은 가나안 땅의 유업을 웃도는 더 깊고 풍성한 종류의 유업이었습니다. 이것은 하나님께서 의도하신 궁극적인 유업의 진정한 목표를 바라보게 하고 그 목표에 이르는 길을 터놓은 것이었습니다. 레위 지파는 성막에서 섬겼기에 "제사장 직분이 그들의 유업"(수 18:7)이 된다고 하였습니다. 이들은 하나님의 임재와 영광을 항상 접하면서 살았습니다. 그래서 다른 이스라엘 지파의 모델일 뿐만 아니라 새 언약 시대의 크리스천 유업에 대한 화살표가 됩니다.

맺는말

바울은 새 언약 백성이 추구해야 할 유업은 가나안의 유업보다 더 높은 영역과 더 영구적인 질서에 속한다고 말하였습니다. 이것은 레위 지파에게 준 유업이 대변하는 궁극적인 실체로서 그리스도 안에서 새 언약 백성이 누려야 할 축복들입니다.

> "우리로 하여금 빛 가운데서 성도의 기업의 부분을('성도들이 받을 상속의 몫'=새번역) 얻기에 합당하게 하신 아버지께 감사하게 하시기를 원하노라"(골 1:12).

바울은 신약 성도들이 받을 유업은 그리스도의 빛의 나라에 속한 것으로서 "위에서 부르신 부름의 상"(빌 3:14)이라고 표현하였습니다. 이것은 가나안 땅의 유업에 비해서 천상적이며 영적입니다. 레위 지파가 받은 유업이 하나님과의 밀착된 교제와 섬김이었듯이, 새 언약 백성이 받는 유업도 하나님과의 영원한 사귐이 핵심입니다. 이것은 주님의 가르침에 순종하며 주 예수의 고귀한 성품을 닮으면서 우리에게 주어진 소명을 성취하기 위해 달리는 삶입니다. 이런 삶에는 하늘에 간직된 유업이 기다립니다. 그래서 베드로는 말합니다.

> "썩지 않고 더럽지 않고 쇠하지 아니하는 유업을 잇게 하시나니 곧 너희를 위하여 하늘에 간직하신 것이라"(벧전 1:4).

예수님은 "오직 너희를 위하여 보물을 하늘에 쌓아 두라 거기는 좀이나 동록이 해하지 못하며 도둑이 구멍을 뚫지도 못하고 도둑질도 못하느니라"(마 6:20)고 하셨습니다. 하나님을 위해 섬기는 모든 선한 일들은 하늘의 상으로 쌓입니다. 이 유업의 획득은 이 세상에서부터 시작됩니다. 그러나 하늘에 쌓이는 유업이기에 이것은 장래에 전모가 드러날 것입니다.

광야 세대는 구원받지 못하였을까요?
민수기 14:28-33

"여호와께서 이스라엘에게 진노하사 그들에게 사십 년 동안 광야에 방황하게 하셨으므로 여호와의 목전에 악을 행한 그 세대가 마침내는 다 끊어졌느니라" (민 32:13).

"그들에게 이르기를 여호와의 말씀에 내 삶을 두고 맹세하노라 너희 말이 내 귀에 들린대로 내가 너희에게 행하리니 너희 시체가 이 광야에 엎드러질 것이라 너희 중에서 이십 세 이상으로서 계수된 자 곧 나를 원망한 자 전부가 여분네의 아들 갈렙과 눈의 아들 여호수아 외에는 내가 맹세하여 너희에게 살게 하리라 한 땅에 결단코 들어가지 못하리라… 너희의 시체는 이 광야에 엎드러질 것이요 너희의 자녀들은 너희 반역한 죄를 지고 너희의 시체가 광야에서 소멸되기까지 사십 년을 광야에서 방황하는 자가 되리라" (민 14:28-33).

"너희가 사로잡히겠다고 말하던 너희의 유아들은 내가 인도하여 들이리니 그들은 너희가 싫어하던 땅을 보려니와 너희의 시체는 이 광야에 엎드러질 것이요"(민 14:31-32).

"또 하나님이 사십 년 동안 누구에게 노하셨느냐 그들의 시체가 광야에 엎드러진 범죄한 자들에게가 아니냐 또 하나님이 누구에게 맹세하사 그의 안식에 들어오지 못하리라 하셨느냐 곧 순종하지 아니하던 자들에게가 아니냐 이로 보건대 그들이 믿지 아니하므로 능히 들어가지 못한 것이라"(히 3:17-19).

"그러나 그들의 다수를 하나님이 기뻐하지 아니하셨으므로 그들이 광야에서 멸망을 받았느니라"(고전 10:5).

출애굽한 첫 광야 세대는 가나안 정탐들의 부정적인 보고를 듣고 하나님을 원망하였습니다. 그들은 갈렙과 여호수아의 간곡한 설득에도 불구하고 가나안 진입을 거부했습니다. 하나님께서는 그들의 불신과 불평을 더 이상 용납하지 않으시고 그들을 광야에서 40년간 방황하다 모두 죽게 하셨습니다. 이것은 모든 신자에게 무서운 경고가 됩니다. 그런데 우리에게는 광야 세대에 대한 편견이 있는 듯합니다.

그 이유의 하나는 광야 세대가 받은 형벌을 '끊어졌다', '엎드러졌다' 혹은 '멸망 받았다', '소멸되었다' 등으로 표현했기 때문입니다. 이러한 표현은 구원받지 못했다는 뉘앙스를 풍깁니다. 특히 광야에서 엎드러졌다는 말을 강조함으로써 그들의 운명을 부정적으로 보는 경향이 있습니다. 물론 그들은 하나님을 순종하지 않았습니다. 그들은 광야에서 하나님을 여러 번 시험하고 불신하며 원망하였습니다(시 78:40-41; 106:14; 민 14:27). 그들은 모두 하나님의 노염을 사고 광야에서 죽었습니다(히 3:16-17). 이 모든 것이 사실입니다.

그런데 광야 세대가 시체가 되어 엎드러진다는 표현은 본문의 뜻을 지나치게 강화했다고 봅니다. 직역성경은 민수기 14:32절을 "너희 시체들은 이 광야에서 쓰러질 것이다"고 옮겼고, 영역에서도 같은 의미로 Your dead bodies shall fall in this wilderness(ESV) 또는 Your bodies will fall in this desert(NIV)라고 하였습니다. 사실, 같은 스토리에서 "그들이 이 광야에서 소멸되어 거기서 죽으리라"(민 14:35)라고 하였습니다. 엎드러진다는 표현은 광야에서 죽는다는 의미와 같다는 것을 알 수 있습니다. 그렇다면 출애굽 세대가 광야에서 죽었다고 해서 구원을 받지 못했다는 의미라고 볼 이유가 없습니다. 그런데 왜 많은 강해자들이 출애굽 세대가 받은 형벌을 구원을 못 받은 것으로 보는 것일까요? 가나안에 들어가는 것을 천국에 들어가는 것으로 이해하기 때문입니다. 가나안이 유업의 땅이라는 것을 알면서도 유업이 곧 천국이나 구원이라고 간주합니다. 그래서 가나안에 못 들어간 세대는 불순종으로 구원받지 못했다고 생각하고 불순종하면 구원을 잃는 것처럼 가르칩니다. 이런 해석은 옳지 않습니다.

첫째, 본 스토리는 불순종하는 자들에 대한 하나님의 진노의 형벌이 어떤 것인지를 알리는 것이 목적입니다.

> "너희는 그 땅을 정탐한 날 수인 사십 일의 하루를 일 년
> 으로 쳐서 그 사십 년간 너희의 죄악을 담당할지니 너희
> 는 그제서야 내가 싫어하면 어떻게 되는지를 알리라 하셨
> 다 하라" (민 14:14).

본 스토리의 문맥은 구원이 아니고, 불신과 불순종에 대한 죄의 대가가 어떤 것인지를 알리는 것입니다. 따라서 본 사건을 구원에 적용하는 것은 본문의 의도를 벗어났다고 봅니다.

둘째, 히브리서에서 언급된 광야 세대에 대한 진술을 구원 상실에 대한 말씀으로 오해하지 말아야 합니다.

> "또 하나님이 누구에게 맹세하사 그의 안식에 들어오지
> 못하리라 하셨느냐 곧 순종하지 아니하던 자들에게가 아
> 니냐 이로 보건대 그들이 믿지 아니하므로 능히 들어가지
> 못한 것이라" (히 3:17-19).

여기서 '안식'에 들어가지 못했다는 말을 구원받지 못했다는 뜻으로 보면, 출애굽 세대의 구원 여부를 부정적으로 볼 수밖에 없습니다. 그렇지만 광야 세대가 불신으로 못 들어간 곳은 천국이 아니고 가나안입니다. 가나안은 천국이 아닌, 유업의 땅입니

다. 광야 세대는 자기들이 차지했어야 할 유업을 받지 못했기에 안식에 들어가지 못하였습니다. '안식'은 믿음과 인내로 유업을 차지하고 이를 즐기는 것을 가리킵니다. 광야 세대는 가나안 땅의 젖과 꿀을 소유하지 못하였기에 그들이 누려야 할 안식을 놓친 셈이었습니다. 여기서도 민수기 14장의 본문에서처럼, 구원 여부가 아닌, 불순종으로 유업을 받지 못하는 세대에 대한 형벌과 경고가 문맥입니다.

구원은 하나님의 어린 양의 피를 믿음으로써 받습니다.

구원은 오직 믿음으로 받는다는 것은 누구나 다 압니다. 그런데 광야 세대가 불순종했기 때문에 구원받지 못했다고 본다면, 적어도 두 가지 문제가 생깁니다.

첫째, 광야 세대는 받은 구원의 진정성을 행위로 입증하지 못했다는 것입니다. 따라서 그들의 구원은 가짜라는 것입니다. 처음부터 구원을 받지 않았다는 말입니다.

둘째, 광야 세대는 구원을 받았지만, 광야의 불순종으로 구원을 상실했다는 것입니다.

첫 번째 주장은 복음주의 강단에서 자주 듣는 말입니다. 한마디로 행위가 따르지 않으면 구원은 없다는 것입니다. 한번 받은 구원은 영원하다는 것을 받아들이면서도 구원하는 믿음은 반드시 행위를 낳는다는 주장입니다. 물론 모든 신자가 항상 온전한 행위를 보이지 않는다는 것을 인정합니다. 그럼에도 지속적이고 습관적으로 죄를 짓는 사람은 구원받지 않은 증거라고 봅니다. 이것은 매우 모호한 말입니다.

어느 만큼 지속적이고 습관적인 죄를 지어야 구원받지 않았다는 증거가 될까요? 아무도 정확하게 말할 수 없습니다. 기준 자체를 정의할 수 없기 때문입니다. 한두 가지 습관적으로 짓는 죄는 어떤 신자에게도 해당할 수 있습니다. 그런데 그 횟수나 분량은 누구도 정할 수 없습니다. 믿음의 행위는 신자라면 다 있어야 하지만 「믿음 +행위=구원」을 불가피하고 기계적인 구원 등식으로 만들면 무리가 생깁니다. 믿음과 일치하지 않는 삶을 사는 신자들을 모두 구원받지 않았다는 증거로 내세울 수 있기 때문입니다.

두 번째 견해는 구원의 확신을 가질 수 없게 합니다. 자신의 삶이 구원을 확보할 만한 수준인지 아닌지는 죽어보아야 알 수 있을 것이기에 전전긍긍해야 합니다. 이것은 구원에 관한 성경의 가르침이 아닙니다. 믿음으로 받은 구원을 확신하고 하나님을 사랑하고 섬기라는 것이 성경의 구원론입니다. 자신이 구원을 받았는지 못 받았는지 항상 의심하거나 불안해하면서 신앙생활을 하는 것은 율법주의의 행위 구원으로 쏠리게 합니다.

그런데 요점은 광야 세대가 불순종했어도 하나님께서는 그들을 여전히 언약 백성으로 간주하셨다는 사실입니다. 그 증거가 무엇입니까? 그들이 가나안 진입을 반대했을 때 하나님께서 그들을 전염병으로 다 죽이시겠다고 하셨습니다. 그러나 하나님께서는 모세의 중보기도를 들으시고 그들의 죄를 용서하셨습니다. 용서를 받았다면 구원을 상실한 것이 아닙니다. 그들이 만약 하나님의 백성이 아니었다면 용서를 받지 못했을 것입니다.

> "구하옵나니 주의 인자의 광대하심을 따라 이 백성의 죄악을 사하시되 애굽에서부터 지금까지 이 백성을 사하신 것 같이 사하시옵소서 여호와께서 이르시되 내가 네 말대로 사하노라"(민 14:19-20).

그런데 이 두 가지 입장은 원칙적으로 광야 세대에 대한 성경 본문의 문맥이 아니므로 적실성이 없습니다. 광야 세대에 대한 심판을 구원의 여부나, 구원 상실의 예시와 근거로 삼는 것은 부적절하다고 봅니다. 광야 세대가 40년 동안 광야에서 배회하다가 가나안에 못 들어가고 죽은 것은 유업을 잃은 것이므로 구원과 상관된 것이 아닙니다. 그들이 광야에서 엎드러지고 멸망당하고 죽었다는 표현들은 믿음과 순종과 인내로 받아야 했을 유업을 쟁취하지 못했다는 뜻입니다. 다시 말해서 그들은 하나님께서 주시려는 상을 잃은 것입니다. 출애굽의 목적은 가나안 복지에 닿는 것이었습니다. 가나안 복지는 천국의 그림이 아니고, 구원받은 성도들이 들어가서 누리는 구원 이후의 축복들입니다. 출애굽의 광야 세대는 가나안의 유업을 상실한 것이지, 구원을 잃은 것은 아닙니다. 구원은 순종의 행위로 받는 것이 아니기 때문입니다.

그렇다면 구원을 어떻게 받습니까? 누구나 알고 믿듯이, 구원은 예수 그리스도의 십자가 피를 믿음으로써 받습니다. 이것은 일회적이고 영원합니다. 구원을 받기 위해서 십자가 대속을 두 번 세 번 반복해서 믿을 필요가 없습니다. 물론 대속의 십자가는 항상 믿는 것이지만, 첫 구원을 받는 것은 일회로 끝납니다. 이스라엘 백성에게 양의 피가 적용됐을 때 그들은 애굽을 영원히 나왔습니다. 그들은 양의 피를 바르고 또 바르지 않았습니다. 한 번 바르고 그것으로써 보호를 받아 노예살이와 사망의 영역에서 단번에 벗어났습니다. 하나님께서는 주 예수를 믿는 자를 의롭다고 선포하십니다. 칭의의 선언은 단회적인 것이고 확정적이므로 취소되거나 재심을 거치지 않습니다.

그럼 광야 세대가 어떻게 구원을 받았습니까? 그들이 구원받은 증거가 무엇입니까?

첫째, 예수 그리스도의 십자가 대속을 상징하는 유월절 양의 피를 바르고 구원받았습니다. 그들은 애굽을 떠나기 전에 가정마다 유월절 양을 잡아 그 피를 문에 바르고 집안에 들어가 있었습니다. 이를테면, 그들은 앞으로 성취될 예수님의 십자가 피 아래 피신하여 애굽에 내렸던 하나님의 진노의 재앙으로부터 보호를 받았습니다. 그들이 언제 애굽을 떠날 수 있었습니까? 유월절 양의 피가 흘려지기 전까지는 애굽에 노예로 붙잡혀 있었습니다. 그러나 일단 유월절 양의 피가 각 가정의 집에 발라졌을 때 그들은 해방되어 출애굽 하였습니다. 이것은 무엇을 의미합니까? 구원을 받았다는 뜻입니다. 바로의 노예로 묶여서 종살이하다가 풀려난 것입니다. 그다음 어떻게 되었습니까? 한 사람도 남김없이 모두 애굽을 떠났습니다. 이스라엘 백성은 사탄의 영토에서 사탄의 지배를 받다가 구출되어 하나님의 인도와 다스림을 받는 영역으로 옮겼습니다. 그렇다면, 출애굽 세대는 양의 피로써 구원받은 하나님의 백성입니다. 그들은 양의 피를 믿고 구원받은 믿음 공동체입니다.

둘째, 출애굽 세대는 애굽을 나온 후 홍해를 지났습니다. 바울은 광야 세대가 홍해를 지난 것을 세례로 보았습니다. 세례는 누가 받습니까? 믿는 신자가 받습니다.

"우리 조상들이 다 구름 아래에 있고 바다 가운데로 지나며 모세에게 속하여 다 구름과 바다에서 세례를 받고"(고전 10:1-2).

광야 백성이 모세에게 속하여 세례를 받은 것은 신약 교인이 예수께 속하여 세례를 받은 것과 같다는 말입니다. 모세는 예수 그리스도의 모형입니다. 광야 세대가 그에게 헌신했듯이, 신약 교인은 예수께 헌신 된 사람들이라는 것입니다. 광야 세대는 모세를 따라 홍해로 들어갔고, 신약 교인은 예수를 따라 물속으로 들어갑니다(롬 6:3, 5). 말을 돌리면, 모세를 따랐던 출애굽 세대는 유월절 양의 피를 믿은 자들로서 홍해에서 세례를 받았다는 것입니다. 이런 의미에서 출애굽 세대는 모두 신자들로 구성된 믿음 공동체였습니다. 그들 중에서 한 사람도 홍해를 지나지 않은 사람이 없었기 때문입니다.

셋째, 출애굽 세대는 광야에서 모두 성막 건설에 직접 간접으로 헌신하였습니다. 성막은 이동식 소형 천막이었습니다. 그러나 여러 가지 재료를 사용하여 상세하고 정확하게 모세가 본 모형에 따라 지어야 했습니다. 성막에는 하나님의 임재를 상징하는 법궤와 속죄소가 있었습니다. 아론의 제사장 제도가 있어 하나님께 속죄제를 드릴 수 있었습니다. 광야 세대는 출애굽 때 유월절 양의 피가 속죄를 위한 것임을 믿었습니다. 그렇다면 그들은 속죄의 피와 하나님의 용서가 체험되는 성막 제도의 효력에 의존한 자들이었습니다. 그들의 광야 생활은 성막을 중심으로 진행되었습니다. 하나님께서 구원받지 못한 백성에게 성막을 짓게 하시고 성막 예배가 진행되게 하셨을 리 만무합니다. 광야 세대에게 성막이 믿음 공동체의 구심점이었다는 사실은 그들이 구원받은 언약 백성이었다는 반증입니다.

넷째, 출애굽 세대가 비록 불순종의 삶을 살았지만, 믿음 공동체로서 끝까지 하나님을 믿었다는 또 다른 증거는 그들이 애굽에서 가지고 나왔던 요셉의 해골을 광야 40년 동안 운반했다는 사실입니다. 이들은 가나안 진입을 두려워하고 하나님을 원망했습니다. 한 때 애굽으로 돌아가자고까지 한 적이 있었습니다. 그러나 그들은 나중에 회개했고 하나님의 용서를 받았습니다(민 14:19-20, 40). 그들은 불순종했지만, 요셉의 유골을 광야에 내버리지 않고 끝까지 메고 다니다가 다음 세대에게 넘겨주었습니다. 만약 그들이 하나님께서 주신 가나안 유업을 믿지 못했다면, 40년 동안 요셉의 유골을 메고 다니지 않았을 것입니다. 이것은 그들에게 유업에 대한 소망이 완전히 꺼지지 않았다는 방증입니다. 그들은 하나님께서 요셉의 유골을 가나안에 묻히게 하실 것을 믿었습니다. 그들의 문제는 꾸준한 믿음을 보이지 않은 것입니다. 그래도 그들이 요셉의 유골을 애굽에서 사백 년의 종살이가 지난 후에 가지고 나와서 40년 동안 광야에서 메고 다닌 것은 적지 않은 믿음의 행위였습니다.

그럼 이제 히브리서의 저자가 출애굽 세대에 대해서 어떻게 평가했는지를 살피겠습니다.

"믿음으로 그들은 홍해를 육지 같이 건넜으나 애굽 사람들은 이것을 시험하다가 빠져 죽었으며"(히 11:29).

우리는 이 말씀이 어디에 기록되었는지를 주목해야 합니다. 히브리서 11장은 구약 시대의 믿음의 선열들에 대한 증언입니다. 아벨로부터 시작된 믿음의 영웅들에 대한 목록이 에녹, 노아, 아브라함, 사라, 이삭, 야곱, 요셉, 그리고 모세까지 이른 후에 곧이어 이스라엘 백성 전체가 믿음으로 홍해를 건넜다고 했습니다. 출애굽 세대를 이스라엘의 믿음의 선열들의 대열에 세운 것은 그들의 믿음이 후대의 모범이 되기 때문이었습니다. 출애굽 세대는 유월절 대속의 피를 믿었던 신자들로 구성되었습니다. 이들이 어떻게 홍해까지 갈 수 있었습니까? 애굽을 나왔기 때문입니다. 그럼 어떻게 애굽을 빠져나올 수 있었습니까? 모세가 출애굽 직전에 행한 "유월절과 피 뿌리는 예식"(히 11:28)에 참여했기 때문입니다. 양의 피를 자기 집 문에 바른 것은 믿음의 행위였습니다. 그리고 그들은 믿음으로 홍해를 마른 땅처럼 건넜습니다. 그래서 히브리서 저자는 이들이 모두 믿음의 영웅들이었다고 증언하였습니다. 그렇다면 이들은 불순종 때문에 구원을 잃은 자들로 볼 수 없습니다.

광야에서 죽은 것은 구원이 아닌 유업의 상실입니다.

구약 시대는 십자가를 바라보게 하는 속죄양의 피를 믿고 구원을 받았습니다. 신약 시대는 속죄양의 실체이신 예수 그리스도의 십자가 대속을 믿고 구원을 받습니다. 구원의 원리는 구약시대나 신약시대나 마찬가지입니다. 그런데 이스라엘 백성은 유월절의 속죄양 피를 믿고 애굽에서 해방된 후 가나안 복지로 향하였습니다. 출애굽이 구원의 그림이라면, 가나안은 유업의 그림입니다. 우리는 구원을 받는 것과 유업을 받는 것을 구별해서 생각해야 합니다. 구원은 예수 그리스도의 대속을 믿고 단번에 받습니다. 그러나 유업은 꾸준한 믿음에 의해서 점진적으로 받습니다. 출애굽을 한 광야 세대는 유월절 양의 피로써 구원을 받았습니다. 그러나 그들의 믿음은 가나안에 있는 유업의 상을 받을 만큼 꾸준하지 못하였습니다. 유업은 구원 이후에 받는 상입니다. 그러나 이 상은 첫 구원에서처럼 일회적이고 단순한 믿음으로 거저 받는 것이 아니라, 부름의 상을 향하여 꾸준한 믿음으로 달려 가야 받습니다(빌 3:14).

출애굽 세대가 광야에서 일생을 마감하고 가나안에 들어가지 못한 것은 구원을 못 받은 것이 아니고 유업의 상을 잃은 것입니다. 그들은 광야에서 하나님을 대항하고 순종하지 않다가 무서운 형벌을 받았습니다. 그들은 가나안에 들어가지 못하고 광야에서 40년간 방황하다가 시체로 끝날 것이었습니다. 그런데 이러한 그들의 운명에 대한 표현들은 오해의 여지가 있습니다. 즉, 광야 세대는 출애굽 때는 구원을 받았지만, 광야의 불순종으로 구원을 잃었다는 것입니다. 더 극단적으로 보면 그들은 처음부터 구원받지 않은 상태에서 유월절 의식에 형식적으로 참여했으므로 그들의 진상이 나중에 불신으로 드러났다는 것입니다. 이들의 주장을 뒷받침하는 것이 그들이 가나안의 안식에 들어가지 못한다고 하나님이 맹세하셨다는 것과 그들이 광야에서 엎드러질 것이라는 멸망의 선포입니다.

그러나 위에서 언급한 대로, '끊어졌다', '엎드러졌다' 혹은 '멸망 받았다', '소멸되었다' 등의 표현은 죽는다는 의미의 그림 언어들입니다. 바울은 "다수를 하나님이 기뻐하지 아니하셨으므로 광야에서 멸망을 받았느니라"(고전 10:5)고 하였는데 여기서도 '멸망'은 구원의 상실을 의미하지 않습니다. 원문은 '흩었다'(scatter)는 의미입니다. NIV 영역은 scattered라고 직역하였습니다(Their bodies were scattered over the desert.). 우리는 '멸망'이라는 단어가 나오면 금방 구원과 연결해 부정적으로 이해하는 습관이 있습니다.

그러나 성경에는 이런 단어들을 훨씬 더 약한 의미로 사용한 경우가 적지 않습니다. 광야 세대를 흩으셨다는 것은 광야에서 그들의 시체가 여기저기에 묻혔다는 의미를 그림 언어로 표현한 것입니다.

이러한 표현들이 구원 상실을 시사하지 않는다는 증거의 하나는 가나안 정탐들의 보고를 듣고 가나안 진입을 반대하던 백성에 대해서 하나님께서 모세에게 주신 말씀입니다. 즉, "내가 전염병으로 그들을 쳐서 멸하고 네게 그들보다 크고 강한 나라를 이루게 하리라"(민 14:12)고 하셨습니다. 여기서 '멸한다'는 말은 유업을 박탈한다는 의미입니다. Young's Literal Translation(YLT 영문 직역성경)은 가나안 땅의 유업을 빼앗는다는 의미로 disposes라고 옮겼습니다. English Standard Version(ESV)도 유업을 못 받는다는 의미에서 disinherit라고 정확하게 번역하였습니다. 그래서 그냥 '멸한다'고 하면 본뜻이 살아나지 않습니다. 광야 세대가 잃은 것은 구원이 아니고 가나안의 유업을 잃은 것입니다.

불일치의 삶을 사는 신자는 구원받지 못했다는 증거일까요?

광야 세대에 대한 가장 나쁜 인상 중의 하나는 금송아지 사건입니다. 모세의 하산이 지체되자 이스라엘 백성은 우상 신을 만들고 가나안 길을 안내받으려고 하였습니다(출 32:1-6). 이들은 얼마 전만 해도 믿음으로 홍해를 건넜습니다. 믿음의 모델이었던 그들이 이제 우상을 만들자고 하였습니다. 아론은 그들의 요구를 쉽게 받아들였습니다(출 32:2-4). 그들은 애굽의 신들에게로 돌아간다고 생각하지는 않았지만, 우상이란 하나님을 대변하는 일종의 형상이라고 여겼습니다. 그래서 그들은 송아지 상을 만든 후에 "이는 너희를 애굽 땅에서 인도하여 낸 너희의 신이로다"(출 32:4)라고 외쳤습니다.

그들은 몇 주 전만 해도 시내 산 앞에서 "여호와께서 명령하신 대로 우리가 다 행하리이다"(출 19:8)라고 응답하였습니다. 그러나 그들은 곧 하나님께 대한 충성을 저버리고 모세의 하산 지체를 견디지 못하여 우상을 만드는 어리석은 망동을 저질렀습니다. 그들은 하나님을 동물의 형상으로 드러낼 수 있다고 생각했습니다. 그러나 우상은 하나님을 바르게 드러내지 못합니다. 아론은 송아지 우상 앞에 제단을 세우고 다음 날을 여호와의 절기로 지키자고 선포했습니다(출 32:5). 그들은 우상 앞에서 번제와 화목제를 올리며 경배했습니다. 그 결과가 무엇입니까? 백성이 더 거룩해졌습니까? 그들은 방탕에 빠졌습니다. 그런데 누가 이 여호와의 절기를 인도하였습니까? 아론이었습니다. 그는 곧 대제사장이 될 사람이었습니다!

아론은 유월절 피로써 이스라엘 백성을 애굽에서 구출하신 여호와를 경배한다면서 스스로 속였습니다. 그럼 이들의 믿음은 가짜였을까요? 분명 이스라엘의 지도자들을 포함해서 많은 백성이 송아지 예배에 참석했습니다. 그렇다면 이들이 자신들의 신앙을 지키지 못하고 우상 숭배자들이 되었으니 어찌 이들의 믿음이 참된 것이라고 볼 수 있겠습니까? 그런데 성경은 그들이 출애굽 때 유월절 양의 피 아래 피한 것을 조금도 의심하지 않습니다. 그들이 믿음으로 홍해를 건넌 사실도 부인하지 않습니다. 그들이 가나안 유업의 소망을 지니고 요셉의 유골을 광야에서 신실하게 운반한 것도 부정하지 않습니다. 히브리서의 저자는 그들이 믿음의 영웅이었다고 진술합니다.

송아지 사건은 하나님의 참 백성이 신앙고백에 일치되지 않는 모순된 삶을 살 수 있음을 드러냅니다. 우리는 쉽사리 현재의 실수나 어리석은 일들 때문에 과거의 믿음이 진짜가 아니었다고 속단하지 말아야 합니다. 출애굽 세대가 믿음으로 홍해를 지난 것은 사실입니다. 그러나 그들의 믿음은 위기가 왔을 때 흔들렸습니다. 믿음이 흔들리지 않고 항상 굳건한 성도는 없습니다. 모세도 엘리야도 요나 선지자도 다 포기하고 죽기를 원한 적이 있었습니다. 우리가 광야 백성이나 이스라엘 지도자들보다 믿음이 더 깊다고 생각하지 말아야 합니다.

하나님의 백성은 종종 불일치의 삶을 살고 어이없게 넘어지는 연약함을 보이기도 합니다. 바울은 신약 성도들이 광야 세대와 같은 실수를 할 수 있다고 경고하면서 "그런즉 선 줄로 생각하는 자는 넘어질까 조심하라"(고전 10:13)고 하였습니다.

우리가 받아야 할 교훈은 무엇입니까?

광야 세대에 대한 성경의 진술은 그들이 구원을 받았는지 못 받았는지를 가려내기 위한 것이 아닙니다. 그들은 애굽 땅을 떠

낳을 때 이미 첫 구원을 받았습니다. 그다음 단계에서 그들은 크게 실족하였고 결국 가나안 땅에 들어가지 못하였습니다. 이것은 구원의 상실이 아니고 유업의 상실입니다. 우리는 광야 세대에게 일어났던 일들을 통해서 유업에 관한 여러 교훈을 얻을 수 있습니다.

첫째, 구원을 받았으면 유업의 상을 위해 하나님을 온전히 신뢰하고 한걸음으로 꾸준히 나아가야 합니다. 가나안의 유업은 궁극적으로 그리스도 안에 있는 축복들입니다. 가만히 앉아 있는 자에게 하나님께서 상을 내리시지 않습니다. 출애굽의 목적지는 광야가 아니고 가나안입니다. 출애굽이 바라보았던 젖과 꿀이 흐르는 땅의 비전은 광야에 머물수록 멀어지고 흐려집니다. 우리가 유업의 땅에 닿지 못하는 큰 원인은 믿음이 없어서가 아니라 믿음이 꾸준하지 않은 것입니다. 구원을 못 받아서가 아니라, 받은 구원이 실생활에서 구체적으로 적용되지 않는 것입니다. 불일치의 삶은 가나안의 유업을 잃는 가장 빠른 길입니다.

둘째, 하나님의 용서를 믿고 다시 일어서야 합니다. 하나님은 회개하는 모든 죄를 용서하십니다. 그리고 반복해서 재기의 기회를 주십니다. 그러나 늦은 회개가 있음을 기억해야 합니다. 출애굽 세대가 광야에서 송아지 우상을 만들어 경배했을 때 하나님께서 그들에게 어떻게 하셨습니까? 자기 백성을 포기하시지 않았습니다. 하나님께서는 모세에게 시내 산 밑에서 어떤 일이 일어나고 있는지를 알리셨습니다(출 32:7-10). 모세가 방자한 백성을 위해 기도하기를 원하셨다는 증거입니다(민 32:11-13).

하나님은 우리를 포기하지 않으십니다. 우리를 위해 중보자를 세우셨기 때문입니다. 우리의 중보자는 예수님이십니다. 광야 백성은 모세의 중보 덕분에 송아지 우상 경배의 죄에서 용서받고 살아남았습니다. 우리도 마찬가지입니다. 우리도 때로는 큰 죄를 짓습니다. 하나님을 무시하고 그분의 말씀에 귀를 막고 사는 때도 있습니다. 그럼에도 불구하고 우리는 용서받고 재출발의 기회를 얻습니다. 예수님이 우리의 중보자로서 지금도 하나님 우편에서 항상 기도해 주시기 때문입니다.

그럼 회개하면 무한정 용서받을 수 있을까요? 그렇습니다.

"그 때에 베드로가 나아와 이르되 주여 형제가 내게 죄를 범하면 몇 번이나 용서하여 주리이까 일곱 번까지 하오리이까 예수께서 이르시되 네게 이르노니 일곱 번뿐 아니라 일곱 번을 일흔 번까지라도 할지니라"(마 18:21-22).

노하기를 더디 하시며 오래 참으시면서 우리 죄를 너그럽게 용서하시는 것이 하나님의 인자한 성품입니다(시 103:8-13; 145:8; 출 34:6). 그런데도 하나님의 백성은 너무도 자주 하나님을 순종하지 않습니다. 하나님께서는 용서에 용서를 거듭하시며 경고하십니다. 광야 세대는 하나님을 줄곧 거역하고 반항했습니다. 하나님께서는 광야 백성이 가나안 진입을 거절하고 하나님을 원망했을 때 모세에게 이렇게 한탄하시며 진노하셨습니다.

"이 백성이 어느 때까지 나를 멸시하겠느냐 내가 그들 중에 많은 이적을 행하였으나 어느 때까지 나를 믿지 않겠느냐"(민 14:11).

"나를 원망하는 이 악한 회중에게 내가 어느 때까지 참으랴 이스라엘 자손이 나를 향하여 원망하는 바 그 원망하는 말을 내가 들었노라"(민 14:27).

시편 저자도 "그들이 광야에서 그에게 반역하며 사막에서 그를 슬프시게 함이 몇 번인가"(시 78:40)라고 탄식하였습니다. 광야 세대는 가나안 진입을 거부했다가 광야에서 40년 동안 방황하다가 죽을 것이라고 하니까 뉘우치고 죄를 자복하였습니다(민 14:40). 그리고 마음을 바꾸어 가나안을 정복하겠다고 나섰습니다. 그런데 하나님이 그들을 용서하셨으니까 그들이 전쟁에 이겨야 할 텐데 참패하였습니다(민 14:41-45). 왜 그랬을까요? 회개가 너무 늦을 때가 있기 때문입니다.

광야 세대는 용서를 받았습니다(민 14:20). 그러나 그들은 가나안 땅에 들어가는 것이 허락되지 않았습니다. 아무리 큰 죄도 십자가의 피를 믿고 회개하면 용서받습니다. 그러나 회개가 너무 늦으면 재기의 기회를 받지 못합니다. 광야 세대는 오랜 불순종 끝에 회개하고 용서받았지만, 하나님이 약속하신 유업의 상은 받지 못하였습니다. 그들이 받은 용서는 구원을 확보했지만, 가나안 진입 금지에 대한 하나님의 맹세는 그들이 받을 수 있었던 상을 막았습니다.

장자권을 팥죽 한 그릇에 팔아넘긴 에서도 눈물로 회개하며 장자의 축복을 원하였습니다(창27:38). 그러나 이삭이 죽음의 침상에서 준 맹세 때문에 에서는 유업을 얻을 수 없었습니다(히 12:17). 너무 늦었기 때문입니다. 회개는 용서를 가져오고 하나님과의 관계를 회복시킵니다. 하지만 하나님이 "노하여 맹세"(히 3:11)하시면 회개해도 상실된 유업의 기회를 다시 가질 수 없습니다.

광야 세대의 구원은 유월절 양의 피를 믿음으로써 확보되었습니다. 그들은 원망과 불평을 입에 달고 살았지만, 광야에서 즉시 전멸되거나 애굽으로 송환되지 않았습니다. 그들은 구속받은 목표에 이르는 데 실패했습니다. 그들은 가나안에 들어가서 상속을 받고 안식하지 못하였습니다. 하나님께서 광야 세대가 영적 진보와 유업 쟁취의 길을 막았을 때, 그들을 광야에 가두어 두시고 가나안의 유업을 박탈하셨습니다. 유월절 양의 피로써 구원받은 믿음의 영웅들이었던 출애굽 세대가 가나안에 들어가지 못한 것은 우리에게 주는 엄숙한 경고입니다.

출애굽 세대는 갈렙과 여호수아만 제외하고 20세 이상의 장년들은 가나안 땅에 들어가지 못하였습니다. 따져 보면 모세도, 아론도, 미리암도 이스라엘의 70인 장로들도 유업의 땅에 발을 딛지 못하였습니다. 그렇지만 누가 감히 그들을 보고 구원받지 못했다거나 믿음이 가짜였다고 말할 수 있겠습니까? 우리가 알듯이, 모세는 변화산에서 엘리야 선지자와 함께 영광중에 나타나 예수님과 대화하면서 "장차 예수께서 예루살렘에서 별세하실 것을"(눅 9:31; 마 17:3) 알렸습니다.

이스라엘 백성은 유월절 양의 피를 믿고 이를 자신들에게 적용했을 때 출애굽 해방을 체험하였습니다. 출애굽의 구출은 영구적인 해방이었습니다. 출애굽 세대는 한 명도 애굽으로 되돌아가지 않았습니다. 애굽에 돌아가서 죽은 자도 물론 없었습니다. 한번 속박의 땅에서 나왔으면 영원히 나온 것입니다. 광야 세대는 불순종의 삶을 살았지만, 잘못을 고백하고 하나님의 자비를 체험하였습니다. 그들이 용서받은 것은 출애굽의 구원이 취소되지 않았다는 증거입니다. 그래도 그들은 가나안에 들어가는 유업을 박탈당하고 광야에서 죽었습니다. 하지만 광야에서 죽은 것은 구원의 상실을 의미하지 않습니다. 그들의 대다수는 하나님을 순종하며 인내로써 유업의 땅을 향해 전진하지 않은 벌을 받았습니다. 그들은 유업의 상을 잃었습니다. 그러나 구원을 잃은 것은 아닙니다. 그들은 양의 피로써 출애굽을 한 자들로서 홍해를 믿음으로 건넜습니다. 그들은 죽을 때까지 요셉의 유골을 메고 다녔고, 속죄소가 있는 성막을 운반하였습니다. 그들에게 요셉의 유골을 묻을 유업의 땅에 대한 소망이 없었다면, 구태여 그의 유골을 40년 동안 메고 다니지 않았을 것입니다. 또한 죄의 용서를 받을 수 있는 속죄소를 믿지 않았다면, 성막을 무엇 때문에 귀찮게 세우고 접으면서 운반했겠습니까?

그런데 하나의 역설이 있습니다. 요셉의 유골은 마침내 가나안에 들어갔습니다. 그러나 그의 유골을 메고 다녔던 출애굽 세대는 들어가지 못하였습니다. 유골의 임자였던 요셉은 유업의 약속을 꾸준히 믿었고, 그의 유골을 맡았던 출애굽 세대는 꾸준한 믿음을 보이지 않았습니다. 그들이 요셉의 유골을 애굽에서 가지고 나온 것은 커다란 믿음의 행위였지만, 요셉처럼 줄기찬 믿음을 갖지 못하였습니다. 광야 세대의 스토리는 다수의 하나님 백성이 크게 넘어질 수 있음을 보여줍니다. 그래서 꾸준한 믿음과 불굴의 인내로 온전한 상을 받도록 우리 모두 힘써야 하겠습니다.

"너희는 스스로 삼가 우리가 일한 것을 잃지 말고 오직 온전한 상을 받으라"(요2서 8절).

"우리가 간절히 원하는 것은 너희 각 사람이 동일한 부지런함을 나타내어 끝까지 소망의 풍성함에 이르러 게으르지 아니하고 믿음과 오래참음으로 말미암아 약속들을 기업으로 받는 자들을 본받는 자 되게 하려는 것이니라"(히 6:11-12).